梁志明
执教治学60周年文集

韩方明　陈奉林◎主编

世界知识出版社

梁志明教授在北京大学主持"中日韩与东南亚:
交流、合作与互动"学术研讨会
(2008年11月13日)

梁志明教授80华诞与亲友及学生的合影(2015年1月)

梁志明教授85华诞与亲友及学生的合影(2020年1月)

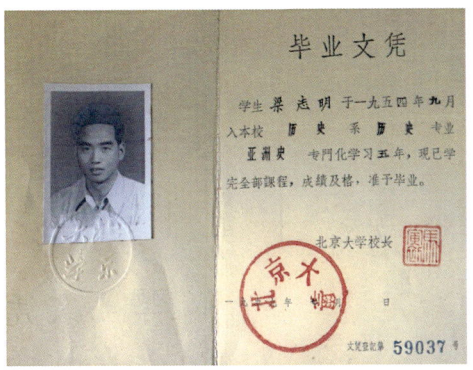

梁志明教授的北京大学本科毕业证书（1959年7月）

梁志明教授（前排左四）与湖南长沙雅礼中学老同学的合影（1953年）

越南战争时期梁志明教授（右三）与作家梁秉坤（右一）等中越友好人士在越南17度线的贤良桥北桥头的合影（1965年）

梁志明教授在第六届（暨海外首届——新加坡）"21世纪中华文化世界论坛"国际研讨会发言（2010年12月）

梁志明教授(右二)与"北京东南亚学学术论坛"部分与会教授合影
(2004年3月)

梁志明教授参加越南大使馆主办的中越建交60周年招待会
(2010年1月18日)

梁志明教授（前排左二）与参会代表合影（2003年9月13日）

梁志明教授（左三）参加中越友好文化交流活动（2010年8月30日）

梁志明教授赴日本参加国际会议期间在藤泽市聂耳纪念碑前留影（2011年3月）

梁志明教授在马来西亚槟城海滨（2002年9月20日）

梁志明教授与何芳川教授在北京大学历史学系留影(20世纪90年代)

梁志明、沙敬范、文庄、戴可来、于向东(从左至右)五位
从事越南学研究的教授在山海关合影(20世纪80年代)

北京大学百年校庆期间梁志明教授接待北大原苏联留学生刘克甫教授及夫人（1998年5月4日）

梁志明教授（后排右一）、何傑老师（前排居中）夫妇校庆期间与北京大学历史学系返校系友合影（2018年5月4日）

梁志明教授与韩方明博士在承泽园家中留念

梁志明教授与硕士博士研究生张斌绪（前排左一）、张洁（前排左二）、郑翠英（前排右二）、张婧（前排右一）、韦德星（后排左一）、郁川虎（后排左二）、黄云静（后排左三）、陈奉林（后排右三）、韩方明（后排右二）、刘旭东（后排右一）在北京大学校园留念（2000年教师节前夕）

2000年梁志明教授与王立礼（右一）、吴杰伟（左四）、张洁（左一）、唐慧（左二）等研究生上课留念

梁志明教授荣获首届北京大学离退休教职工学术贡献奖特别贡献奖
（2019年12月）

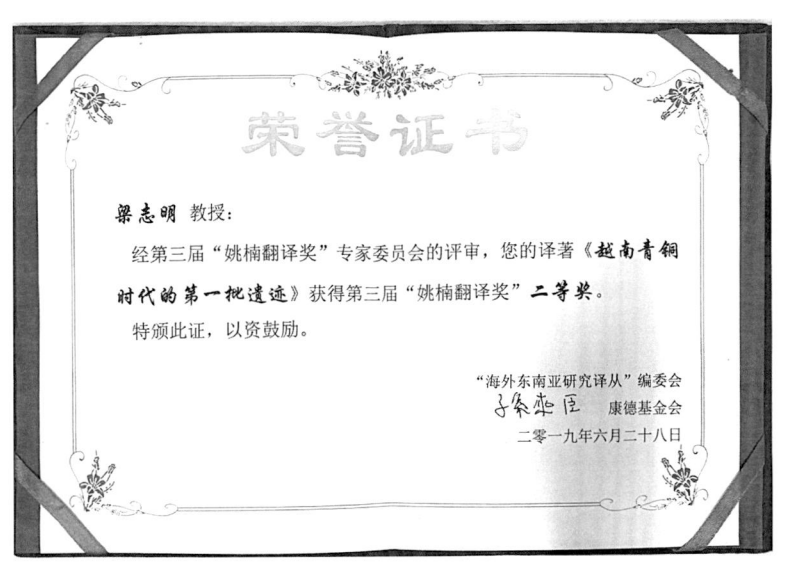

梁志明教授荣获
第三届"姚楠翻译奖"二等奖（2019年6月）

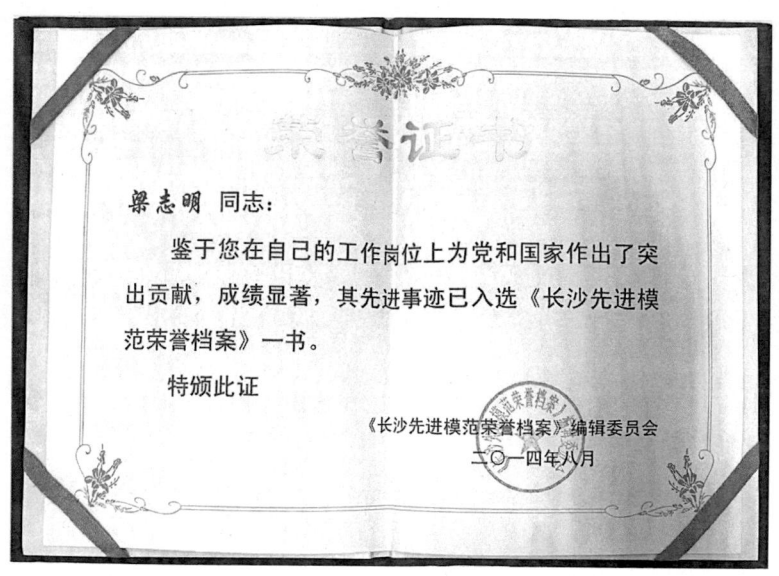

梁志明教授事迹入选《长沙先进模范荣誉档案》
（2014年8月）

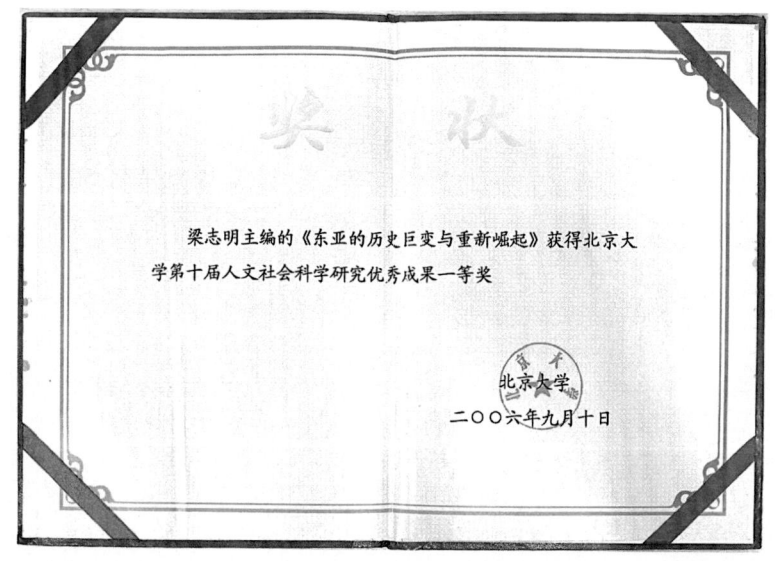

梁志明教授主编的《东亚的历史巨变与重新崛起》荣获北京大学第十届人文社会科学研究优秀成果一等奖（2006年9月）

梁志明执教治学

梁振武题字

《梁志明执教治学60周年文集》编委会

主　编：韩方明　陈奉林

编　委：(按姓氏笔画为序排列)

　　　　韦德星　王立礼　包茂红　刘志强　陈奉林

　　　　吴敬全　张　洁　张　婧　张明亮　郑翠英

　　　　郁川虎　柯银斌　黄云静　韩方明

目录

序言 满园桃李报春晖 ································· 陈奉林 / 001

我的学术历程自述 ································· 梁志明 / 013

师友感言篇

《殖民主义史·东南亚卷》序 ················· 周一良 / 045

祝福梁志明教授 ································· 余定邦 / 049

同窗好友　莫逆之交 ····························· 张训常 / 053

亦师亦友四十载 ································· 杨保筠 / 068

谦谦君子　硕学鸿儒　长者风范 ············ 范若兰 / 072

梁志明教授治学与从教点滴 ···················· 刘志强 / 077

师生浓情篇

两岸师生情 ·· 王立礼 / 091

北大"授之以渔"的育人之道解我一生所需 ··· 吴敬全 / 095

师心道心　性情德行
　　——致敬良师益友梁志明先生 ·············· 黄云静 / 101

学德高范　独立山梁 ·· 韦德星 / 105

受教之缘意深浓 ··· 吴杰伟 / 113

北大东南亚研究盛况与梁老师的春风化雨 ······ 张　洁 / 116

师恩如山 ·· 郑翠英 / 122

山梁之上　风高影长
　　——庆祝梁志明教授执教治学一甲子 ········· 郁川虎 / 130

谁言寸草心　报得三春晖
　　——我与梁志明老师的师生缘 ·················· 张　婧 / 142

一生的执着　光辉的探索 ······································ 张斌绪 / 150

目录

家人亲情篇

读志明弟《治学座右铭》感思 …………… 梁振武 / 157

明月何曾是两乡 …………………………… 梁　桦 / 163

深切怀念老伴何傑老师 …………………… 梁志明 / 168

学术展示篇

17世纪东亚海权争夺及对东亚历史发展的影响
………………………………………… 庄国土 / 179

海外华人三重性及其作用
　——以马来西亚为例 ……………… 韩方明 / 207

东南亚研究与环境史研究 ………………… 包茂红 / 230

冷战时期日本与东南亚国家关系的确立与发展
………………………………………… 陈奉林 / 261

东帝汶独立建国的过程与主要影响因素 ……… 张　洁 / 290

二战前东南亚国家认同与分化的历史渊源
　——基于建构主义的分析视角 …… 郑翠英 / 304

20世纪初期荷属东印度殖民政策改革探析 …… 郁川虎 / 320

越南现代知识分子阶层的形成与维新运动的发展
……………………………………………… 张　婧 / 343

附　录

梁志明教授科研成果目录（1960—2019年）………… / 387

学术会议与社会活动（2000年9月至今）…………… / 404

后记 ……………………………………………… / 415

序言

满园桃李报春晖[*]

陈奉林[**]

梁志明先生是我的业师，先生对我的意义，在我人生坐标中的位置，不仅是一个学有专攻、业有专精的引路人，而且更为重要的是先生的道德文章是我永远学习的榜样与治学的动力，无论从哪方面来说，先生都是我心中高处的一面旗帜。诗圣杜甫在《曲江二首》中说"人生七十古来稀"。先生不仅迈进古稀之年，而且昂首进入了八十五华诞，精神矍铄，真可谓修来之福，令人高兴羡慕。1989—1992年的三年时间，我跟随先生攻读东南亚近现代史研究生的诸多往事，在教室、图书馆和宿舍日夜苦读的彼情彼景，已经深深地嵌入我的青葱岁月里，印在我的记忆中，也融入了我后来的教

---

[*] 本文发表于2020年《中国东南亚研究会通讯》。

[**] 陈奉林，1989—1992年在北京大学历史学系，师从梁志明先生攻读东南亚近现代史专业硕士研究生，1999—2002年师从宋成有教授攻读东北史专业博士研究生，原为外交学院教授，现为北京师范大学历史学院教授，博士生导师。

学与生活，至今受益，不曾忘怀。对于一个初通人事的青年来说，大学是人生的一个重要里程碑，硕士研究生和博士研究生阶段也具有同等重要意义。时值梁先生八十五华诞，我谨以这篇文字作为对先生的最好祝愿，衷心希望先生健康长寿，幸福平安。

本人硕士学位论文答辩通过时与梁志明先生合影（1992年6月17日）

我是1989年秋季入学，跟随梁先生学习东南亚近现代史。第一次与先生见面，是在1989年5月上旬来北京大学历史学系参加硕士研究生复试的时候。我是从东北老家朝阳乘坐一个晚上的火车来到北京，由北大东门进入二院历史学系亚非拉教研室参加复试的。参加我复试的老师还有后来成为我博士生导师的宋成有教授。当时梁先生身着银灰色的西装，

序言 满园桃李报春晖

给我印象最深刻的就是老师儒雅慈祥、和蔼可亲,与之谈话如沐春风,是一位品性高洁的一代知识分子。当时我就想,如果我有造化的话,跟随这样的先生读书做学问,不正是我苦苦追求的理想吗?整个复试过程还算顺利,梁先生首先问了我几个东南亚历史问题,接着又问我读过哪些世界史方面的参考书和读书心得,最后询问了我今后的打算。我记得当时回答的参考书有吴于廑、周一良先生主编的《世界近代史》,梁志明先生和徐天新教授主编的《世界现代史》,以及几本大学教材。我的回答两位先生还是比较满意的。之后,宋成有教授拿出一本很厚的日文书中一段有关日本明治维新的史料让我翻译。宋成有教授对我的日文翻译材料给予积极肯定,也一一地指出了其中的一些不足。复试的最后环节,两位先生给我提出在以后的看书中应该多注意的一些问题。先生们的这些话都是他们大半生的治学经验,对我以后的学习工作真是帮助颇多。

我师从梁先生三年学习的最大收获,是明确了专业方向,打下了学术研究的基础和培养了研究兴趣,还有基本的治学方法。先生常说:"做学问,不仅要自己用心用力地学习,还要不断地提出问题,向你身边的人请教。"这句话对我影响很大,也是我今天从事教学与研究的一个基本方法。在先生的鞭策下,我在读硕士研究生的三年里认真地阅读了有关东南亚历史与国际关系方面的许多书,敢说没有虚度时光,未负师望,至今还能叫上书名来的有英国学者霍尔的《东南亚史》，美国学者约翰·卡迪的《东南亚历史发展》《战后东南亚史》，王任叔先生的《印度尼西亚古代史》，英国学者哈威著、姚楠先生翻译的《缅甸史》，至于日文版的著作就更多了。入学后的那年冬天，有一段时间我每天骑着自行车从北大出发，穿过车水马龙的中关村、魏公村去国家图书馆，费时多日把差不多所有日文中有关东南亚历史著作名称都抄写下来，作为资料保存。那时在国家图书馆查阅材料几乎都是翻阅目录卡片，还没有像今天这样的电脑检阅。以今天的观点来看，我的学习方法有些"笨"，但这却是从事东南亚史专业的人不可或缺的必读书，也是基本的功课，其中的一些材料至今还令我记忆犹新，我今天教研需要相关材料时也会经常从这些书里获取材料。今天回想起来，可以说是我在忙碌中没有走错自己的路。

我在北大历史学系攻读硕士和博士的六年时间里，两位业师梁志明先生和宋成有先生对我影响至深至大，他们做人、做事和做学问的方式都是我一生学习的楷模，心中高处两面不倒的旗帜。梁先生出生于湖南长沙，是在中国新旧两种教育背景下成长起来的一代知识分子，从小接受传统文化教育，深受湖湘文化熏陶。新中国成立前，先生读了小学和初中后，在青年时期来到北京，接受新体制下的大学教育，受业于周一良、陈玉龙、陈炎等老一辈学者，从他们身上深受中国知识分子的传统品格与现代精神的双重结合与熏陶。这样的丰厚学养对先生的治学与教学影响很大。在教学中，梁先生要

序言 满园桃李报春晖

求学生对史料的每一段话、每一个词语都要有准确的理解和把握。不仅如此,他还要求学生善用中外史料相互印证,相互稽核,甚至要有"上穷碧落下黄泉"的获取材料的精神。梁先生治学严谨,从不"跟风",更不"刮风",始终坚守东南亚这块史学园地,辛勤耕耘,在东南亚历史、文化与现代化研究等方面做出了卓越成就,留下自己治史的劳绩。陈玉龙先生在给梁先生《东南亚历史文化与现代化》一书写的题词中说:"辛勤耕耘,卓有成效;阐精发微,著作等身;风檐展读,惠我良深。"以先生既有的成就观之,此言诚矣!

自1954年考入北京大学历史学系到2001年退休,先生在近半个世纪的时间里一直在燕园里读书、教书和写书,其间除了1963—1966年赴越南河内综合大学访学外,大部分时间都是在学校度过的。在课堂上,除了讲授,先生还让学生参加讨论,把握国外研究东南亚的基本动态,以激发学生的参与热情,锻炼语言表达能力。我印象最深的讨论有新殖民主义问题、殖民主义的双重性质与作用问题,以及亚非拉国家现代化的启动与发展问题,等等。先生不仅要求每位学生发言,还要写成文字材料,最后由先生总结。这些教学环节对我们的成长极为重要,也是师生间最好的互动。中国人所讲的"教学相长"也许就是这个意思吧。作为先生的弟子,有幸三年时间听他的课,向他请教,分享他的研究成果与经验,对于我来说已经是莫大的收获了,感觉在北大的学习生活紧张、充实而丰富。我听过先生的东南亚近现代史、亚非拉近现代史专题研究、东南亚历史与文化等课程。先生娓娓道来，循循善诱，听者如沐春风，感到轻松愉快。对于亚非拉历史上的一些重大问题，先生总是教给我们如何去分析复杂事件背后的历史动因，注意到一果多因，通过现象看到本质，不为事情表象所迷惑。表象容易看到，而本质不易把握；他还强调古今融合，史论结合，宏观研究与微观个案剖析相互依重，不可毫无根据地空发议论。听了这些话我如醍醐灌顶，拨云见日，深感在自己成长的过程中需要更多这样的高人来引路和点拨。像这样带有极大启发性的教学方法，能使每一个学生深深受益。这样的方法，我在平时的工作中也常常用到。从这个意义上说，先生做的工作不仅是传道、授业与解惑，更为重要的是教书育人，带领我们更快地成长，让我们少走弯路。

作为梁先生的弟子，我学到的东西很多，特别是他对学术研究投入的极大专注与热情，永远是我无法企及的。先生退休后仍然工作不止，继续对他所热爱的中国东南亚历史研究倾注更多的心力。中国古人讲"立德、立言、立功"。以此标准来看，先生已经完成了这个使命；如果再参照中国人讲的"德位相配"标准，先生也是当之无愧的。我无法具体统计出先生写出的论著（包括独著、合著与主编），仅我所知道的就有《东南亚古代史：上古到16世纪初》（2013年）、《古代东南亚历史与文化研究》（2006年）、《东南亚近现代史》（2005年）、《东南亚历史文化与现代化》（2003年）、《面向新世纪的中国东南亚学研究：回顾与展望》（2002年）、《殖民主义史·东南亚卷》（1999年）、《世界史·当代史卷》（1997年）、《世界史·现代史卷》（1997年）、《东方文化大观》（1997年）、《当代越南经济革新与发展》（1996年）、《世界现代史和当代史》（1994年）、《近现代东南亚1511—1992》（1994年）等；此外，还有发表在《北京大学学报》《世界历史》《世界史研究动态》《史学月刊》《北大史学》《南洋问题研究》《当代亚太》《国际政治研究》《东南亚研究》《东南亚》《东南亚纵横》、中国台湾《史学月刊》、中国香港《亚洲评论》，以及新加坡《南洋学报》等专业杂志上的大量学术论文。这些学术成就完全可以自成一体，构成缜密开阔的东南亚研究的学术体系。先生在学界得其大位，成为我毕生景仰的学业导师，是理所当然的事情。

我喜欢读梁先生的著作，每当读到先生的新著都有畅快淋漓之感，为之高兴雀跃，备受鼓舞。1996年，梁先生与张训常、徐绍丽、李亚舒先生合作出版了《当代越南经济革新与发展》。这部著作1998年获得北京大学第六届社会科学优秀成果一等奖，北京市第五届社会科学优秀著作二等奖。中国农村联产承包制和城镇化改革对越南起到了强大的示范作用，他们希望从中国的改革实践经验中获得有益支持。我在教学中渴望了解改革开放中的越南社会发展情况，也一度萌发把两国的改革做一比较的念头。读到这部著作后，就被书中的全新内容与严谨的分析吸引。读完之后，我颇有心得，一

作者（前排左二）硕士学位论文答辩通过后，与宋成有教授（前排左一）、王天有教授（后排左二）、梁志明教授（前排左三）、张万仓教授（前排右二）、何芳川教授（右一）及师门合影（1992年6月17日）

吐为快，为《中国东南亚研究通讯》写了一篇书评，题为《改革开放大潮中的越南经济——评〈当代越南经济革新与发展〉》，其中写道："越南自1945年选择了社会主义发展道路之后，把苏联模式定于一尊，以高度集中的国家权力作为推动社会变革与经济发展的杠杆，违背价值规律，否定市场作用，结果导致国民经济发展乏力，市场萧条，国民生活困苦，各项指标在低水平上徘徊不前。与此同时，指导思想上的僵化、教条与偏颇，也困扰了这个事故迭出的民族。这使越来越多的越南人把目光逐渐从封闭狭窄的国内转向异彩纷呈的外部世界。在这种历史条件下，越南走上了经济改革和对外开放的道路。"先生研究历史，关注现实的需要，不做空疏文

序言　满园桃李报春晖

章，把历史研究置于国家和社会发展的深层次需要基础之上。只有如此，学术研究才有意义，才能不断地为历史研究开辟更为广阔的空间。可以毫不夸张地说，我是先生的每一部著作、每一篇文章的虔诚读者，在细读之后都会发现其学术史论中有许多特别可贵的观点和治学经验，如"学问由问而始，因答而明，对话交流，切磋研讨，学问由此而深化，此乃学人治学之历史经验"；"相互质疑，彼此问难"；等等，都给我以极大影响。

梁先生主编的《殖民主义史·东南亚卷》是国家社会科学"八五"重点项目和国家教委社科研究项目，自1999年出版后，反响热烈。我也应邀参加了部分章节的写作。把殖民主义在东南亚的兴衰过程整体地呈现出来，探讨它的形成动因及其影响，是极有价值的创造性的学术活动。关于殖民主义问题，历来就有不同的看法，把它的发展过程讲明白，把它的影响作用说清楚，是很不容易的事情，然而先生却做到了。黄云静博士在《社会科学家》撰写长文，对这部著作有很高的评价，认为"该书在内部结构上之全面、系统，的确是前人所未及；更重要的是，该书在许多问题的剖析上相当有深度"。这恐怕不是一个人的观感，也是大家基本一致的看法。著名历史学家周一良先生把它看作"我国史学界第一部关于东南亚殖民主义兴衰史的专著，为我国东南亚史的研究开拓了一个新的领域"。这些都是读者对先生著作的有感而发，也是每位读者从著作中得到的真实感受。

2003年，梁先生的《东南亚历史文化与现代化》由香港社会科学出版社出版。这部著作集中展现了先生不同时期东南亚区域史、殖民主义史、越南历史与文化、当代越南的革新与开放、战后东南亚国家发展问题研究的成果，细致精密，引人入胜，反映出先生不知老之将至的锐意探索精神与凌越前人的盛大气象。2002年我读完博士后来到外交学院工作，讲授东方外交史课程，东南亚部分在东方外交史中占有很大的比重，我向同学们推荐的必读书就有这本书。学习东南亚政治、经济、文化、历史与外交不能不读这部著作。我在《妙笔华发著新章——读〈东南亚历史文化与现代化〉》（《东南亚研究》2004年第5期）中写道："这部著作是先生的论文集，也是对自己近半个世纪学术生活的总结。从其中的若干新篇来看，可以窥出他在中国东南亚历史文化与现代化研究上的成就与贡献。……像这样古今兼治、中外兼顾、历史与现实密切结合的研究并不是所有研究东南亚问题的人所能做到的。正因为如此，我们更能充分认识到他在'人生七十古来稀'之年的辛勤奉献。可以说，现在正是梁先生学术造诣炉火纯青的时期，也正好验证了孔老夫子所说的'七十所欲不逾矩'的遗教。""书中所有文章都别具一格，朴实无华，没有过多的修饰与雕刻。……'相互质疑，彼此问难'的治学方法始终贯彻在梁先生的教学当中，在《现代化》中也有充分的体现。"即便从今天来看，书中的许多观点与结论仍然有着旺盛而鲜活的生命力，经受住了时间的检验与推敲，可视为集中

序言 满园桃李报春晖

作者（三排左四）与梁志明教授（四排右二）
在北京大学历史系89级研究生班毕业合影留念（1992年7月4日）

展现先生学术思想精华的典型文献。

在梁先生昂首迈进人生第八十五个春天的时候，我常常在想，先生的大半生是幸福的，令人羡慕的，没有人生的大起大落，也没有他人那样的不幸与身体上的病患折磨。这与先生生活中始终有一股积极乐观的精神情趣有关，与先生与人为善的天生秉性有关，更与师母的鼎力支持有关。这也许就是中国古人所说的"仁者寿"吧。回首往事，感慨良深，感念颇多。我今天之所以能在大学从事教学与研究，传承知识的薪火，培养我的学生，是与先生不时地教诲、鞭策与提携分不开的。我要向先生鞠躬道贺，真诚地感激、感谢与感恩，衷心祝愿先生永远健康快乐，保持学术生命的活力，更愿他迎来人生的第二个春天。

  我受梁门众学长之托，与韩方明兄共同担任《梁志明执教治学60周年文集》编辑工作，对我来说深为荣宠，为自己的师长服务真是三生有幸，也是对师恩的一点报答。先生的弟子众多，他们的才智都在本人之上，大家推举我负责文集的编辑工作是对我的极大信任，大家的支持与鼓励给了我巨大勇气。我深知担任这部文集的主编并不是一件轻松的事情，但我与先生的师生缘又给了我十倍的热情和百倍的信心，促使我克服困难，努力去完成这项任务。

我的学术历程自述

梁志明

治学之道，重在执着，贵在交流；
山梁陡峭，一步一步，向上攀登。

1935年1月17日（农历甲戌年十二月十三），我出生在湘江之畔的湖南省长沙市。

从1954年7月，我考入北京大学历史学系，1955年加入中国共产党，1959年7月毕业留校，在北京大学历史学系亚洲史教研室（后扩展为亚非拉史教研室）任教。1979年升为讲师，1983年晋升为副教授兼任硕士生导师，1992年晋升教授，享受国务院政府特殊津贴。1996年被聘为世界史专业博士研究生导师。在北大工作期间，我先后担任过亚非拉史教研室主任、系党委副书记、系研究生工作组组长等职务。1995年获北京大学党委授予的首届"北京大学优秀党务和思想政治工作者——李大钊奖"。

从 2002 年始任北京大学东南亚学研究中心主任、北京大学亚太研究院学术顾问、中国东南亚研究会学术顾问、华侨历史学会荣誉理事等职，曾任厦门大学南洋研究院东南亚研究中心学术委员会委员，长期从事亚洲史东南亚史教学与研究。著有《东南亚历史文化与现代化》《源远流长，多元复合——东南亚历史发展纵横》，合著《世界通史·现代史卷》《东南亚近现代史》《多元、交汇、共生——东南亚文明之路》等，主编《当代越南经济革新与发展》《殖民主义史·东南亚卷》等。参加编撰《世界华侨华人词典》《东南亚历史词典》《中国军事百科全书·世界战争史分册》《华侨华人百科全书》《中国大百科全书·世界历史卷》《世界外交大辞典》等辞书 11 部。撰写了学术论文近百篇，分别发表在《世界历史》《北京大学学报（哲学社会科学版）》《南洋问题研究》《当代亚太》《东南亚研究》《亚太研究论丛》《南洋问题研究》《华侨华人历史研究》《东南亚纵横》《东南亚研究》以及新加坡《南洋学报》《越南历史研究集刊》等刊物。并有越南文译著两部、译文多篇。

1963 年 9 月至 1966 年 1 月，公派赴越南河内综合大学访学，进修越南历史。1980 年后，曾多次赴越南河内国家大学、越南胡志明大学、缅甸仰光大学、日本早稻田大学、日本文化大学、韩国汉城大学、新加坡国立大学、马来西亚大学、泰国朱拉隆功大学等学府和研究机构访问或讲学。

一、家世与少年时代的启蒙教育

1935年1月17日,我出生在湖南省会长沙市。祖父一辈子在乡下务农,祖母从未进城居住过。父亲是从农村走出来,进城做学徒工,出师后成为手工业工人,后与母亲陈氏开店营生,成为手工业者兼商人。

父亲受过私塾教育,能写会算,以儒学思想传家。我有兄弟姐妹六人,兄弟四人我排行老三,兄弟姐妹排行依次为:大哥秉钧、二哥振武、我(原名治民)、四弟国兴、大姐文瑞、小妹锡文。兄弟姐妹的名字都内涵儒学思想,即所谓修身、齐家、治国、平天下。中学毕业时我对自己的原名不满意,便自作主张,改名梁志明。

我六岁启蒙,入学乡村私塾。抗日战争爆发后,举家逃难至湘西蓝田镇(今涟源市)。我的小学是在烽火连天的抗日战争年代中度过的。1941年入湖南师范大学附设小学。后又随家西迁溆浦继续读小学。1945年8月日本投降后回长沙就读于三一小学。1946年秋,小学毕业后被保送入雅礼中学(1953年改名解放中学,随后转为公立,改名为长沙市第五中学)。雅礼中学是一所由美国耶鲁大学校友组织的耶鲁学会(中国称"雅礼学会")在中国创办的学校。它的办学渗透着欧美西方教育理念与模式。它有不少学生信仰基督教,周日要进教堂做礼拜，但它不是教会办的学校。雅礼中学是湖南省的著名中学，具有良好的校风和学风，教师是一流的。雅礼的语文老师讲鲁迅的《阿Q正传》和《孔乙己》，历史老师谈史学大师翦伯赞，班主任老师带同学们背诵"孟子见梁惠王"，校长主讲苏联学者凯洛夫的教育学理论等，都给我留下深刻的印记。母校雅礼中学倡导的"公、勤、诚、朴"的校训和勇于"担当宇宙"的奋发精神，以及老师们的高尚敬业精神一直激励和鞭策着我。

在1948年长沙和平解放前夕，我参加党的地下外围组织"青年团"的活动，开始接触进步思潮。20世纪50年代初朝鲜战争爆发，志愿军出国参战，全国掀起轰轰烈烈的"抗美援朝，保家卫国"运动，爱国热情空前高涨。我们向苏联学习，读《钢铁是怎样炼成的》等苏联小说，学习苏联英雄保尔·柯察金和丹娘的事迹，怀抱革命理想和积极追求进步成为年轻人的时尚。1950年，我在雅礼中学参加新民主主义青年团（共青团），先后担任班级团支部书记和学校团总支副书记。

50年代中期，国家转入有计划的和平建设轨道，亟须培育各方面建设人才。1954年8月，我参加高考，被北京大学历史学系录取，圆了上大学的梦想！

二、踏入史学门槛的大学时代

1954年秋,我从长沙考入北京大学历史学系。那年夏秋,洪水泛滥,武汉长江大桥尚未建成,火车从武汉过不了长江,只有绕道南昌、上海、南京,才能北上到达北京。火车运行要比平时多一倍以上的时间,我也经历了有生以来第一次长途旅行,开始了在红旗下成长的大学生活。

刚进北大时,大学生都享受免交学费的待遇。因国家提供助学金,生活虽很简朴,但可说是无忧无虑。第二学期要自己负担伙食费,我是靠父母哥嫂的支持,以及在部队服役的二哥每月汇寄10元钱才维持住基本的生活。第一学年我顺利地通过了各门课程的考试,包括笔试和面试,成绩优秀,获得马寅初校长授予的"三好学生"奖状。

北大是我梦寐以求的高等学府,"新北大人"的荣誉感和责任感成为一股无形的动力,策励和推动我不断前进。

北大优雅的校园环境与完备的教学设施,还有因藏书丰富而闻名于世的北大图书馆,深深地吸引了我。学识渊博的老师们的谆谆教诲更使我受益良多。在北大学习期间,我系统学习了马克思列宁主义、毛泽东思想的基本理论,使唯物史观和辩证法,牢牢地融入我的思维,成为我的学术指导思想。在北大历史学系的课堂里,同学们至感荣幸的是能聆听到前辈著名学者的讲课和报告。我聆听了系主任翦伯赞先生的关于马克思主义史学理论的精辟论述。邓广铭、邵循正、齐思和、杨人楩、周一良和张政烺等老一辈史学家的精彩讲课和执教风格都在学生中产生了很大影响，并使同学们从中获得了宝贵的治学经验。

周一良先生是我在大学生活中深为敬仰和亲近的一位老师，这是因为先生的治学是我心中的表率。回忆与先生多年的交往，有些事给我以深刻的印象，迄今难以忘怀。

梁志明教授与周一良先生

刚进北大历史学系本科学习不久，就有老同学告诉我，周一良先生原是研究中国古代史的，得陈寅恪先生的真传，对魏晋南北朝史、佛教史等特别有研究，日本史也造诣极高，是哈佛博士，他转到亚洲史来是服从需要。还说周先生学贯中西，知识渊博，不仅英语好，懂梵文，日语也很棒，这使我打心里佩服。特别是听了周一良先生的"亚洲史"专题课以后，我和先生便结下了日益深厚的师生情缘。

基于上述缘由，加上20世纪50年代亚非民族独立运动高涨形势的激励等因素，在大学三年级时我终于选择了周先生主持的"亚洲史专门化"作为我的研究方向，这样便决定了我毕生从事的专业。可以说周先生是指引我进入亚洲史研究领域的启蒙导师。

在亚洲史专题课程中，我还重点选修北大东方语言文学系陈玉龙教授主讲的越南历史专题课。在继续学习俄语的同时，我开始学习"第二外语"越南语。陈玉龙教授是我国知名的越南史学家，他文史兼通，精通书法，享有盛名，曾任北京大学书画协会会长。我的第一篇越南史的习作是在陈老师的指导下完成的。他是我的越南史的入门教师。

从大学本科毕业留校后，我一直在周一良先生任主任的亚洲史（后扩大为亚非史）教研室工作，担任亚非现代史课程的教学。那时经过院系调整，学校规模迅速发展。亚非现代史是新兴学科，师资缺乏，我作为年轻的助教很快就被推上基础课的讲台，给本科二年级讲授亚洲现代史课程。刚开课时，面对100多名学生的大课堂，我不知怎样开讲，也不知如何组织教学。但沉重的教学任务压在肩上，对我的成长倒是一股动力，迫使我夜以继日地认真备课。教研室领导对青年教师热情关怀，多方提携，在业务上和学术规范上要求十分严格，力戒无根据的议论和写作上的"硬伤"。周先生对我们送给他审阅的讲稿和文章总是及时而仔细地批改，对文稿中的字句，乃至标点上的错误也从不放过。1962年，我在当助教时送给他审阅的亚非现代史的文稿和越南史文章，先生都一页一页地阅改。

在周一良先生大力支持与指导下，我和教研室的马斌等老师还合作收集、编译亚非现代史的资料，于1960年由北大历史学系亚非教研室编印发行，出版了《亚非现代史参考资料》（第一、二分册）。这是我第一次参加的集体教学研究项目。经过努力，我终于跨越了教学关，初步站稳了脚跟，此后再也不畏惧上讲台了。

周一良先生常谈治学之道。在谈史学研究时，先生不止一次地介绍过前辈历史学家的经验，他所讲的"五个W"加一个大W的形象生动的讲话，对我们这些刚刚踏入史学门的青年学子很有吸引力，当时一下子就深印到了脑子里。他说："学历史要记住五个W，所谓五个W者——Who（何人）、When（何时）、Where（何地）、What（何事）、How（如何）。这五个W固然重要，但应当补充一个更大的W——Why（何故）。"也就是要问为什么？先生反复强调其中Why（何故）是最大的，最为重要，给予我们深切的启迪，在往后的研究与教学中，都忘不了从多方面来探究导致历史发展的背景和根源，并从内外多种因素来研讨历史事件发生的"终极原因"，也就是树立学界所倡导的"问题意识"。有人说历史老师只会讲故事，没理论，甚至说历史不是科学，听周一良先生的讲话就知，其实说这种话的人是对历史学科的无知。

1963年到1966年初，我获得教育部核准的出国进修访学的机会，被派遣赴越南河内综合大学系统进修研究越南历史与文化。在河内综合大学访学期间，1964年发生"北部湾事件"，美国战机空袭越南北方，河内城市居民被疏散，学校挖防空洞，这打破了我平静的书斋生活。1965年，因工作需要，我和中国留学生相继奉调担任翻译工作。许多同学被派往中国援越高炮部队阵地。我曾短期担任赴越访问的著名作家巴金和魏巍在河内的翻译，后又陪同中国电影戏剧代表团的作家们到越南中部访问，行程一直到达北纬17度线贤良江北岸附近。从贤良江（又叫"边海河"）可以看到对岸南越占领区。我在陪同《解放军画报》摄影记者采访越南人民军高炮阵地时，亲身经历了美军的空中袭击。当时面对危险，我没有退缩与畏惧。回想起来，我常以此自豪！

大学五年和在毕业后的五年，中间包括在越南两年多的研修与考察，整整十年的历练期，也是我在老师们的热情关怀和指导下，踏入了史学教学与研究的门槛的十年，这些为我以后的教学与研究奠定了基础。

20世纪60年代留学越南期间梁志明教授（右一）与
越南河内综合大学潘辉黎教授一家的合影

三、在北大历史学系任教的学术生涯

1966年初,我从越南回国后随即下放到京郊昌平的西山口村,参加工作队,兼任北大历史学系北太平庄半耕半读基地的村史编写小组的联络教员。同年6月,"文化大革命"爆发,我从"四清"工作队回到北大。此后的十年,是在"文化大革命"的风暴中度过的。其间,我下过乡,在房山区山沟里扛过玉米棒子;在大兴区的北大"五七"干校担任过插秧班班长,种过一年稻子。到过长辛店二七机车厂,下过门头沟煤矿,带学生小分队参加过唐山大地震的抗震救灾,还曾到保定第三十八军军营里学军,穿上军装,当过一个月的兵——这些历练是新中国成立后众多知识青年都经历过的,给我留下不可磨灭的印象。

"文化大革命"结束后,国家迈入了改革开放的新时期,也迎来科学与文化教育大发展的春天。高考恢复,大学重新招生,我重新开始教学与研究。但由于没有及时恢复学衔评定制度,我和同辈老师们到1979年时仍是助教职衔,但科研工作已逐步展开。

北大历史学系复课后,按系里的安排,青年教师上岗一开始不可一头扎入一个国家或小区域的研究,而是先要经过基础课的训练。中国史专业教员先要担负中国史的古代史、近代史或现代史基础课教学。世界史专业分为世界古代史、欧美史和亚非拉史三个教研室，世界史的基础课就由三个教研室分别开设。亚非拉史教研室的青年教师须担负亚非拉近代或现代史的教学任务。因此，我从越南访学归来，虽以越南史为研究重点，在一段时间内也不可能全力投身越南历史的国别教学与研究，而必须首先完成亚非拉地区史的教学与研究，这就叫点面结合的培育规划。它可以使教研室的青年教师视野宽广些，训练多样些，以适应多方面的需要。因而，在"文化大革命"后我长期从事亚非拉地区现代史的教学和研究。

除担负基础课教学外，我还参加了大学文科教材《世界通史·现代史部分》的编写。20世纪70年代，北大历史学系世界史专业教师集体协作，共同编著《简明世界史》教科书，我参加了亚洲现代史部分的编写。这部书于1974年由人民出版社出版，是国内首次出版问世的世界史教科书，对恢复提高世界历史教学与研究水平起了积极作用。当时许多地方的院校采用它作为教材，或参照它的架构体例编写本地区的教材。1981年后，我又和北大从事世界现代史教学研究的几位教师合作编著《当代世界史（1945—1987）》，我负责亚非拉史部分的撰写。该书于1989年由人民出版社出版。尔后纳入《世界通史》丛书系列，先后修订再版三次，内容不断充实丰富，先后获得北大和国家教委颁发的优秀教材奖。1997年，因《世界通史》课程改革与创新，我和担负北大历史学系

《世界通史》基础课的四位教师获北京市教学二等奖。2017年人民出版社再版《世界通史（现代卷）》（我负责土耳其、朝鲜、越南与东南亚等章节的撰写）和《世界通史（当代卷）》（我负责日本和亚非拉等章节的撰写）。《世界通史》现当代史教材的出版，是北大历史学系基础课老师们在学科体系建设和教材建设中的重要贡献，我有幸参加了这个集体科研协作工程，献出了微薄之力。

随着大学教育事业的发展，学衔、学位制度恢复，1978年后，我由助教逐步升为讲师、副教授，并从20世纪80年代中期起，开始指导硕士研究生，1992年晋升为教授。90年代被聘为博士研究生导师，开始指导博士研究生。先后共带过10多位硕士研究生和7位博士研究生。除大陆学生外，还有港台地区的学生，我对研究生的指导绝不含糊敷衍，尤其是他们在论文选题设计和写作时，我几乎是全身心地投入。通过教学和引导他们参与学术界的活动，我与同学们结下了深厚的师生情谊，效法前辈老师们的样板，我与研究生们在一起切磋时，常以平等的态度和开放的方式相互交流。我还从年轻学生那里学会了用电脑发信息，更促进了我们之间的互动。

这二十年时间，我除了从事"世界现代史"亚非拉部分基础课的教学与研究任务外，开始担负"东南亚历史文化与现代化"的专题课教学和研究，并开设了"华侨华人史"专题课。在给研究生进行"东南亚近现代史"的教学过程中，我与北大研究东南亚史的几位教师合作编著了《近现代东南亚1511—1992》，该书于1994年由北京大学出版社出版。它是我国首部综合系统研究近现代时期东南亚地区历史发展的著作，既阐述了东南亚地区的总体发展，又剖析了地区内各国历史的具体发展。我负责全书绪论和中南半岛几个国家（越、柬、老、泰）以及二战时期的东南亚等章节的写作和半岛部分的统稿。本书的出版具有开拓性，作为大学本科和研究生专题课参考书被兄弟院校采用，获北京大学优秀教材奖。

越南历史是我长期关注和较有系统研究的一个重点领域。我们研究生和博士生学位论文是越南史或相关题目。在考古和古代史方面，20世纪80年代我参加中国古代铜鼓研究会，曾翻译了几部有关越南古代铜鼓的著述和多篇论文（其中1982年出版的译作《越南青铜时代的第一批遗迹》于2019年获得第三届"姚楠翻译奖"二等奖），撰写过关于古代铜鼓起源与发展的论文。对越南的封建土地制度、越南佛教儒教的源流和影响做过探讨。在近现代史方面，关于法属印度支那的殖民制度、越南民族主义运动、八月革命与越南民主共和国的建立与发展，印度支那战争，越南现代化发展和近现代史上越南历史人物评述等问题均做过一些专题性研讨。例如，越南近代民族运动的著名领袖潘佩珠和潘周桢，代表近代民族运动的不同倾向，史学界的评价有不同观点，我在1993年撰写的《潘佩珠与潘周桢：比较研究》一文，对"二潘"的出身家世、所受的教育、活动的时代背景、政治思想与实践活动做了较为全面而系统的比较与评析。此文受到越南史学界的关注，越南学者在1994年越南出版的《历史研究集刊》第1—2期上连续翻译转载。

20世纪80年代，在中国改革开放，经济持续增长之后，社会主义国家越南也进行经济调整与革新，经济逐步恢复和发展，从一个长期处于战争状态、经济落后贫困的国家，一跃成为经济持续增长、市场活跃繁荣的地区，其经济奇迹的动因和发展前景，吸引了国际上的关注。厦门鹭江出版社和中国社会科学院亚太研究所将越南革新与开放问题列入"亚太经济丛书"，我和亚太所的徐绍丽及新华社的张训常等研究越南问题的几位作者受邀编撰一部当代越南经济革新和发展的专著。1996年，由我牵头的《当代越南经济革新与发展》一书在厦门鹭江出版社出版。该书依据大量的越文一手资料，参阅了国内外，尤其是越南学界的研究，系统地论述了越南自1945年独立建国以后，主要是80年代以来越南的经济发展与现状。全书既有综合性阐述，又有分部门的专题研究，力求全面系统地表述越南经济发展的全貌和经济革新的发展进程，并对各个领域的改革分别做了剖析；同时对越南革新开放的理论思维和发展观念，以及中越两国的改革做了考察与比较。

当时越南革新尚在继续进行，系统研究缺乏，许多问题评估不一，写作有不少困难。但1986年越共六大初步总结了历史经验，开启了越南经济革新与对外开放的新的历史进程。1991年越共七大全面总结了越南社会主义建设的基本经验，同时吸取了国际社会主义发展的经验与教训，制定了《过渡时期社会主义建设纲领》，明确提出实行"国家管理的市场机制"，形成了比较完整的新的理论思维和发展观念。我将其内容归纳起来，认为可集中体现在以下四个方面。

一是从国情实际出发，提出越南尚处于社会主义过渡时期的初级阶段的理论；

二是与传统的社会主义建设模式不同，提出从官僚包给、封闭、集中的经济管理机制向多种经济并存的、开放的、国家宏观的市场经济机制转变的构思；

三是吸取中国等东亚国家的发展经验，提出以"民富国强"为发展目标，把人置于中心位置，将经济发展与社会公平和进步统一起来；

四是根据苏联、东欧改革失败的教训，提出以经济革新为重点，逐步进行政治改革的方针，把经济增长与保持社会稳定结合起来。

此后，我接受了编撰"殖民主义史"课题的任务，负责主编《殖民主义史·东南亚卷》。该书是国家社科基金"八五"重点项目和国家教委社科研究项目。全书采用地区综合论述与不同国家个案分析相结合的写作方式，我担负综合部分和印支地区的写作，我的研究生们分工负责一个国家或次地区的写作。该书是师生合作与教学相长的产物，也是我国史学界出版的第一部关于殖民主义向东南亚地区扩张和兴衰的历史论著,为我国东南亚史的研究开拓了新的领域。

1999年,北京大学出版社出版了《殖民主义史·东南亚卷》,周一良先生写了序言,指出:"以往史学界多侧重于研究东南亚地区通史或国别史,对殖民主义的研究则主要是从反殖反帝和民族解放运动史的角度进行探索,关于近代殖民主义在东南亚的整体活动及其兴衰发展的研究相当薄弱。西方国家和日本的学者对于这一问题研究比较深入,并已有若干专著问世,取得一些重要的研究成果,但他们一般是从帝国扩张史、海外探险史或海上争霸史的视角进行阐述,有一些学者的论点偏于为殖民主义作辩护。日本的部分学者则多为军国主义的扩张唱赞歌。《殖民主义史·东南亚卷》一书的特点是,不但将殖民主义作为一个世界历史范畴,紧密结合资本主义的产生和发展的过程来阐述殖民主义在东南亚的活动与东南亚殖民化、边缘化的历史进程,而且试图运用马克思关于殖民主义的理论,结合东南亚的历史实际,对殖民主义的历史作用与影响做科学的、全面的剖析。"

这本书系统地分阶段地探讨和阐述了殖民主义在东南亚地区发展的历史进程,论述了西方殖民主义入侵东南亚的动因、殖民统治政策及其影响,对不同国家的殖民统治方式以及殖民制度的特点做了比较研究,还探讨了殖民统治体系的瓦解和东南亚国家走向独立的进程,提出了作者的见解。殖民主义史研究是一个理论性和现实性很强的学术课题,《殖民主义史·东南亚卷》的出版,具有重要的学术价值和社会意义,对我国历史学科建设和高等院校的教学有一定的贡献。出版发行后,2002—2003年台湾《历史月刊》连读选载了该书的部分章节。

四、"退而未休"时期的学术研究生涯

2001年初,我从教学和行政工作第一线岗位上退休,2002年与北大相关院系研究东南亚的教师组建"北京大学东南亚学研究中心",我担任研究中心主任,并兼任北大亚太研究院主办的《亚太研究论丛》的执行主编。同时我还有几位博士研究生未毕业,他们的论文写作还需抽时间指导,因而工作量仍相当重,实际上不能完全退下来,因而可以说是"退而未休"。

退出教学一线后,我的写作研究和中心的工作日程排得满满的,每天都没有有闲散下来。整理旧著,写作新著,完成新的课题,使我的学术研究似乎比以前更忙碌,出版的书和论文比以前也多了一些。

这一时期,我的研究重点集中在东南亚历史与现代发展问题上,我的工作聚焦于北大东南亚学研究中心,我和中心的老师们以中心为平台,围绕东南亚问题开展了系统的研究,先后完成《面向新世纪的中国东南亚学研究:回顾与展望》

（合著，2002年）、《东南亚历史文化与现代化》（学术论文集，独著，2003年）、《东亚的历史巨变与重新崛起——东亚现代化进程研究》（主编，2004年）、《东南亚近现代史》（上、下，合著，2005年）、《古代东南亚历史与文化研究》（合著，2006年）、《东盟发展进程研究——东盟四十年回顾与展望》（合著，2008年）、《多元·交汇·共生——东南亚文明之路》（合著，2011年）、《东南亚古代史》（主编之一，2013年）。2008年还参加了何芳川教授主编的《中外文化交流史》的写作。可以说，这是一个科研成果收获较多的年代，几乎年年都有著作问世。

《东亚的历史巨变与重新崛起——东亚现代化进程研究》是其中重要的研究项目。这是当代国际社科研究的前瞻性课题，原是世界现代化进程研究开拓者罗荣渠教授生前申报的，1996年作为重点项目正式纳入国家社科基金"九五"规划，由罗荣渠教授和他的博士研究生们完成。罗荣渠教授逝世后，北大历史学系领导决定由我主持，并与董正华、宋成有两位教授共同负责。按照计划，课题组开始拟订和调整写作大纲，并召开"亚洲与中国的现代化"国际学术研讨会。1999年至2000年初课题组成员基本完成各自写作承担的章节。2004年列入"北京大学亚太研究丛书"，由香港社会科学出版社有限公司出版。

第二次世界大战后，一系列亚非国家挣脱殖民枷锁，建立民族主权国家，走上独立自主发展民族经济与文化的道路。

东亚东南亚国家的工业化和现代化的迅速发展，涌现了世界瞩目的"东亚奇迹"。1997年，东亚发展虽受到金融危机的严重冲击和影响，但在亚太地区仍具有特别重要的地位。尤其是改革开放后的中国，突飞猛进，成为东亚乃至世界经济增长最为迅速的国家。"东亚的历史巨变与重新崛起——东亚现代化进程研究"课题从东亚与世界整体发展的视角，以中、日、韩三国以及东南亚国家的现代化发展为基本线索，探讨19—20世纪以来东亚地区卷入世界发展浪潮的总趋势和各国变革的具体进程。课题的个案部分分别阐述了中国（包括台湾和香港地区）、日本、东盟国家等工业化发展道路，政治体制的特点和社会整合方式，总结其经济起飞的经验，审视其发展过程中的困难与问题。

课题研究的重要成果是在分析和肯定东亚发展的"经济奇迹"的同时，重新审视和研讨了"东亚模式"问题，指出：在20世纪下半叶开始的世界现代化的第三次浪潮中，东亚国家有效地利用时代的机遇，闯出了自己的成功之路，经济快速增长，形成欧洲北美之外的新兴工业化地带，这是世界发展史上前所未有的经济奇迹。1997—1998年的金融危机使东亚发展中国家在高速增长过程中的矛盾和问题暴露出来。面对东亚发展中国家首先发生的震荡，人们对"东亚模式"提出疑问，课题作者对东亚金融危机爆发的起因、影响和教训做了深入的剖析，从总结东亚发展的历史经验角度，重新审视了"东亚模式"问题，提出"东亚模式"是东亚发展中国家在发展转型阶段所创造的一种新模式。这种模式像所有新事物一样，是动态的，只有在发展中才能逐步完善成熟起来。东亚发展既有经过实践检验的成功经验，又不可避免地存在一些缺陷，须不断地加以调整和革新。

东亚金融危机是一部难得的教材，透过危机所暴露出来的问题，回顾和总结东亚国家的发展道路，课题研究提出应处理好几个关系。（1）处理好经济增长速度与经济结构调整和改革的关系，改变重速度、忽视需要的倾向；改革片面追求高投入高增长的传统观念，转到以效益为中心的国民经济均衡协调发展上，转到以人的发展为中心的社会经济综合发展和增长与环境相协调发展的轨道上，切实地逐步地转变增长方式。（2）处理好内向与外向的关系，自力更生与对外开放的关系，同时把吸收外资与利用内资结合起来，坚持外向型开放战略，积极参与国际竞争，注意扩大内需，挖掘潜力。（3）处理好市场调节与政府调节之间的关系，把无形的手与有形的手结合起来，逐步缩小政府干预的范围，转变政府职能，防止官商勾结，政府庇护企业等不良现象，建立有效的政府宏观调控体系。（4）处理好金融自由开放与加强金融监管制度之间的关系，一方面建立行之有效适应市场化经济发展的高效率的金融体系；另一方面尽快形成在开放条件下的金融风险管理制度。（5）处理好经济体制改革与政治体制改革之间的关系。军人当权、家族统治不适应现代化发展的政权形式，且随着市场经济的发展，矛盾将日益凸显。在深化经济体制改革的同时，须相应地进行政治体制改革。（6）处理好文化因素与经济、政治因素之间的关系，正确认识现代化发展过程中的经济因素与非经济因素之间的互动关系。东亚传统文化对经济与政治生活发挥了一定的积极作用，又包含有某些消极成分，应继承和发扬优秀的传统文化，扬弃消极陋俗，吸纳外来先进文化，大力发展科学技术，推进教育改革，培养更多具有创新思维的人才。（7）处理好经济全球化与区域化以及各国自主发展之间的关系。

经济全球化是全球经济发展不可逆转的趋势，发展中国家是世界经济列车的组成部分，须与世界经济接轨。东亚国家应适应经济全球化带来的新的国际环境，积极参与全球经济合作。经济全球化与地区一体化是两股平行发展又相依促进的潮流，发展中国家在推动地区合作的同时，维护各国的经济自主权。

课题指出，发展中国家先后组成的区域性合作组织，是当代国际关系中一种新的现象，东亚国家的合作在探索一条适合本地区特色的区域性合作的道路。课题是一项集体研究工程，他们都是罗荣渠教授的学生，课题设计遵循了罗荣渠教授的思路，具体的写作是作者们根据金融危机爆发后的新形势和多年的研究独立完成的。《东亚的历史巨变与重新崛起——东亚现代化进程研究》于2004年出版，获得北京大学第十届人文社会科学优秀成果一等奖、北京市第九届哲学社会科学优秀成果二等奖。

还在2004年下半年《东南亚近现代史》（上、下册）将付梓时，北大东南亚学研究中心开始酝酿"古代东南亚历史与文化"研究课题的设计方案，并组成了由我牵头的课题组，制订计划，开始写作。2005年5月，北大东南亚学研究中心主办了"古代东南亚历史与文化"学术研究会，会议围绕"关于古代东南亚历史研究：理论·分期·方法""外来文化与东南亚：传播与影响""南亚古代史研究：事件与问题"等专题展开了热烈而深入的讨论。在这次学术会议所提交的论文基础上，2006年10月出版了《古代东南亚历史与文化研究》学术论文集。这本论文集比较集中地反映了我国东南亚学界关于古代东南亚历史与文化研究的成果。

《东南亚古代史》是我退休后牵头主编完成的又一部重要著作。它是我退休后一部带有总结性的东南亚史著述。《东南亚古代史》获得北京大学亚太研究院和厦门大学南洋研究院的大力支持，作者们经历六个春秋的共同努力，多次修改，数易其稿，终于完成70余万字的《东南亚古代史》全书的撰写。2013年3月由北京大学出版社出版。《东南亚古代史》是探索东南亚古代地区史的一次重要的新尝试，它在吸纳国内外东南亚史学界研究成果的基础上，力求突出中国东南亚古代史研究的独特视角，全面系统地阐述从远古至16世纪初叶东南亚地区的历史发展。《东南亚古代史》的特色和创新突出表现为以下几点。

第一，全球的视野和区域史的框架。

究竟应采用哪种观点，从哪一视角来考察东南亚的历史与文化，这是东南亚史研究中首先遇到的一个至关重要的问题。该书写作从全球的视野和区域史的框架出发，将东南亚视为一个相对独立和统一的整体，并从东南亚自身历史的视角出发，努力摒弃长期主导东南亚学的"欧洲中心论""印度中心论"抑或"中国中心论"等偏见和旧识，强调东南亚文化的主体性与延续性；从东南亚的历史实际出发，探索东南亚历史发展的不平衡性与多样性的特点，通过梳理东南亚古代历史发展脉络，对东南亚诸王国兴衰的历史经验做了一定的归纳与总结，并对重要的历史事件与人物给予了适当的评析。

与以往出版的国别史汇编不同，该书既有对地区历史发展的综合性整体论述，又有对各主要国家和重要事件的具体分析与专题研讨；既有古代东南亚国家经济、政治、国际关系的历史论述，又有对古代东南亚国家各民族宗教文化的阐述。该书的绪论、各编的编首语和结语等均为综合性的论述，而各编都有对东南亚各国和各地的历史的具体考察和系统阐述。避免了以往按王朝和国别的撰写历史的方法的不足。

第二，发掘和利用多种史料。

作者们发挥了掌握多种语言文字，特别是东南亚国家语言的特长，在吸纳国内外已有的研究成果的同时，尽量发掘和利用了东南亚国家的史料与古籍文献。该书参考文献引用了多种东南亚国家语言的著作。以前中外学者对东南亚早期国家的了解,大多依靠中国的古籍记载和少数有限的西方文献与考古材料。而该书作者则尽可能利用了当地的文字材料与考古所得,并依靠当地和境外的文献进行互证与比对。

第三,论述有自己的独立见解。

在东南亚分期、史前文化及其特色、稻作文化与古代社会结构、早期国家形成和演进、中央集权国家兴起与特征、宗教文化的多样性和本土化,以及中国、印度与古代东南亚国家的关系等方面均提出了颇有新意的论述。曾经有人认为古代东南亚地区文化滞后,东南亚文化是在外来先进文化的影响下才发展起来的,该书认为在外来宗教与文化输入之前,东南亚已有自己固有的独特的文化,而且在史前时代已与中国华南地区有着密切的文化联系;指出了东南亚的社会结构以家庭为基础,村寨为社会的基层组织,而农村村社的长期保存和双系继承制的存在,是东南亚社会结构的重要特征,并论述了妇女的重要地位;该书参考了学界关于东南亚早期王国性质的讨论,将东南亚早期王国定位为属于次生形态的早期国家,认为它们的形成受外来文明的重要影响,但又具有浓厚的本土化因素,并阐述了早期国家的形成、特征和演进,同时分别对东南亚大陆和海岛地区两种类型的中央集权国家的兴起、特征与更迭做了全面系统的论述。

第四,将历史与文化结合起来研究。

把历史与文化结合起来进行研究,这是该书的一个重要特色。在论述古代东南亚的经济、政治与社会的发展的同时，对东南亚的古代文化，特别是宗教的发展做了较为充分的阐述。宗教对东南亚国家的社会生活有着广泛而深刻的影响。该书对东南亚国家创造的以宗教文化为特色的蒲甘寺塔、吴哥窟、婆罗浮屠和巴厘等著名的文化古迹均有描述和评介，认为东南亚宗教、文化发展具有的多样化和本土化的突出特征。同时，还以相当大的篇幅介绍和论述东南亚国家之间彼此的文化交流及其对该地区历史与文化发展的影响。

第五，在研究和平发展的关系时，并不回避战争。

该书认为，在中国与东南亚邻国的关系史的长河中，和平的交往，人民之间的友好关系是发展的主流。虽然在历史上曾有统治者发动过一些战争，但是比起那些战争来，两千多年中国与东南亚国家之间的友谊关系，经济和文化上的相互交流和影响，所遗留下来的痕迹要深刻得多，所发生的作用要广泛得多。东南亚国家建立和发展的过程中，它们之间经常发生纠纷和战争。究其原因，主要是因为一个国家与王朝的兴起与繁荣，往往伴随着对外扩张，而战争则是对外扩张的最重要的手段。掠夺人口和财富、扩张领土的欲望是爆发战争的重要根源，这是由社会的性质和国家政权的本质所决定的。该书认为在拥有广袤的森林、无垠的土地，但人口短缺的东南亚，发动战争的基本目的都在于控制人力资源。而在当时的历史条件下，东南亚国家之间虽频繁发生战争，但经济贸易和文化交流在东南亚国家之间的关系中仍占有重要地位。各国之间的交流并未中止，而且日益密切，甚至战争有时也成为其相互交流的重要途径。

最后值得提出的是，该书也是一项集体研究工程的成果。我和李谋、杨保筠任主编，梁敏和教授等分工写作。主编负责全书的总体设计大纲拟订、绪论和综论部分的写作及全书的统稿；各个章节的写作主要是执笔人的辛勤劳动，也凝聚了其他成员的心血与奉献，有些章节是多位作者参与修订完成的。可以说，该书是多学科互动、取长补短的协作工程，体现了课题组成员集思广益、精诚合作的精神。

《东南亚古代史》出版后获得学界的高度肯定，2014年8月，中国东南亚研究会会长庄国土在为《东南亚历史文化研究论集》所写的序言中说"北京大学东南亚学研究中心以梁志明教授为首的同仁，他们不久前问世的力作《东南亚古代史》的出版，不但展现中国东南亚研究学者们在古代史研究领域堪与国际水准竞争的最新水平，更重要的是昭示中国学术界，有一批人在坚持学术研究的本真：客观还原历史真相，把握社会发展的规律性脉络。他们在探求历史科学中，也展现了学者应有的学术良知和人文精神"。这部著作经评审，于2012年入选"中国哲学社会科学文库"，2015年被教育部评为人文社会科学优秀著作三等奖。

由于在退休后继续潜心科研，勤勉治学，2019年12月，学校决定授予我"首届北京大学离退休教职工学术贡献奖特别贡献奖"。

回顾多年的学术研究历程，自进入北大历史学系担负教学科研以来，我基本上是结合教学任务，投身集体科研，共同完成一个课题，我的大部著述均是走集体协作的科研道路，合作完成的。特别是退出教学与行政第一线，担任东南亚学研究中心负责人之后，常以研究中心为平台，申报课题，以团结和凝注中心成员的力量，开展集体研究。因而从21世纪初以来，我的一部分科研成果——著作与教材，大都是由中心组织申报，呈现集体智慧结晶的显著特点。这正印证了一句哲言：一滴水只有放入大海才永远不会干涸，一个人只有把自己和集体融合在一起才最有力量。

饮水思源，在这本文集即将付梓的时候，我衷心感谢三湘父老的恩德和中学、大学母校的培育，老师们的教诲和同窗及亲友们的关怀与帮助。几十年来我一直在北大历史学系从事教学科研，虽兼任过基层党务工作，但从没有脱离教学岗位，教学是我的一大乐趣。通过教学工作，我与同学们结下深厚的师生情谊，我的科研成果大多是在教学过程中逐步积累而成的。我指导过的硕士研究生和博士研究生都已毕业，现已在各自岗位或学术领域内做出可喜的成绩，成为中坚骨干。我们在互联网上组群，保持密切联系。本文集的出版，他们做出了宝贵的贡献。

还要提及的是我的家人，特别是与我朝夕相处的老伴——何傑老师。我俩都出生在湘江之畔，又在北大历史学系同窗五载,即是同乡又是同学,六十多年来风雨同舟,苦乐与共,我的每本著述和每篇论文她是第一读者,都凝聚了她的心血。她虽已去世,但永远活在我的心里。

最后,我要向世界知识出版社的车胜春和张怿丹同志和为本文集出版操劳的编撰者们,表达诚挚的感谢!

师友感言篇

《殖民主义史·东南亚卷》序

周一良*

位于太平洋西部的东南亚，不但拥有丰富的自然资源，而且地处东西方海上交通要道上，历来是大国争夺的重要场所。第二次世界大战结束后，东南亚国家纷纷独立，走上了重建民族国家的现代化道路。当代东南亚国家在发展民族经济与文化，开展区域性合作方面取得令人瞩目的成就。具有悠久的历史文化，并在现代化建设中突飞猛进的东南亚日益引起国际社会和各国学术界的关注。

中国与东南亚是近邻。我国史学界素有研究东南亚国家的历史、文化与现状的传统。东南亚各国的历史、中国和东南亚国家的关系史以及东南亚华侨华人史等，是中国学者研究的重点。新中国成立后，特别是改革开放以来，我们高兴

---

* 周一良，北京大学历史学系教授，前系主任，亚洲史教研室主任。

地看到，我国已陆续出版了一系列有关东南亚的著述。

从16世纪初叶始，西方殖民者相继东来，东南亚国家相继沦为殖民地。唯有泰国（暹罗）例外，但它实际上是个处于英法两大殖民势力范围之间的半殖民地与"缓冲国"。研究近代殖民主义的侵略扩张和东南亚殖民化的历史进程，探讨东南亚国家挣脱殖民枷锁，走向民族独立的道路，是研究东南亚历史发展的重要课题。然迄今为止，尚未有一部系统阐述东南亚地区殖民主义史的专门著作。《殖民主义史·东南亚卷》一书，获得"八五国家社科基金"和"国家教委社科基金"的大力赞助，即将问世，这是非常值得我们庆幸的事情。

梁志明教授20世纪50年代中后期就读于北大历史学系"亚洲史专门化"，毕业后长期从事亚洲近现代史的教学与研究，近些年来，重点研究东南亚近现代史。他和他的研究生在"八五"期间合作撰写的这部《殖民主义史·东南亚卷》，史料翔实、论点鲜明，架构颇有特色，是我国史学界出版的第一部关于东南亚殖民主义兴衰活动史的专著，为我国东南亚史的研究开拓了一个新的领域。

以往史学界多侧重于研究东南亚地区通史或国别史，对殖民主义的研究则主要是从反殖反帝和民族解放运动史的角度进行探索，关于近代殖民主义在东南亚的整体活动及其兴衰发展的研究相当薄弱。西方国家和日本的学者对于这一问题研究比较深入，并已有若干专著问世，取得一些重要的研究成果，但他们一般是从帝国扩张史、海外探险史或海上争霸史的视角进行阐述，有一些学者的论点偏于为殖民主义作辩护。日本的部分学者则多为军国主义的扩张唱赞歌。《殖民主义史·东南亚卷》一书的特色是，不但将殖民主义作为一个世界历史范畴，紧密结合资本主义的产生和发展的过程来阐述殖民主义在东南亚的活动与东南亚的殖民化、边缘化的历史进程，而且试图运用马克思关于殖民主义的理论，结合东南亚的历史实际，对殖民主义的历史作用与影响做科学的、全面的剖析。

梁志明教授主编的这本书，不但系统地阐述了殖民主义在东南亚的发展的全过程，重点剖析了各主要殖民国家在东南亚殖民地的殖民政策，对不同国家的殖民统治方式的特点进行了比较研究，还着重分析了殖民主义因素对东南亚殖民地的经济、政治和社会生活诸方面的影响。这些问题的分析颇有独到的见解。

殖民主义史是一个学术性、理论性与现实性都很强的研究课题。我相信，这部多卷本学术著作的陆续出版，具有重要的学术价值与社会意义。它对我国历史科学的发展与高等院校的教学将做出贡献；它作为一种对社会，特别是青年们进行教育的读物，将有助于人们加深对殖民主义、帝国主义本质的认识，并从中获取有益的历史经验和教训。我愿看到我国亚洲史研究日益繁荣！

基于以上考虑，当梁志明教授把这部《殖民主义史·东南亚卷》的文稿拿到我的身边,让我写几行文字时,我欣然命笔,写下上面几段话,表达我的心意与祝愿。是为序。

一九九八年八月
北大朗润园

祝福梁志明教授

余定邦*

梁志明教授是一位资深的东南亚历史学家。由于研究领域相近,在20世纪80年代初中国东南亚研究会举办的学术研讨会上我们有机会相识相知。1992年,北京大学校务委员会副主任张学书教授率领中国历史学家代表团出访缅甸,梁志明教授和我都是代表团成员。在蒲甘古城和曼德勒皇城的参访活动中,我们就东南亚古代历史文化研究的相关问题进行过多方面交流。

梁志明教授在古稀之年坚持进行东南亚历史研究,孜孜以求,笔耕不辍。更为难得的是,他和李谋教授、杨保筠教授一起,发挥团队精神,带领课题组完成一项国家哲学社会科学研究项目,研究成果《东南亚古代史》专著已公开出版。

---

* 余定邦,中山大学历史学系教授,博士生导师。

2004年下半年，梁志明教授和研究团队就开始酝酿写作《东南亚古代史》。作为立项前的学术理论准备，北京大学亚太研究中心在2005年5月举办古代东南亚历史文化学术研讨会。当时我已参编完成了中国古籍有关菲律宾、新马、缅甸、泰国的史料汇编，进一步认识到中国古籍资料对东南亚古史研究的重要性。从东南亚历史教学的现状来看，也迫切需要一部以历史唯物主义为指导，充分利用中国资料的东南亚古代史。听到梁教授准备编写东南亚古代史的消息我很高兴，向研讨会提交了题为《试论东南亚古史研究的中国特色》的文章。主要内容有三点：首先，编好一本有中国特色的东南亚古代史，我们应有使命感和责任感；其次，编好一本有中国特色的东南亚古代史是我们教学工作的迫切需要；最后，编好一本有中国特色的东南亚古代史应注意的几个问题。梁教授向研讨会提供论文的题目是《东南亚古史研究视角、分期与发展进程》，说明他对编写东南亚古代史已有理论准备（上述两文，见梁志明等著：《古代东南亚历史与文化研究》，昆仑出版社，2006年）。

经过梁教授及科研团队多年的努力，专著《东南亚古代史》在2013年公开出版。我赴京参加该书首发式，看到新出版的这部巨著很高兴，写了一篇题为《一部具有中国特色的东南亚古史专著》的书评，向学术界推介这部专著（该文发表在北京大学亚洲——太平洋研究院编《亚太研究论丛》第十辑，北京大学出版社，2013年）。

"老骥伏枥，志在千里。"一个大项目已完成，研究成果也出版了，但梁教授的学术研究步伐没有停下来，还要向着新的目标继续前进。从2014年开始，他又担任"东南亚各国史纲"丛书编委会主任，要为东南亚历史研究做出新贡献。编委会议定这套丛书按东南亚国别独立成册，共11册国别史纲，内容涵盖东南亚各国古代史、近代史和现当代史的发展及社会、经济、文化、军事和外交等方面，要求在前人研究成果的基础上，编写一套有学术研究性的著作和高校东南亚史教学参考书。令人高兴的是，经过各分册作者的努力，这个项目不少著作已陆续公开出版。

梁志明教授是中山大学东南亚研究所的老朋友，多年来一直保持与中山大学东南亚所的密切交往，进行学术交流，到广州参加中国东南亚研究会的学术研讨会必定来中山大学。他主编的《东南亚古代史》和"东南亚各国史纲"丛书的作者中都有中山大学东南亚所的研究人员，他招收的博士研究生中也有一名中山大学东南亚研究所的青年教师。我们要感谢梁教授在培养和提高青年教师方面对我们的帮助和支持。我们编著完成《中国古籍中有关泰国资料汇编》之后，是梁志明教授和梁立基教授的支持和推荐得以及时在京出版。

2018年12月1日，中山大学东南亚研究所举办建所40周年庆典暨学术研讨会。梁志明教授在其夫人何杰老师陪同下远道南来参加，在嘉宾致辞时发表了热情洋溢的讲话。对此，我们向梁教授表示敬意和谢意。在庆祝梁志明教授八十五岁华诞的大好日子里,我们要祝福梁志明教授,祝愿他健康长寿,愉快幸福,继续发挥学术影响力,为推动我国东南亚史学研究多做贡献。

2020 年 2 月 9 日
写于中山大学康乐园

同窗好友　莫逆之交

张训常*

梁志明教授是我20世纪60年代中期留学越南时的同窗好友、莫逆之交。他桃李满天下，著作等身，德才兼备，一直是我学习的榜样。

志明学长20世纪50年代中后期就读于北京大学历史学系，毕业后多年从事世界现代史的教学和研究，近些年主攻东南亚历史文化与现代化。曾主编《世界现代史》《当代世界史》《当代越南经济革新与发展》《近现代东南亚》（合著）、《东南亚历史词典》《东方文化大观》等，并在国内外刊物发表学术论文数十篇。志明学长多次荣获北京大学和北京市人文社科著作和教材优秀奖。这次我撰写文章不是评价梁教授著作价值的大小，而是回顾我俩在越南留学时留下的温馨记

* 张训常，新华社高级编辑。

忆和回国后在各自工作岗位上友好交往，一起参加学术讨论会和联手著作中发生的动人故事。

张训常（左二）与梁志明教授（右二）
一起参加越南大使馆文化交流活动（2010年1月18日）

难忘留越岁月　温馨记忆犹新

我是20世纪50年代末60年代初公派出国留学的。

1938年阴历十一月二十三日，我出生在河南省永城县（今永城市）偏僻农村的一个贫寒农民家庭。1959年高中毕业后考入河南郑州大学政治历史学系。入校一个月后，又被高教部选派留苏预备生。1960年8月，我在北京外国语学院留苏预备部俄语培训班考试合格后，准备赴苏联学习社会科学。出国前夕，因国际风云突变，领导决定被派去苏联学习社会科学的学生中，除学习第二外语和英、美历史的学生之外，其余的一律改到其他社会主义国家学习。因此，我由赴苏联改为到越南学习。

1964年8月，我在越南最高学府河内综合大学历史学系毕业后经高教部批准延长一年，同北京大学历史学系赴越进修教师梁志明学长一起专攻越南现代史。从此，我们两人从相见、相识、相知到同窗好友，遂成莫逆之交。在留越期间，我经历的许多有趣之事，随着岁月的流逝，有的已经记不清了，但有的事终生难以忘怀，至今仍历历在目。

我们在越南参加军事训练

1964年8月5日，美国总统约翰逊以所谓"北部湾事件"为借口，下令出动飞机轰炸越南民主共和国的乂安、鸿基和清化等沿海地区，从而把侵略越南的战火扩大到越南北方。8月6日，中国政府就此发表声明，谴责美国侵略行径，宣布将全力支持越南人民的抗美救国斗争。为了响应我国政府的号召，表达中国人民支持越南抗美救国斗争决心，1965年暑假，所有在越的中国留学生决定不回国，志愿留在越南河内参加军事训练。他们是志明学长和我以及王德洋、张汉森、吕登兆、蔡克振、邱永元、李永明、凌德权、胡兆庆、李明、魏炳德、张瑜、张宁、张伟、马欣、陆海燕、花书文、江欧利、李华、王保林、高红、尹勇、赵淑凤等。

军训时，中国留学生都集中在河内百科大学住宿、训练和上越南党史课。由越南人民军总参谋部军训局派两名有经验的军事教官到河内百科大学讲课训练。我们日常学习的科目有操练队形、射击和越南党史课。等操练队形达标后就转入侦察射击。射击课上，我们练长枪、短枪打靶。众所周知，越南气候属热带，夏季烈日炎炎。尽管如此，没有任何人叫苦，大家都是坚持锻炼。训练结束时，梁志明学长和我以及其他同学的实弹射击测验均达到优良。在训练结业仪式上，越南人民军总参谋部给我们每个参加军训的留学生都发了一套越南人民军军装、一顶盔式军帽和一双"抗战鞋"（以轮胎为底、内胎为面的一种凉鞋）作为纪念。

在越南参加军训的这批中国留学生中，有先学成回国的都成为难得的有用人才。例如：志明学长被北京大学历史学系聘任为教授、博士生导师、北大东南亚研究中心主任和中国东南亚研究会顾问；王德洋大姐被分配到外交部亚洲司工作，曾先后任中国驻越南大使馆二秘、中国驻马达加斯加大使馆一秘。至于我本人，在越南河内综合大学毕业后，没有回国被直接分配到新华社河内分社工作，先当翻译后任常驻记者。其他经过战争洗礼的中国留学生，回国后在各自的工作岗位上也都起到了增加中国对越援助、促进中越贸易和文化友好交流的桥梁作用。

著名作家巴金先生在越南向志明学长和我赠书

1965年7月中旬的一天，志明学长和我在中国驻越南大使馆看电影时，从文化处获悉，以巴金为团长，魏巍为团员的中国作家代表团来越南访问三个月，住在位于河内繁华的商业中心附近的统一饭店。

关于中国作家代表团当时访越的国际背景如上所述，1964年8月5日，美国总统约翰逊以所谓"北部湾事件"为借口，下令出动舰载轰炸机轰炸越南民主共和国的乂安、清化和鸿基等沿海地区，从而把侵略战火扩大到越南北方。中国党和国家领导人对越南的战事十分关心。据作家菡子回忆，1965年中国作家协会根据周恩来总理的建议，组建中国作家代表团赴越南进行军事战地采访，报道越南人民抗击美国侵越的英雄事迹。从当年7月开始，组织17人，准备分批前往，首批赴越采访的责任落在了巴金和魏巍两位同志的肩上，作家杜宣和菡子则为第二批。

从中国大使馆回到学校在河内郊区的外国留学生宿舍后，我邀请志明学长于当月12日下午一起去拜访景仰已久的作家巴金、魏巍时，他说："我也有此意，咱们一块儿去。"12日下午，阳光灿烂，微风拂面。我们俩从住地骑自行车，约半个小时到达统一饭店门前。这座四层高的饭店位于河内市吴权大街上，是仅次于越南政府宾馆的高级饭店，专门用来招待外国贵宾的住所。

到饭店门口，我突然犹豫起来，心想我们是无名小辈，巴金是文坛巨匠，早在新中国成立前因写作《激流三部曲》——《家》《春》《秋》而闻名于世。魏巍是著名的军旅作家，长期在部队任职，以散文集《谁是最可爱的人》闻名神州大地。再者，事先也没有联系，现在冒昧地拜访，会不会吃闭门羹呢？这时，志明学长问我，怎么不走啦？我把自己的顾虑说了一遍。他说："你放心吧，巴金和魏巍都是青年人的朋友，不会拒绝见我们的。走吧！"

我们经饭店旋转门来到一楼大堂询问处，打听中国作家代表团的住房楼层号码。越方服务人员查看了我们的身份证件、了解来意后，给楼上打了一个电话就让我们上楼了。当我们爬上三楼时，就看到在一个打开的房门前站着两位面带笑容的先生向我们招手。走到跟前，我们做了自我介绍、说明来意后，两位作家同时说出"欢迎"二字，并拉着我们的手走进客厅，落座后，他们各自做了自我介绍。这时饭店服务员走过来招待大家，巴金和魏巍不让服务员招待而要亲自泡茶、递烟、送水果。我原有的忐忑拘谨心情一下子放松了。作为多年离开祖国亲人的我们，在异国他乡遇到仰慕已久的两位著名作家，如此平易近人，一见如故，倍感亲切，心情特别激动。

开始，两位作家给我们介绍了抵达越南后的情况，并说拜会活动还没有结束，近日还要拜访越南对外文化交流委员会的负责人、同越南作家协会部分作家见面。中国作家代表团没有固定翻译，想请我们做翻译，不知能否抽出时间？我说可以，1965年七八月，梁志明老师在越学习结束，等待回国；我在学校毕业论文答辩后也等待回国分配工作。所以，在这一段时间里，两人的日常学习生活安排得比较宽松。因此，我和志明学长都参加了上述活动。

为了帮助代表团熟悉驻地周围的环境，我们俩向两位作家介绍了饭店附近的文化生活设施情况。例如：在钱场街上有河内大剧院、电影院、国际书店，在吴权大街上有人民书店，在行牌街上有河内大百货公司，在统一饭店一楼有理发馆。接着，我们又介绍了中国留学生在越南的生活情况，还特别提到中国留学生在越南参加军训的情景。听完介绍后，两位作家都十分感兴趣，要求多聊一会再走。

又过了几天，在一个月如弯弓的晚上我和志明学长再次到统一饭店看望作家巴金和魏巍。在交谈时，巴金先生告诉我们，代表团在河内的活动已结束，8月要到越南中部17度线采访。越方为他们配备了翻译。

在客厅里进行了亲切交谈后，巴金团长请我们到一楼餐厅吃法式大餐，并把他1963年6月10日到越南访问五个星期以来撰写的文章汇编成《贤良江畔》一书署名后分赠给我们俩。

我们从书中了解到，巴金先生1963年下半年应邀访越，虽然只有五周的时间，却走遍了越南北方各地，从首都河内到胡志明主席故乡，从中越边境省份到中部十七度线，从城市到农村，从沿海到内陆，所到之处同越南各界人士，尤其是与从越南南方集结到北方的干部、工人、农民和战士家属进行直接交谈，采访到了大量第一手的鲜活材料。

总之，我们要以巴金先生为榜样，学习他以诚待人、说实话、说真话；学习他深入基层、深入实际的采写作风，以实际行动全心全意为人民服务。

回国密切合作　著作接连获奖

1965年下半年，志明学长在越南进修结束后返回北京大学历史学系继续任教；而我在河内综合大学历史学系毕业后被分配到新华社河内分社工作，先当翻译后任记者。1969年9月，我在河内工作四年届满返回国内，在新华社参编部当《参考资料》（俗称"大参考"）编辑、发稿人。虽然我和志明学长不在一个单位，但两人都是搞历史文化和文字工作的，多年来，彼此合作密切，合著作品连连获奖。

联手合著《当代越南经济革新与发展》

1986年12月越共六大后，越南走上了经济革新和对外开放的道路。在农业、工业、商业、财政、金融、价格及对外经贸等领域进行大胆的改革，取得了令人瞩目的成就，引起世界的关注。

20世纪80年代末，尤其是90年代以来，国际舆论界关于越南改革的报道日益频繁，我国学术界关于越南的研究也日渐增多。人们都对这个长期进行战争，而经济一向贫穷落后的国家，突然成为经济持续增长、市场活跃繁荣的"奇迹"产生了浓厚的兴趣。

越南改革的起因是什么？发展进程怎样？越南改革的发展理念与战略思想是什么？改革的步骤、措施和改革的前景又如何？能不能在不久的将来成为新的"小龙"或"小虎"？这些都是人们普遍关心的问题。

再者，在当代社会主义国家中，越南的改革是继中国改革之后取得重大成果的改革。因此，关于中越两国改革的比较研究与考察，也成为一个研究的热点。

为了解答上述问题，我的学长、北大历史学系教授梁志明先生，在20世纪90年代中期承担起主编和撰写《当代越南经济革新与发展》一书的任务。在编写过程中，志明学长打电话邀请我参加此书的撰写工作。我欣然接受，并把我1996年初作为新华社老记者代表团成员兼翻译访问越南时，购买的一本越南学者撰写的越南经济革新专著提供给志明学长作为参考材料。

《当代越南经济革新与发展》共十一章，由志明学长主编、修改、定稿，并撰写前言、第一章至第五章、第六章的第二节和第四节、第十章、第十一章的第五节。我分工撰写第六章的第一节、第三节，第七章，第八章，第九章，第十一章的第一节至第三节。中国科学院国际合作局和国际学术交流中心翻译部教授李亚舒学长撰写第十一章的第四节。中国社会科学院亚太研究所副研究员徐绍丽女士负责附录和校阅。

该书写作过程中获得中国社会科学院亚太研究所领导的支持与关心，《经济日报》记者利国先生给予多方帮助，我们作为该书的作者，谨向他们表示诚挚的谢意。

《当代越南经济革新与发展》由鹭江出版社于1996年12月出版。它的问世是志明学长和我以及其他参与者之间友谊的结晶，合作的硕果，特别令人高兴的是，《当代越南经济革新与发展》出版的价值受到学术界的肯定与认可，该书先后荣获北京大学人文社科著作一等奖，北京市第五届哲学社会科学优秀成果二等奖。

亲历"欧美同学会·中国留学人员联谊会东南亚和南亚分会"成立

早在20世纪80年中期，时任中国科学院国际合作局亚非拉处处长、《中国科技翻译》编委会主编李亚舒学长（20世纪50年代赴越留学归国生），就曾向我提出建立"中国留越同学会"的倡议。我对此表示热烈响应、坚决支持，并决定邀请亚舒学长和我留越时的同窗好友、北京大学历史学系教授梁志明学长来我住所共同商讨建立"中国留越同学会"事宜。团聚时，我们一起回顾了从20世纪50年代到80年代，中国赴越留学人数有40多人，如能成立一个同学会，为这些学友搭建一个中越文化交流信息的平台和建立友谊的桥梁，是一件很有意义的事情。最后，我们三人决定筹建"中国留越同学会"，并分头联络，但由于当时各人都还在上班，加之留越归国生分散各地，联络困难，没能落实。

2009年夏末，我已退休在家。一天下午，正在家读书时，忽然接到亚舒学长打来的电话。他高兴地告诉我，"欧美同学会·中国留学人员联谊会"（以下简称"同学会·联谊会"）正在筹建"东南亚和南亚分会"，详情他也不是很清楚，建议我先到"同学会·联谊会"总会了解一下情况，是否参加，回来再做定夺。

翌日上午，我从京西石景山区乘地铁到南河沿大街"同学会·联谊会"会所。当我一走进会所的大红门时，就受到服务人员的热情接待，使我顿时感觉这里就是中国留学人员的家园。接着，我被引导到"东南亚和南亚分会"筹建办公室。办公室工作人员任静女士了解了我的来意后，把我引见给办公室的负责人李世昌学长。他同我握手寒暄，亲切交谈。

李世昌学长先向我介绍了"同学会·联谊会"的性质、宗旨和活动内容。概括地说，该组织是党领导下的归国留学人员群众组织。"欧美同学会"在新中国成立前就成立了。改革开放后，中国留学人员数量激增，留学的国家日益扩大，"欧美同学会"的规模和功能也随之扩大。根据实际情况，2003年在"欧美同学会"这个名称上增冠了"中国留学人员联谊会"。

当时,李世昌学长还征求我对发展会员有何建议,并请我推荐一些留学时的校友、学长入会。我坦诚相告,参加"同学会·联谊会"是本人多年来的愿望。与此同时,我推荐了我的同窗好友志明学长、校友亚舒学长和中国社会科学院世界经济与政治研究所前所长、时任中国社会科学院学术委员会委员、研究员、博士生导师谷源洋校友(学长)入会,并建议"同学会·联谊会"派专人走访高教部、北京大学、清华大学和北京外国语大学等高校干部处联络和举办舞会、放电影吸引归国留学人员参加,以扩大队伍。我们俩谈得很投契,大有相见恨晚之感。

2009 年 9 月 26 日上午,包括亚舒、志明、源洋等学长和我本人在内的 20 位中国留学人员,从首都四面八方云集"同学会·联谊会"会所,参加"东南亚和南亚分会"筹委会会议。筹委会负责人李世昌学长主持会议,并介绍了成立分会的宗旨、活动方式和筹备情况。紧接着,与会者就分会成立的意义和今后的发展发表了各自的意见。大家一致表示,支持成立"欧美同学会·中国留学人员联谊会东南亚和南亚分会"。

经过一段周密的准备,"东南亚和南亚分会"于 2010 年 12 月下旬在"同学会·联谊会"会所成立,通过民主投票方式选举了第一届理事会理事和会长(同一职务按汉语拼音排序)。会长:沈冰;副会长:李世昌、王金宝、曾昭晖;秘书长：李世昌（兼）；理事：李世昌、梁志明、梁春、沈冰、王金宝、曾昭晖。与此同时，分会聘请了第一届理事会顾问和名誉理事。顾问：陈宝鎏、钱锦昌；名誉理事：陈自明、谷源洋、潘则建、谭中华、郑永年、张小康。

在会上，我和亚舒学长均办理了入会手续，并拿到了会员证。从此实现了我们晚年参加"同学会·联谊会"的心愿，并决心做到始终高举"同学会·联谊会"的留学报国的旗帜，奋勇前进！

在学长梁志明教授的推荐下，北大为我学习、采访、参加学术交流创造了良好机会

第一次是2003年11月正值联合国教科文组织第二届"世界哲学日"之际，联合国教科文组织北京代表处与北京大学亚洲—太平洋研究中心于2003年11月23日下午，在北京大学英杰交流中心新闻发布厅联合举办主题为"东亚文化与青年的价值观"座谈会。我应邀出席了会议，并对座谈会进行了报道。

会后我撰写了题为《对话·理解·友谊——记"东亚文化与青年的价值观"座谈会》的文章，发表在新华社《对外宣传参考》杂志2004年第3期上。

第二次是我应邀参加北京大学一次对外友好活动，喜得一份研究已故胡志明主席亲人的珍贵资料。2002年10月，北大亚太研究中心主任梁志明教授、副主任杨保筠教授和我就

"9·11"事件后国际形势、农村基层政权选举和中越经贸关系发展前景同两位越南访问学者——越南国家社科院与人文中心下属的中国研究中心主任、《中国研究杂志》总编辑杜进森博士和中国研究中心研究员黎俊清先生在北大亚太研究中心进行学术交流友好活动。在座谈会后举行的欢迎宴会上，我们边吃边聊。席间，我向黎俊清先生和杜进森博士询问了有关胡志明主席家庭亲人的情况。在北大话别一个多月后，没想到杜进森博士把自己保存的胡志明胞兄的材料——胡志明胞兄阮生谦的养子何友承撰写的题为《阮生谦先生的人生和活动》的长篇回忆文章，通过越南驻华大使馆转寄给了我。这篇文章对研究胡志明主席亲人参加抗法斗争的活动具有珍贵的史料价值。我为越南友人这种热情和认真负责的精神所感动，并打电话请越南驻华使馆代为转达我对杜进森博士和黎俊清先生的谢意！后来，我据此历史资料撰写了一篇题为《关于胡志明胞兄的爱国动人故事——幸得越驻华使馆转寄的一份胡志明亲人的珍贵资料》的长篇文章，刊登在新华社《对外宣传参考》杂志2004年第4期上。

另外，我还作为校外评委，参加了北大历史学系博士生导师梁志明教授的两位博士毕业生论文答辩会。这对我而言，既是挑战自我，也是很好的学习机会。

一次是2001年6月7日，我参加了韦德星同学的论文答辩会。他的论文题目是《东盟区域性国际机制研究》。作者以立足中国、环视世界大局的眼光，来审视东盟区域性合作组织的性质、区位优势以及同其他国家、国际组织发展关系的前景。因此，此文对研究我国同东盟关系的发展既有现实意义又有前瞻性。另一次是在同年6月，我又参加了黄云静同学的论文答辩会。她的论文题目是《胡志明政治思想研究》。众所周知，中国人民对越南的胡志明主席并不陌生，但对他的政治思想却是知之甚少。1991年6月召开的越共七大强调以马列主义、胡志明思想作为社会主义建设和革新事业的行动指南。因此，黄云静同学的论文选题为《胡志明政治思想研究》，值得肯定。这对发展中越睦邻友好关系具有现实意义和长远价值。

两位同学的博士毕业论文受到评委的普遍好评。在北大毕业后，韦德星同学被分配到部队学院工作，黄云静同学则回到中山大学任教。这从一个侧面反映出北大资深教授梁志明先生为国家培养研究人才做出了积极贡献。

改革开放后，随着我国经济、科技的日益发展，通信工具的现代化，人与人之间的直接联系少了，感情淡漠了，即使有些联系，也多看重经济、金钱关系。因此，有人问我，自1964年同梁志明学长相见、相识、相知已逾半个多世纪，但友好关系保持如初这里边的奥秘何在？我说，原因就是我们都是共产党员，有共同的信仰，志同道合，在日常的交往中，平等相待，相互帮助，相互尊重。

亦师亦友四十载

杨保筠[*]

前不久,有以往的学生告诉我,北京大学历史学系教授、著名东南亚研究学者梁志明先生拟出版执教治学纪念文集,约我写有关梁老师的二三事,以收入他们主编的文集中。

聊完之后,我突然发现这岁月真是不饶人啊!可谓时光荏苒,如白驹过隙。回想起来,和梁老师初次见面至今,已经40年了。40年,对于天地宇宙而言,只是刹那瞬间,但对于人生来说,可真是一段不短的日子。

1978年,作为通过恢复招考的首届考生,我进入北京大学南亚研究所攻读硕士学位。由于"文化大革命"失去了太多,一心想利用这个难得的机会多学习一些知识。最初,我根据自己的兴趣选择了印度历史研究,但入学后不久,南亚

---

[*] 杨保筠,北京大学国际关系学院教授、博士生导师,泰国法政大学比里·帕侬荣国际学院教授。

所扩大为南亚东南亚研究所。考虑到自己的实际情况，以及在学习过程中对印度文化向东南亚地区传播史的关注，遂决定转而从事东南亚地区，主要是印度支那研究。当时拟由柬埔寨古国扶南的历史开始做起，因此有机会结识了著名的东南亚学者陈玉龙先生。后来，陈先生又给我推荐了梁志明老师，告诉我说梁老师是东南亚研究，特别是越南研究方面的专家，有问题可以和他联系。于是我就不揣冒昧，按照陈老师给我的地址，去当时梁老师在燕东园的住处登门拜访。那大概是20世纪70年代末80年代初的事情了。

从那以后，我就经常去梁老师那里拜访和求教。1981年毕业后我留在北大任教，从此也和梁老师成了同事，来来往往的机会就更多了。在40年的交往中，深感梁老师不仅是诲人不倦的教师，也是诚恳待人的挚友，具体事例实在太多，不胜枚举，在此仅选择几个印象最为深刻的例子，与各位分享。

梁老师非常谦虚好学，可谓"不耻下问"。至今仍令我记忆犹新的是，第一次去他家拜访时，他听说我是法语专业毕业的，马上找出一段文字让我看。我记得那是法国学者塞代斯的名著《印度支那和印度尼西亚的印度教化国家》（中译本名《东南亚的印度化国家》）里面的一段文字，梁老师说打算将其作为他当时正在撰写的一篇论文中的引文，问我这段话翻得意思对不对？准确不准确？这件事情给我留下了终生难忘的印象。

梁老师是个诲人不倦的好教师。每当带着问题去他那里求教，他总是不厌其烦地详细回答。后来有机会参与梁老师在历史学系开设的课程，亲眼看见他是如何孜孜不倦地给学生讲课。后来在彼此协助培养研究生的过程中，看出他认真细致的教学作风从未改变过。

梁老师办事非常认真细致。在与梁老师的多年共事中，我们曾经在北京大学东南亚研究中心、亚太研究中心、华人华侨研究中心等学术机构参与和组织过许多学术活动，深切感受到他踏实的工作作风。特别是在梁老师担任北京大学东南亚研究中心主任期间，他牵头举办了多次北京地区、全国和国际学术会议。每次组织活动时，梁老师都亲力亲为，对会议和活动的每个细节，包括会议日程、人员邀请、后勤安排等具体事项都非常上心，反复过问。正是由于梁老师的精心组织和研究中心其他老师的全力参与，我们举办的学术活动都是很成功的。时至今日，与往日的东南亚研究同行们谈起当年北京大学的东南亚研究盛况，大家还都念念不忘梁老师所做出的贡献。

梁老师具有严谨的学术态度。自从留校任教以后，我和梁老师一起参加了不少学术研究项目，如编撰《东南亚历史词典》《华侨华人百科全书》《东南亚近现代史》以及多部论文集等。特别是有幸与梁老师和李谋老师共同主编《东南亚古代史》一书。梁老师在这些科研项目中，充分展示了他一贯的认真和严谨的学术态度。例如，有时为了确认一个史实、厘清一个观点，梁老师都会组织相关人员进行反复讨论和推敲，这也给我留下许多启示和教益。

梁老师待人谦和，是个可以信赖的挚友。自从相识以来，梁老师在各方面都给我提供了很多帮助。无论是课堂教学、研究生培养、职称评定还是其他有需要之时，他都会热情、诚恳地全力相助。可以说，自己在教学和科研生涯中步步走来，梁老师的引导和辅助功不可没，使我难以忘怀。

转眼之间，梁老师已届85周岁，进入"耄耋之年"，而自己也已迈入"古稀之年"。但是，看到梁老师在退休以后，仍然兢兢业业，认真参与各项学术活动，也出了不少学术成果。而且，正是由于他的谦逊和蔼、不求名利和与世无争的生活态度，使他至今仍然身体健康，思路清晰。因此，自己也不敢懈怠，希望能够以梁老师为榜样，继续发挥一些力所能及的余热，充实自己的晚年余生。

恭祝梁志明老师健康长寿。

2020年5月于泰国暖武里府

谦谦君子 硕学鸿儒 长者风范

范若兰*

梁志明教授是中国著名东南亚史研究专家，也是我最尊敬的学者。值梁先生八十五华诞之际，特撰此文，以铭记梁先生多年的教诲和提携。

与梁先生最早见面，应该是1994年在中山大学召开的中国东南亚研究年会上。那时，我刚调到中大东南亚研究所，帮助做会务工作。我对东南亚学界了解不多，对东南亚研究也未入门，通过这次会议，知道了梁志明、周南京、汪慕恒、贺圣达、陈乔之、廖少廉、庄国土、张锡镇、高伟浓等学者。由于我对东南亚所知不多，没有勇气上前向梁先生请教，但对他的温文儒雅留下深刻印象。

之后几年，我结合自己以前的研究兴趣，注重东南亚的

---

* 范若兰，中山大学国际关系学院东南亚研究所教授，博士生导师。

女性研究和伊斯兰教研究，梁先生认为这些选题都很有价值，是以往中国东南亚研究极少关注的领域，给我许多鼓励。当时，我的同事兼好友黄云静已考上梁先生的博士研究生，我也十分向往，但对北大超难的英文考试望而生畏，止步于此。后来，我报考本所余定邦教授的博士研究生，成为余先生的开门弟子，而对于梁先生，我是私淑弟子，经常向他请教。我的博士学位论文选题是新马华人妇女研究，这是一个资料和研究积累都十分薄弱的领域，我就论文的时间段、核心议题向他请教，他给了我建议和鼓励，增强了我的信心，至今难忘。梁先生也一直关心我的学术成长，他对我的《移民、性别与华人社会：马来亚华人妇女研究（1929—1941年）》《伊斯兰教与东南亚现代化进程》有好的评价，这对于学术后进的我是莫大的鼓舞。

梁先生主治越南史，兼治东南亚史，治学功底深厚，他的观点和方法对我很有启发，影响甚大。我精读过他的多部大作，如《东南亚古代史》《东南亚历史文化与现代化》《殖民主义史·东南亚卷》《东南亚近代史》《东亚的历史巨变与重新崛起》等。我认为，梁先生治学有以下几个特点。一是史论结合，既注重对史实的挖掘和考辨，也注重论证和论点的提炼。有些历史研究，过多注重史料的罗列，论证有所不足，有些研究则于史料挖掘上有所欠缺，论证成了自说自话，而梁先生治史，史论结合得当，论证思路清晰，逻辑递进，见解深刻，读之有如饮甘饴、茅塞顿开之感。二是对东南亚历史发展规律的宏观把握。《东南亚古代史》每编都有结语，是对断代史历史规律和特征的总结，而梁先生的"终章"，则对古代东南亚历史发展的基本特征和历史地位进行宏观概括，提升了《东南亚古代史》研究的深度和广度。三是提出新观点。梁先生治学论从史出，对于越南史、东南亚史的诸多问题，都提出新观点，为学界所接受。梁先生在《东南亚古代史》《东南亚历史文化与现代化》《殖民主义史·东南亚卷》提出的很多观点、分期、结论，是我写作《马来西亚史纲》（与李婉珺、廖朝骥合著）、《南海宗教史：传播与嬗变》的立论基础，他注重史论结合的方法，也是我学习的榜样。

梁先生勤奋治学、笔耕不辍的精神，更令我钦佩。他退而不休，继续致力于东南亚历史研究，有两项大功绩。一是主编和撰写《东南亚古代史》。这本 70 万字的巨著代表了中国东南亚古代史研究的最高水平，在国际学界同类作品中也是扛鼎之作。二是组织队伍撰写"东南亚各国史纲"丛书。这套丛书计划东南亚 11 个国家各出一本史纲，梁先生在其中发挥最关键作用，不仅亲自撰写《越南史纲》，还负责物色合适的作者承担其他国家的写作，联系资助资金，与出版社联络。他邀请我撰写《马来西亚史纲》，我当时刚好完成一个项目，加之对马来西亚耕作多年，有一些心得，于是欣然答应。截至 2020 年，这套丛书现在已出版四本，即《马来西亚史纲》《印度尼西亚史纲》《文莱史纲》《东帝汶史纲》，梁先生的《越南史纲》早已完成交稿，可惜尚在审稿中，期望这套丛书能早日出齐，对推动中国东南亚研究和教学有所助益。

参与"东南亚各国史纲"丛书写作，也是近距离观察和学习梁先生的机会，先生的虚怀若谷给我留下深刻印象。2014年4月，在北京大学召开"东南亚历史与'东南亚各国史纲'编纂"学术研讨会，参加者主要是各国史纲的撰写者，我们就丛书的体例、架构、特色、定位进行讨论，梁先生听取大家的意见，最后总结，确定丛书总序以及体例等问题，总序由他负责撰写。2016年6月，又在北京大学举行了第二次会议，讨论丛书写作进程及存在的问题。从这套丛书的组织和总序的撰写来看，梁先生理所当然是丛书的总主编，应该在封面上标出，就像许多丛书所做的一样，但梁先生推却总主编之名，甚至他撰写的《总序》，落款也是"东南亚各国史纲"编委会，这种不尚虚名的品格，直是当下追名逐利社会的一股清流。

梁先生谦逊待人，和蔼可亲，完全没有大学者的架子。我们在北京大学开会时，离会那天，梁先生专门早上乘公交车从自己家来到宾馆送行，其实他家距宾馆很远，他的腿脚也不好，但他恪守待客礼仪，令我们这些晚辈既感动又不安。2018年是中山大学东南亚研究所建所40周年，我们邀请梁先生和师母来参加庆典及研讨会，先生欣然答应，却坚持不让我们负责师母的机票，由他自付。会后先生和师母到珠海游览，我本打算某天上完课后开车载二老游览市区，但梁先生不愿麻烦人，去了澳门亲戚家，没能为先生略尽地主之谊，令我遗憾至今。

本文作者与梁志明教授在北京大学的合影（2016年5月）

先生教诲的点点滴滴，历历在目。犹记得有一年在北大参加东南亚年会，我利用这个机会跑到北京图书馆查阅资料，没有参加报名的分组讨论，后来梁先生很婉转地批评我不应该逃会，使会议组织者难办。我对此非常羞愧，诚恳接受先生的批评，以后再不敢逃会，至少我参加的小组发言，一定到场。

梁先生于我而言，不仅是师长，也是父辈一样的存在。我在学术前辈面前，多有拘谨，唯有在先生面前，能自在言谈。先生的谦谦君子风度、硕学鸿儒气度、蔼然长者风范，令我钦佩和敬仰。

祝愿先生身体康健，自在喜乐。

梁志明教授治学与从教点滴

刘志强[*]

本文是我有感而发诉诸笔墨的。梁先生德艺双馨，一直为北大和国内越南研究添砖加瓦，扶掖后学，孜孜不倦。我也是在先生多年不断提携与鞭策之下成长起来的。谨以此文，纪念先生治学从教数十载历程，同时思考先生那代人至我们这一代人从事东南亚研究的学术传承。

一、先生的基本学养及与治学的渊源

梁先生出生于湖南长沙，就读于雅礼中学，1954年考入北大历史学系，在燕园求学期间，就受到翦伯赞、邓广铭、

---

[*] 刘志强，广东外语外贸大学东方语言文化学院教授、院长。

周一良、邵循正、齐思和、杨人楩、张政烺等老一辈史学家的治学经验的熏陶。其中翦伯赞先生关于马克思主义史学的精辟论述，邓广铭先生关于史学研究的"四把钥匙"①的教诲和周一良先生"五个W"②的讲话对其治学产生较大的影响。先生曾回忆说，邓广铭先生负责他们学年论文写作的指导，如果学生没有扎实的考证是很难过关的。齐思和先生为人和蔼，他不仅传授知识，而且讲授治学方法。杨人楩先生强调看论文要先读注释，没有第一手原始资料的论文不必去看。北大历史学系前辈学人的教导对先生后来的治学奠定了极其重要的基础。

在北大读书期间，先生选择了周一良③先生主持的亚洲史专业作为研究方向，在"亚洲史专门化"课程中，选修了著名的越南史学家陈玉龙教授④讲授的越南历史专题课，同时开始学习"二外"越南语。陈玉龙教授成为先生治越南史的入门老师。

1959年，先生毕业留校后，成为北大历史学系的一名教员，并分配在亚非史教研室工作，开始从事亚洲史教学与研究。当时周一良先生任亚非史教研室主任，先生得到了周一良先生的言传身教，治学自然多有长进。1963年秋至1966年

---

① 即职官制度、历史地理、年代学和目录学。——笔者注
② 即 Who（何人）、When（何时）、Where（何地）、What（何事）、How（如何）。周一良先生还提倡一个更大的 W（Why，为什么）。——笔者注
③ 周一良（1913—2001），北京大学历史学系教授，中国著名史学家。
④ 陈玉龙（1921—2013），北京大学东语系教授，著名越南史、中越文化关系史专家。

初，先生又获得教育部批准，作为访问学者赴越南河内综合大学历史学系研修越南历史。在河内期间，先生访问了越南老一辈的史学家陈文玾、陈辉燎等教授，研修了越南著名学者讲授的越南古代史和近现代史课程，几乎走遍了越南北方各重要省市，参观了许多历史文化古迹和考古遗址，收集了大量图书资料，这打下了先生从事越南研究的深厚根基。

二、对中国东南亚研究的贡献

先生对中国越南研究乃至中国东南亚研究贡献颇大。我个人不完全概括，大致包括三个方面。一是个人学术成果丰硕，包括论、著、译、校、编；二是大力推动中国越南研究及中国东南亚研究；三是培养人才、扶掖后学。

先生相关研究成果颇丰。据我个人的统计，先生迄今共发表学术论文百余篇，学术著作20余部，译著译文10余部（篇），参加相关工具书编纂10余部，为国内外越南研究学界、东南亚研究学界提供了大量的、有重要学术价值的学术参考。同时也在很大程度上为中国越南研究学界奠定了学术基础。笔者在国外参加不少学术会议，与越南、马来西亚、新加坡、日本等学界交流，对方多提及北大先生的相关论著，可见其学术影响。

在先生的诸多学术成果中，有不少为中国的东南亚研究奠定了学术基础。比如在改革开放初期最早翻译和校译了一批有关越南铜鼓及考古的著作，这些工作为改革开放初期国内学界研究越南和东南亚铜鼓提供了珍贵的学术参考资料，对广西和国内考古学界的古铜鼓研究颇有裨益。今天广西乃至国内学界在研究东南亚铜鼓，大多绕不开先生和其他一些相关学者的这些译著。现在广西学界对东南亚铜鼓的研究，之所以走在国际学界前沿，离不开早年先生在这一领域的贡献，这可能也是先生始料未及的。

20世纪80年代以后，先生涉猎领域逐渐扩展，除担任亚非拉现代史和华人华侨史的教学研究外，还着手研究越南古代史、近现代史以及东南亚史，发表了大量的相关著述。其中，有关越南研究的论著刊登较早，颇具学术价值，为后来学者对刘永福、孙中山与潘佩珠关系的研究奠定了基础。

90年代初，中越关系正常化。先生对越南研究的关注扩大至《胡志明的政治思想》，[①]这可能是国内最早公开研究胡志明思想的论著。在发表《孙中山与越南革命先驱潘佩珠》一文后，先生又发表《潘佩珠与潘周桢比较研究》，[②]继续对以潘佩珠为代表的越南近代民族主义维新运动领袖进行研究。先生的这些研究在当时并未落后于西方学界，越南《历史研

---

① 梁志明：《胡志明的政治思想》，载《北大亚太研究》（第1辑），北京大学出版社，1991。

② 梁志明：《潘佩珠与潘周桢比较研究》，载《周一良先生八十生日纪念论文集》，中国社会科学出版社，1993。该文又为越南社会科学院历史所主办的《历史研究》杂志，1994年第1—2期翻译转载。

究》杂志曾翻译刊载。

先生对越南经济改革的关注，也是国内较早的。1993年，先生即发表《越南经济改革及其与亚太国家经贸关系的关系》一文。① 较之同时代关注越南经济改革的研究成果，先生的视野较为宽阔，把越南经济改革放到整个亚太经贸关系的宏观局势去研究。20世纪90年代中期，先生开始关注中越改革的比较，连续就越南农业改革、革新思维、工业改革、革新的历史背景、理论思维与发展模式、中越经济改革比较、越南的经济革新与开放等方面发表系列文章，成为20世纪90年代国内学界发表有关越南改革专论最多的学者之一。同时，先生还关注越南儒教，在北大学报发表了《论越南儒教的源流、特征和影响》，② 该文为后来学者研究越南儒教提供了重要的参考。迈入21世纪，先生又关注于越南华人华侨的研究，其中的撰著包括《当代海外越南人的分布与发展状况研究》③《从越南的侨务政策谈起——关于境外华人国境问题之刍见》④等。先生的治学成果获得了业界的认可，多次获得省部级甚至国家级奖励，如主编的《越南的经济革新与发展》和《东

---

① 梁志明：《越南经济改革及其与亚太国家经贸关系的关系》，载《北大亚太研究》（第2辑），北京大学出版社，1993。
② 梁志明：《论越南儒教的源流、特征和影响》，载《北京大学学报（哲学社会科学版）》1995年第1期。
③ 梁志明等：《当代海外越南人的分布与发展状况研究》，载《南洋问题研究》2004年第2期。
④ 梁志明：《从越南的侨务政策谈起——关于境外华人国境问题之刍见》，载《境外华人国境问题讨论辑》，香港社会科学出版社有限公司，2005。

亚的历史巨变与重新崛起》曾获北京市社科奖二等奖，参与编撰的《中外文化交流史》曾获高等学校人文社会科学优秀著作奖一等奖（目前高校人文社科类最高级别奖）。

除撰著等身以外，先生桃李满天下。先生从20世纪80年代中期起，开始指导硕士研究生，90年代开始指导博士研究生，先后共带过10多位硕士研究生和7位博士研究生。先生也指导过来自香港和台湾地区的研究生。先生为国内从事越南研究培养了不少人才，如研究胡志明思想的中山大学黄云静博士、研究越南当代经济社会发展问题的郑州大学游明谦博士等，都是先生培养的。先生对于研究生的指导，均全身心地投入，并与同学们建立了深厚的师生情谊。先生教书育人，效法前辈老师们的榜样，与青年同学一起切磋时遵循"弟子不必不如师"教学理念，努力做到以平等的态度互相交流。其主编的《殖民主义史·东南亚卷》即是师生合作、教学相长的产物。①

就我的接触与了解，先生对于中国越南研究和东南亚研究之贡献，尤为值得一提的是他与北大同行学者于2002年8月创办的北京大学东南亚学研究中心。十余年来，先生与北京大学东南亚学研究中心同仁奋力组织各种学术活动，合力编辑、出版《亚太研究论丛》《北大亚太研究》《北大东南亚研究》等刊物，并与郑州大学越南研究所合作出版东南亚丛

---

① 梁志明主编《殖民主义史·东南亚卷》，北京大学出版社，1999。

书系列学术著作，使得北大的越南研究和东南亚研究在过去十余年来，成为全国东南亚学术研究重镇之一。我印象最深刻的是，当时每次北大东南亚学研究中心组织学术会议，全国各地的学者都积极参与，每次北大东南亚学研究中心举办的会议，都是老中青"宾朋满座"。我们这些后学，才得以与会并在研讨会中进步和成长。

三、先生这一代学人与相关研究

先生这一代人，经历过许多时代动荡，但先生始终坚持以学术立身。尤为值得一提的是先生的留学经历，可能是这一代学人罕有的。1965年"北部湾事件"（"东京湾事件"）爆发后，越南战争逐步升级，先生和一些中国赴越留学生相继担任翻译人员，许多同学被派到援越部队工作。先生当时曾担任著名作家巴金和魏巍在河内访问的翻译，后又陪同中国电影代表团赴越南中部访问。当时正值美军空袭的"空中战争"期间，据先生的回忆，他们的车队为避免美军军机的袭击，常在夜间行驶，车辆插上树枝进行"伪装"，一路十分艰难，但最终战胜各种困难抵达北纬17度线的边海河畔。

中国的越南研究学人，大部分是中越关系正常化以后才有机会赴越南从事实地调研和考察，先生能在20世纪60年代获得两年多的留学经历，实属难得。且先生与越南史学名家如潘辉梨、丁春林等熟悉,以后又与越南史学界常有学术联系与交流。过去十年,我每次赴越,一见到越南史家,他们大都让我转达对先生的问候。可见越南学界对先生的敬意。

东南亚史是先生研究的强项。在 2004 年完成《东南亚近现代史》之后,先生便与同仁酝酿有关东南亚古代历史与文化的课题研究,经过多年耕耘,直至 2013 年出版 70 余万字的集体成果《东南亚古代史》,①该书出版后获得学界的高度肯定,并多次获奖。

2013 年,先生从北大东南亚研究中心"让贤",但仍笔耕不辍,2014 年 8 月又出版了个人论集《源远流长,多元复合——东南亚历史发展纵横》。② 2014 年越南举行盛大的奠边府战役胜利国际学术研讨会,越南史学界盛邀先生与会,无奈身体原因不能成行。经先生鼓励,我最终与会,并得与西方学界越南史研究同行切磋,得益不少。

四、我与先生交往的二三事

我与先生结缘是 2006 年在南宁举行的第六届中国东南亚研究会年会上,那时我只是一个硕士研究生。当时学者很多,

---

① 梁志明等主编《东南亚古代史》,北京大学出版社,2013。
② 梁志明:《源远流长 多元复合——东南亚历史发展纵横》,中国出版集团,世界图书出版公司,2014。

年轻学者更多，我在会议大厅问候先生，先生很和蔼地与我握手，当时我就觉得真正的学者是没有架子的。八年过去了，后来我赴北大攻读博士学位，到国内外参加国际学术会议，接触各种各样的学者，在圈内圈外，像先生这样的学人，实为难得。

先生对后学的论著，多以鼓励为主。2013年，我的一本小文集尽管不是什么大著，但先生欣然为我作序，使我深受鼓舞。[①]且先生在写序中还有脚注，可见先生治学之严谨。先生也常在邮件中鞭策我，提醒我"学术立身，谨慎前行"。在治学方面，先生也多有提点，在北大读书期间，每次北大东南亚学研究中心举办的学术会议，先生都亲自发邮件请我参加，这是我在北大最感动的事。

我从事占婆研究，先生以北大东南亚学研究中心的名义，两次邀请法国远东学院蒲达玛（Po Dharma）教授讲学，为我提供了很多与蒲达玛学习的机会，2011年，我博士学位论文答辩，先生以答辩委员会主席的身份亲自参与。可以说，没有先生的提携和帮助，我不会成长得那么快。

2014年上半年，先生组织"东南亚各国史纲"丛书编辑出版筹备会，邀请北京和国内相关单位学者参加，忙里忙外。先生以79岁高龄，拄着拐杖，还拖着一个行李包，我连忙帮忙提着，并询问是何物。先生说会议午餐的红酒，先生居然

---

① 梁志明：《中越文化交流史论》序，载《中越文化交流史论》，商务印书馆，2013。

梁志明教授（左三）作为答辩参加本文作者（左五）的
博士学位论文答辩会（2011年）

撑着拐杖，自己拖着红酒为大家准备。当时有位老师问我，是不是我刚刚从机场赶来，以为是我自己的行李。范宏贵教授笑着问他，何以不早点让年轻人帮忙，先生不以为然地笑着说："不重，自己还能做。"可见先生处世为人。这件事让我感慨万千！我想，先生虽然将至耄耋之年，但一直会关心着中国越南研究乃至中国东南亚研究的成长。这让我想起王阳明"知行合一""致良知"的信念。

我于2016年调入广东外语外贸大学，多得先生鼓励。2018年，中山大学东南亚研究所成立40周年，又得与先生及师母相会于广州。此次赴羊城，先生同时应邀到广东外语外贸大学东方语言文化学院讲座，讲座由我主持，讲座的主题是"学术与人生",先生真诚地分享自己的求学经历与学术人生,学院诸多师生到场,无不受益。

2018年梁志明教授及师母到广外讲学期间到我寒舍做客

事过境迁,时光荏苒,无比感慨。谨以词《临江仙》一首,恭祝恩师寿比南山不老松。词曰:

渺渺云烟博雅塔,遥想长沙英少,勤勉治学文曲照,燕园登科来,红楼春意闹。

葱葱翠柳未名湖,不负流年吹号,笔耕不辍书卷靠,修身齐家在,桃李满堂茂。

师生浓情篇

两岸师生情

王立礼*

历史学家钱穆先生20世纪50年代来到台湾。钱穆先生毕生弘扬中国传统文化，对海内外新儒学的继承与发展产生过巨大影响，也为两岸文化融合奠定了基础。

著名经济学家林毅夫先生是台湾籍菁英才俊，20世纪70年代怀抱热情与理想，回到祖国大陆，凭其自身的长期努力，在经济学术领域中成绩斐然，为祖国大陆经济政策提供了重大建议与贡献。

以上两位北大前辈的风范彰显：不论是从大陆到台湾，还是从台湾回大陆，连接两岸融合发展的因素就是历史与经济。

---

* 王立礼，台湾逢甲大学建筑学系建筑学士、复旦大学管理学院工商管理硕士、北京大学历史学系历史学博士。曾为美国康德基金会（资助教育——希望工程）执行长（2001—2020）。

我自1991年起，作为来祖国大陆投资的台商，1997年受北大百年校庆之激发，在1998年自己47岁之际，忽然萌发了去考北京大学历史学系博士班的想法。我想圆一个跨越两岸，结合历史与经济，增进两岸交流的人生梦想。

考前经北大东南亚学系陈炎教授引荐，得以认识北大历史学系越南史权威教授梁志明老师，经过面谈，梁老师表示愿做我未来博士生的导师。以此得以让我这名外校外系的学生幸运地获得一把入考资格的门钥。

当时我知道梁老师在北大所收的博士生中，有很多外校毕业的历史学系硕士生，但他肯收一个外校理工科的外系硕士生，这种敢为人先、兼容并包的北大精神，使我很感动，令我佩服！因为那时的我不仅是台湾理工科的硕士，还是一名47岁的"大龄青年"；同时是一个在深圳的台商，报的又是在职兼读，怎么说，我都不是一个"根正苗红"的好材料。梁老师居然肯收我这号"麻烦"人物，这更坚定了我要成为"北大人"的决心。

经过了一些入学手续，我终于考上了北京大学历史学系博士班。在学期间，除了上课修学分，我也常往博士班宿舍跑，去和学长们讨教学习；也经常和黄云静、张洁、郑翠英、游明谦等同学去梁老师家请教功课。

由于我是一个台湾学生，首次来大陆读书，又是外系的学生，梁老师特别要求我多参加学长们的论文答辩会，以观摩学习、打下未来论文口试基础。我遵从梁老师指示，在校修课两年期间，我几乎每场论文答辩会都没错过，也因此认识了众多校内外的评审教授，和教授们的交流互动关系密切，这也是两岸教学方式中很大的不同。梁老师还带我去广州参加国际性的论文研讨会，扩大我的学术视野，使我在历史学领域中遨游荡漾，鼓舞了我更加奋进。在两年内认真修完博士班学分后，梁老师就同意我开始撰写博士学位论文，对于我这个兼读生，这当然是一个很大的鼓励和肯定，因为我就可以和班上的全日制学生一样三年毕业了。

当然，事情如果都如此顺风顺水就不是真实的人生了。我的博士学位论文在通过答辩后，历史学系学术委员会建议再做进一步的加工和修改，这对我不啻是晴天霹雳的一击。当梁老师从北京打电话告知我这个消息时，我简直不敢相信这是真的！而想到梁老师为我的这次论文事件在历史学系承受了更大的压力，我内心更为梁老师叫屈！唉！我还真的给一生清誉的梁老师在即将退休前添了一个大麻烦！

回想在北大历史学系的四年，梁志明老师对我这个麻烦学生一路叮咛照顾，让我这个台湾学子能在大陆学界顺利成长，这可说是我的幸运；对我的论文稿内容，他更是字斟句酌、逐字逐句指导，生怕我一不小心"触雷身亡"，这种认真爱护之情跃然纸上。即使这样，到头来我还是栽了跟斗，让梁老师蒙受诸多压力和不白之"冤"。所以，深感愧对梁老师这些年在学术上对我的厚爱！

犹记得在北大历史学系期末考试英文科临考前夕，我正走在校园路上，突然接到病危的父亲从台湾打来的电话，从他断续无力的叮咛中，我知道此生应该再也没有机会见到父亲最后一面了，但我相信他会谅解我这个儿子，为了想从北大顺利毕业，无法临时放弃考试、立刻赶回台湾去探望他最后一面的苦衷。当时在校园暮色朦胧之中，我边走边流着泪安慰父亲，向他保证：我会顺利毕业。待我考完英文回到台湾，父子已是天人永隔了，最终我还是没见着父亲最后一面……

现在梁老师已经85岁高龄，步入耄耋之年，而我也过了68岁，即将要退休返台，特来北京告别诸位师兄弟妹，尤其给如同父辈的梁老师拜别。在我中年来大陆30年的职场及大学生涯中，北大历史学系及梁老师，当是给我人生留下的最大印记！

北大"授之以渔"的育人之道解我一生所需

吴敬全[*]

感恩国家恢复高考制度,因为考上全国最高学府北京大学东方语言文学系越南语专业,改变了我这个农村孩子的命运。感恩梁志明导师,因为他不仅指导我这位非历史学系本科专业毕业学生顺利完成了东南亚史专业硕士研究生全部学业,而且成为我幸福婚姻的见证人,成就了我在商海屹立不倒的人生。

我坚信读书能改变命运,在连续补习两年之后,我第三次参加全国高等院校统一考试,终于在 1982 年考入北京大学东方语言文学系越南语专业。我是江苏省宜兴县大塍公社

---

[*] 吴敬全,系梁志明教授的硕士研究生,中国国际广播电台原驻外记者和编辑(1990—2004),现任国家发改委直属的中国产业海外发展协会微型车辆专业委员会执行秘书长。

（现在叫宜兴市新庄乡）近 30 年内第一位考上北大的学生。父母为我自豪，家乡人民为我骄傲。我当时暗下决心要在越南语专业领域做出一番事业，以报答父母的养育之恩和家乡父老的期望。

1982 年 9 月 1 日上午，我参加了北京大学东方语言文学系为新生举办的入学欢迎会，当年除了越南语专业招生 20 多名学生外，还有波斯语专业招收了 7 名学生。我对当年的新生入学欢迎会的记忆可以形容为刻骨铭心，对当时北京大学副校长兼东语系主任季羡林在欢迎会上的讲话依然记忆犹新，他说，"迈入北大校园，是你们跨越人生的第一步。东语系是培养世界小语种专业人才的摇篮，但语言仅仅是人们使用的工具，你们要想超越自己，不仅要学好语言这门工具，更要会掌握运用好这门语言的专业"。他还强调，"语言是工具，专业是你们生存和发展的平台"。说实在话，我当时并没有领会季老先生的话，但我是一个有心人，我相信只要我学好越南语，就能找到越南语的用武之地。

北大自建校以来，一直秉持"思想自由、兼容并包"的办学方针，所以无论 20 世纪初期，还是 20 世纪八九十年代，北大历史学系各系科都欢迎不同系科的学生旁听，甚至欢迎校外学生来旁听。北大的办学理念启发了我这位来自江南的学生，而我也在北大校园找到了存在感，找到了奋斗的方向。1983 年下半学期，我参加了北大历史学系梁志明教授为越南语专业学生做的一次有关越南历史的专题讨论会。第一次听梁志明教授授课，我感受到越南历史发展，无论是古代、近代还是现代，每个阶段的历史都与中国历史发展息息相关，梁志明教授讲述的越南历史中的每件大事都有与中国历史一样的典故。每句话皆有出处，学问之广博，知识之丰富，不是一两句话可以概括的。自那以后，每个学期我都会去旁听梁志明教授在北大历史学系开设的公共课程，我是带着对东南亚国家历史和东南亚华人历史的兴趣，去旁听梁志明教授课程的，但由于东南亚史基础知识薄弱，经常会遇到许多不解的问题，如关于越南的文字，古代越南曾使用汉字作为官方文字，民间亦有使用汉字记录的现象。1945年越南独立后，为何把法国传教士推行的拉丁化拼音文字作为法定文字等。我在北大东语系越南语专业完成本科学业期间，我经常会利用周六、周日到梁志明教授家里去追问我脑海里存在的一些东南亚国家历史问题的缘由。梁志明教授从没有因为我是外系学生而敷衍我，都是认真作答，甚至留我在他家里一起吃饭。当时，梁志明教授的夫人，何杰老师经常当着梁志明教授和我的面夸我："就凭这个孩子这种好学精神就值得培养！"师母这句褒奖一直激励我努力求学。

我在北大东语系攻读的是五年制双语本科（越南语和英语）。我记得非常清楚，1985年5月，梁志明教授邀请郑州大学历史学系教授戴可来赴北大为东南亚史专业研究生做有关南海问题的专题讲座，梁志明教授也通知我聆听戴可来教授的讲座。就在戴可来教授讲座上，我正式向梁志明教授提出了报考他研究生的强烈愿望。梁志明教授明确告诉我，他本人欢迎我报考他的研究生，但我要敢于与同样报考他研究生的历史学系本科班的学生一比高低，也就是我必须有扎实的世界史知识的功底。自此，北大历史学系世界史专业罗荣渠、潘润涵、林承节、林被甸等教授开设的课程就多了一位前来旁听且经常举手问问题的学生。在我报考梁志明教授硕士研究生前，他还经常教导我，"世界史课程数量大，知识纷杂，需要及时复习巩固"。正是梁志明教授的督促和指导，我才以一个非历史学系本科生考上北大历史学系东南亚史研究生。

我是1987年9月正式成为梁志明教授培养的硕士研究生的。回顾当年在北大历史学系读研究生的经历，由于历史知识基础功底不扎实，我对能否顺利完成研究生学业也怀疑过，甚至动摇过。但梁志明教授就像对孩子一样呵护我，鼓励我。他多次告诉我，"做学术不是一件容易的事情，但只要认真，树立信心，就能找到自己的方向，继而潜心钻研，并在研究中适当调整，坚持下去就会迎来曙光"。

在梁志明教授的鼓励和督导下，我积极参与历史各类学术会议与国际交流，从原来只知闷头学习的状态里挣脱出来，逐渐培养起北大历史学系学生的果敢、自信与活泼。我深知，我能在北大历史学系圆满完成各科学业，顺利完成当时争议性很强的硕士研究生毕业论文，一切要归功于梁志明教授三年培养期间的悉心指导。我的硕士毕业论文每个字都包含着梁志明教授的功力和智慧。1990—1991年，我受命编撰由接力出版社出版的一套中学生政治读物时,梁志明教授也给予悉心指导,尽管我当时已毕业离开北大正式参加工作。2000年5月,我把我的非洲经历编撰成《走近非洲》出版,梁志明导师还带着他的学生一行5人专门参加了首发式,并在首发式上发表讲话,鼓励我用历史的方式,记录好在海外经历的一切。

梁志明教授在秉持传承北大精神基础上,除了传道授业解惑外,他"海纳百川,有容乃大"般的学术气度,深深感动了我。

我在读北大研究生一年级时就寻获了爱情,梁志明教授不仅没有反对我在校谈恋爱还经常邀请我和我的恋人,也就是我现在的夫人,到他家吃饭。1988年11月,当我跟梁志明教授报告我打算结婚的想法时,他主动表示愿意做我的主婚人,见证了我的幸福时刻。

自1990年8月从北大历史学系顺利完成东南亚史硕士研究生学业走向社会后,梁志明教授仍然一如既往教导我如何在社会上为人处事。每年去拜访他,他都会提醒我要"认真做事,低调做人"。他说,历览古今,纵观世界,最能保全自己、发展自己和成就自己的人生之道就是认真做事,低调做人。高标准处世可以激发人的志气和潜能,可以提升做人的质量。而低调做人是一种姿态,一种风度,一种修养,一种品格,一种智慧,一种谋略,一种胸襟。低调做人容易保护自己。梁志明教授说,在社会上做事,在言行上趾高气扬,放浪不羁历来是做人的大忌。只有学会低调做人，才能为自己营造出更温馨的生存空间和更融洽的人际环境。

一转眼，我从北大毕业20多年了，自己也进入花甲之年。如果说北大用知识和开明、开放的大度，让我明白了世界之大，天外有天，那我的导师梁志明教授教会我处世之道，让我一生与人和谐相处，暗蓄力量，悄然潜行，在不显不露中成就一番事业。

梁志明教授做人做事的人生哲学让我感悟到：

> 能坚定信念，且执意奋斗自期者，天不能限；
> 能诚信处事，以事业长青自任者，天不能害；
> 能刚健贞固，扬不屈不挠精神者，天不能弱；
> 能自强不息，朝乾夕惕而不倦者，天不能败；
> 能掌控险象，而不贪人之所有者，天不能贫；
> 能力拔千钧，善舞上下之士气者，天不能孤；
> 能继往开来，和天地精神往来者，天不能绝。

写于2021年8月15日

师心道心　性情德行
——致敬良师益友梁志明先生

黄云静[*]

师心·道心

古人云："师者，所以传道受业解惑也。"又云："道之所存，师之所存也。""道"在不同语境有不同含义，概而言之，"形而上者谓之道"，于芸芸众生而言，道与心密不可分，道心关乎志向、信条、圭臬、绳墨，涉于种种伦理、世事……是无限趋向于心性本真和自然理性的存在。师心者，此谓施予知识技艺之发心也。为师者，倘有师心而无道心，其至善

---

[*] 黄云静，1998—2001年在北京大学历史学系师从梁志明先生攻读东南亚近现代史专业博士研究生。研究方向为东南亚历史。现为中山大学国际关系学院副教授，硕士生导师。

者不过匠人而已；有道心而无师心，虽可独善其身，然未可以利益弟子，或未可以广益于弟子。或谓身教重于言教，然倘若为师者徒有道心而师心阙如，则弟子们能否受熏于师者身心之道，唯凭弟子们的悟性矣。是以值遇师心与道心兼备之师者，弟子何幸如之！而吾等同门已然得遇师，师者梁志明先生也。先生师心切切，道心质直，言传身教，传道授业，令吾等同门深得教益，实乃弟子学业、事业、人生之良师益友也！

性情·德行

性情，人之禀赋和气质。德行，"在心为德，施之为行"。性情与德行乃道心之表相。道心质直者，其德高洁，其性也平。

今得机缘略表先生性情、德行之二三，与诸有缘共悟人性之真之善之美，不亦快哉！

初曰平和。然察古观今，放眼大千世界，芸芸众生之中，平等之"相"易见，平等之"心"难觅！先生出身殷实尚儒之家，先后在湘江之滨的雅礼中学和高等学府北京大学接受教育，大学毕业后留校任教，不因出身名校、任教于名校而有丝毫之轻狂高慢。相反，先生为人十分平和，这或许是受家风、校训熏染，又或天性使然！弟子们无论来自农村、城邑、宇内、海外，富贵之家、抑或出身寒微，先生均一视同仁，给予每位弟子无差别之平等关怀。因先生之平等心、平和心，先生之课堂教学使弟子如饮甘露，课后交流则令后学如沐春风。

次曰真诚。常言道"眼睛是心灵之窗户""相由心生"。先生眼神澄澈，笑容可掬，心若赤子，待人以真以诚。先生历经沧海变幻，洞达世事，人情练达却始终保有心性之本真，处事圆融而无丝毫世故之圆滑，深得弟子、同事乃至同行信任，彼此坦诚相待、真心相见。与先生交流，无须虚饰，不假委曲，轻松又自在。在先生门下，师与弟子，既是师生，亦是挚友。

三曰仁厚。"仁者爱人""厚德载物"。先生深具仁爱之心，凡力所能及，皆予弟子、同事、同行种种爱护持助。弟子们的学业与事业发展是先生永远的牵挂，先生常常策励敦促弟子不断进取，并且不遗余力给予支持。除了关爱门下弟子，先生对业内同行后学亦给予各种帮带提携。后辈同行每每提及先生，无不铭感于内。先生胸怀宽广，仁厚待人，一些棘手之人事，到了先生这里无不云淡风轻。都说文人相轻，同行敌国，先生却促成了校内外诸多合作项目，硕果累累，深得业内同行敬重。若言"心包太虚，量周沙界"是圣者境界，则先生之豁达仁厚至少称得上贤人之境！至少在弟子心目中，先生堪称世间贤士。

结　　语

　　性情、德行、道心，三者不离，乃心性在不同层次的存在。性情为表，次之德行，根本在道。性情、德行、道心，由浅至深，互为表里。此三者于先生身上，与师心圆融一体，交互辉映，相得益彰，散发出质直、柔和、智慧之光。先生于事业孜孜以求，对后学殷殷关爱，虽居尊位而平等一如，洞明世事却真诚始终。

　　"学高为师，德高为范。"论学问，先生堪为良师；论德行，先生堪称贤士。

　　感恩良师益友！致敬世间贤士！

庚子春于唐家湾

学德高范 独立山梁

韦德星[*]

与导师梁志明先生相识,正值20世纪先生耳顺之年。这些年,与先生或比邻而居,或毗邻工作,自然往来多了一些。在先生执教60年之际,先生接连斩获"北京大学离退休教职工学术特别贡献奖"和"姚楠翻译奖",成为先生黄金年龄的鲜活写照。20余年时间一晃而过,先生教诲历历在目。

以文识师

初识先生,得益于我的硕士研究生导师云南师范大学王民同教授及其对铜鼓铜钱文化的关注。王老先生先是新中国

---

[*] 韦德星,1998年至2001年师从梁志明先生攻读世界史专业博士研究生,研究方向为东南亚历史文化与现代化。现为某研究院研究员。

成立前受过系统西式大学教育，新中国成立后又接受了苏式教育，注重考据考证，对中越古钱币史有浓厚兴趣，加之王老先生的夫人葛老师在博物馆工作，对东南亚铜鼓文化甚为重视。先生20世纪七八十年代曾翻译发表过论文和译著如《越南的古铜鼓研究情况》《越南和东南亚东山鼓分布状况》《越南青铜时代的第一批遗迹》《铜鼓与越南奴隶占有制》等论文，引起了王老先生的重点关注。1995年我成为王老先生的硕士研究生后，由于会越南语，王老先生就要求我跟踪越南铜鼓研究动向。这样，借研究铜鼓铜钱之缘，我与先生虽未谋面，就已识闻先生大名，拜读先生大作。

得缘拜师

20世纪八九十年代，研究生教育在全国还未普及，云南师大的研究生寥寥无几，尚未听闻有考上北大博士的。无独有偶，云南师大的前身是抗战时期西南联大的师范学院与北京大学有着深厚的历史渊源。我的元蒙史老师方龄贵老先生便是唯一一位仍留在云南师范大学的西南联大老师。我也一直住在云南师大唯一具有西南联大历史印迹的宿舍楼里，窗前便是西南联大纪念碑，这些历史渊源令我对北大心仪已久。于是，1997年夏，我只身乘火车北上做学术考察。在漫长的路途中，不幸随身包里的钱物票证均被盗窃一空，狼狈之余，庆幸的是王民同老先生写给先生的那封推荐信依然还在,后半程的旅途全靠它来证明才得以抵达北京顺利出站。如今回想起来,那时既无证件,又无钱物车票,仍不免一身冷战,一路可谓忧心忡忡。我灰头土脸地到了北大后,与先生取得联系,正好先生在京。先生直接邀我到承泽园家里,阅罢王老先生的推荐信后,就开始为我的硕士学位论文选题出谋划策,并为帮助我收集专业资料而推荐并联系北大图书馆、北京国家图书馆等老师。如此种种,初次相识先生就令我不胜感激涕零,极大地增强了我报考梁门的信心。

承创并举

1998年秋,我有幸成为先生弟子,诸多传承终身受益,感受良多归纳为三点。

其一,授徒以渔。传承方面,先生强调,修书目,站人肩膀方可治学。入学不久,先生把一个尺余见方的红宝箱托付给我,叮嘱我接续收集整理相关专业资料并充实专业文献。翻开箱内泛黄的密密匝匝的书目卡片,见到一代代师长工整填写、字迹各异的卡片资料,接过事先准备好的厚厚白纸板,顿感责任在肩,暗自决定不负师愿。后来知道此乃北大治史之传承。于是,我很快行动起来,到处办证,查阅,做卡,一番按图索骥之后,很快发现,当时专业书目整理已逐步走向数字化，在北大通过电脑联网与北大图书馆、北京国家图书馆和众多国内外大学图书馆联网，甚至在宿舍就能够快速查阅海量的中外文专业书目及摘要，既省时省力又系统全面。创新方面，置身于转型时代，专业研究尽管逐渐放弃了红宝箱式的传统修书目卡片做法，但也为后来转型升级为开展数据化的专业学术动态打下坚实基础。

其二，鼓励创新。博士选题酝酿期间，我的研究方向是"东南亚历史文化与现代化"。传承方面，授业明道。当时现代化研究热点正值探讨荷兰、英国、瑞典等发达国家模式之外的第三世界现代化道路，世界体系、全球化等主题研究方兴未艾，先生望我从大处着眼、小处着手，以越南法属时期土地制度研究为选题，开展现代化国别研究。这一选题对开展"小开口、深挖井"的研究颇为典型，既有现代化理论基础和专业基础，又有语言优势，特别是先生还为我事先收集并提供了大量越南法属时期的原始文献资料。一番摸索后，左思右想，当时我并没有做下去。创新方面，出于工作考虑，我更希望围绕东盟，开展更具现实性、前瞻性的现代化研究。尽管难度更大，先生还是尊重我的想法，支持我开展大处着眼、大处着手类型的东盟区域性国际机制研究。

其三，多方深研。传承方面，先生反复给我们强调，治学必问"五个W"，弄不清"五个W"之前，宁可述而不作。尽管这是以前周一良老先生在哈佛大学、北京大学治学授业的经验总结，也是当年先生对我们的谆谆教导和传承，至今先生仍认为这是最有效的手段。先生强调，治学要运用历史学、民族学、语言学、考古学等多种方法，加以综合论证印证。先生主编的《东南亚古代史》《东南亚历史文化与现代化》《源远流长，多元复合——东南亚历史发展纵横》等研究堪称此类学术的佳作。

博采众长

读博期间，除主修专业课外，先生为培养学生科研能力，又是带学生到北京大学陈玉龙、颜保、周南京等教授或家里或办公室，逐一请益、推荐，又是见缝插针开展科研交流，又是围绕学生论文邀请专家来校指导，为弟子的科研项目或毕业论文牵线搭桥铺路。记得某年寒冬，年过六旬的国内知名越南史专家戴可来教授还专门到北大31号楼我的博士生宿舍，一宿或坐，或靠，或躺在简陋的学生床上，烟不离手，一支接着一支，与我们几位学生滔滔不绝交流了一个通宵。以前，曾听闻戴老先生有过放弃出任副省级领导的机会而选择继续搞科研的轶事，此次亲身体验戴老先生如此兴致、如此随和、如此提携后人，其师德师范更加令人敬重。同时，先生还鼓励多选其他老师的课程，开阔视野，博采众家之长。通过较为系统地研读现代化理论、国际政治、拉美史、南亚史、太平洋地区史等，极大地开阔了自己的学术视野。这些课程研讨性强,必读参考文献多、专、深,强调研读国内外各流派的原始经典文献,每次课要大量复印、大量阅读,才能跟上进度和参与研讨要求、高标准为标杆训导我辈。同时,由于历史学学科体系较为完备、学术积淀厚重,学业压力远远大于其他专业。读博期间,我们历史学的一众哥们埋头苦读三年,始终未敢旁骛。即使如此,我们也只有一半的同学能在第三年如期毕业,大家对隔壁环境学、国际政治等学科专业的同学能用一个月左右时间搞定博士学位毕业论文甚是"羡慕嫉妒恨"。

本文作者(后排右一)在博士学位论文答辩后与导师梁志明教授(前排右三)及答辩委员会教授们的合影(2001年6月7日)

师生浓情篇

言传身教

先生言传身教，行为世范。其一，为人谦和，凡事亲力亲为。一方面，先生常为学生的婚事、工作等大事小事操心；另一方面，自己有事又不愿麻烦别人。直到先生搬到育新花园多年以后，我才知道因为师母患病，先生是出于减少迎来送往、为师母康复着想。去年，师母病重，先生一直没有相告，甚至我有两次到先生小区门口，先生都以在外为由加以搪塞，直到师母临终昏迷不醒才具实相告，令我辈唏嘘不已。其二，耄耋高龄仍与时俱进。20世纪90年代，各种科研手段加速向数据化信息化升级换代，先生尽管已年过六旬，但很快学起了电脑打字，学会了使用电脑，会上网，会使用电子邮件通信联络；最近几年，先生还学会了使用微信。这对于先生那一辈而言，没有活到老、学到老的精神是无法做到的，至今自己身边比先生小一二十岁、没法跟上这个时代的同事也不在少数。其三，真积力久，不仅是先辈的寄语，更是先生的人生写照。先生与师母为北大同班同学，一辈子相亲相爱，相互扶持。两位老人多年养成一个习惯，每逢国庆佳节都要到天安门广场照相留念。师母走后，去年国庆期间，先生还坚持去天安门广场留影。特别是在师母病重期间，先生连续数月，每天要花三四个小时，转乘几路公交车，坚持去医院陪伴师母。这是一份情,更是一份爱。退休以来,先生退而不休,笔耕不辍,每年发表数篇论文,一两年出版一部论著,分秒力争抢回过去曾经被耽搁的青春,厚积薄发,以井喷式成果,诠释了属于他的黄金年龄。每到先生家,先生总会以书相赠,以文示人,以问求证,令我辈汗颜,不敢虚以度日。这是一份职业的担当、一世人生的追求,更是一种师范的身教。每每与先生相聚,家事国事天下事特别是新闻热点总会成为先生的特别关注,总是不可缺少的议题,无论是克里米亚争端还是亚美尼亚和阿塞拜疆之间的纳卡冲突,无论是中美"贸易战"还是人民币数字化,无论是F-35战机还是南海风云,总有聊不完的话题。这是一份职业习惯,更是一份家国情怀。

回想燕园当年,先生信步展宏图,雄姿英发。教研六旬,阐精发微。笔耕尽,千古南洋,兴替亚非文明。谈笑间,万里高歌,民富国强梦圆。多情羡吾师,学德高范,夕阳正红。山梁独立江月,堪为一生楷模。

受教之缘意深浓

吴杰伟[*]

梁志明老师是一位驰名海内外的东南亚历史研究学者，他始终以孜孜以求的科研精神、诲人不倦的教育精神为东南亚历史教研事业做出无私的奉献。

我早在大学学生时代就拜读过梁老师参与编写的《东南亚近现代史》。1997年我留校任教，1998年我成为一名东南亚文化方向的在职研究生，第一次在《东南亚历史与现状》课上领略到梁老师的风采。当课程主持人傅增有老师介绍梁老师的时候，我的第一反应就是和梁老师的书联系起来，心中窃喜今天终于见到本人。此后，我还选修了梁老师讲授的其他课程，梁老师在讲课时常以生动的史实和丰富的资料阐释历史发展的规律与学科研究的方法，循循诱导，字字珠玑。

---

[*] 吴杰伟，北京大学外国语学院东语系教授，博士生导师。

经常有外专业的学生来旁听，参与课堂讨论，梁老师的课堂就成了一个多学科交流的平台。梁老师当时已是国内外知名的学者，但给我的印象是一位和蔼可亲、平易近人的长者，我在研究生期间的很多学习活动、教学活动都和他有密切的联系，得到了梁老师很多的指导，与他结下了不解的师生之缘。

  2001年9月，我有幸和梁志明老师一起参加在厦门大学举办的"21世纪初的东南亚政治与经济"国际学术研讨会，这是第一次有机会和梁老师长时间的交流。梁老师渊博的学识、深邃的见地、求实的学风，处处渗透着对历史和现实问题严肃刻苦的探索。他对东南亚通史的学术渊源、研究核心及发展特点的把握，极大地加深了我对东南亚通史主线及发展关键点的认识。在学术态度方面，我也从梁老师那里学到了很多，特别是在会后的交流。梁老师说，做学术要能够点面结合，要能够理论与实践相结合，要能够运用多种研究方法，要能够长时间聚焦一个领域。至今，仔细品味梁老师的话，仍然具有强烈的指导意义，仍然可以感受到梁老师内心的那份定力。

  进入21世纪之后，电脑和互联网技术的使用逐渐普及化，梁老师积极运用信息技术开展科研活动。偶尔，梁老师的电脑出现问题，他会叫我过去解决一下。从电脑技术的角度而言，都是一些小的问题，但有时会耗费一点时间，如重装系统等，从而给我"创造"更多和他相处与交流的机会。

一边是电脑在运行文件,另一边是梁老师亲切的询问:"最近在关注什么问题?""有没有出国进行交流?""现在班里有多少学生?"还有一些对东南亚各种社会变化的关注。就在这不知不觉的交谈中,我脑海中很多关于东南亚研究的思路、方法都得到了进一步的明晰。

梁老师是那种身教重于言传、春风化雨、润物无声的人。他从不对我进行空洞的说教,而是以自己在学术研究的行动感染我。有一件事让我至今依然记忆深刻。我参与梁老师主持的《东南亚古代史》的撰写工作,在项目的研究过程中和文稿的修改过程中,关于东南亚古代史结束的时间,学界存在着不同的看法。梁老师针对这个问题,在项目组内进行了多次深入的讨论,一方面将这个问题作为项目的突破点进行深挖,另一方面也是逐渐凝聚大家的共识。我在参与讨论的过程中,深切地感受到,学术研究的魅力在梁老师的身上得到了充分的体现。

北大东南亚研究盛况与梁老师的春风化雨

张 洁[*]

1999 年到 2002 年,我就读于北京大学历史学系,攻读世界史专业东南亚历史文化与现代化方向,师从梁志明先生。虽然博士学习只有短短三年,但是我深深受惠于梁老师的教导,在校读书如此,毕业工作后亦然,不仅利于我如何治学从教,而且惠及我如何安身处世。

篇幅所限,思虑再三,我想集中聊聊读博三年间上课的快乐时光与完成博士学位论文的"痛苦"回忆,这是我与梁老师接触最密切的阶段,而我也希望借此与更多学人分享当年北大东南亚研究的盛况与独特的学术传统。

---

[*] 张洁,2002 年获得北京大学历史学系博士学位,现就职于中国社会科学院亚太与全球战略研究院,研究员,长期从事中国—东南亚关系、南海问题、中国周边安全研究。

师生浓情篇

东南亚研究的北大传承

1996年到1999年,我在北京大学亚非研究所攻读硕士学位,师从杨保筠先生。杨老师和梁志明老师长期合作,故而从那时起,我就与梁老师有了最初的接触。彼时,北大多个院系开设了东南亚研究课程,如国际关系学院、亚非所、经济学院和当时的外国语学院东语系等,涵盖了政治、经济、外交、历史、文化、华人华侨等诸多研究领域,而各系的研究生们大都可以跨系选课。于是,往往一门东南亚课程多时会有十几个博士、硕士生选修,老师们易于组织学生分组,同学们也讨论得热火朝天,并且因此结下了深厚的"革命友谊",直至毕业后成为国内东南亚学界的熟悉"战友"。

梁志明老师和杨保筠老师曾联合开设东南亚近现代史课程,跨越两个学期。两位老师分工讲授理论部分,国别个案研究则由学生们汇报和研讨。经过不同专题的几次议题选择和课程准备,学生们慢慢就明确了自己的偏好,会固定选择某一个国家,比如我当时经常会选择印尼,这种偏好往往延续到工作以后的研究。每个学生的正式汇报大约30分钟,在此之前,学生需要先给两位老师试讲,然后根据老师的建议反复修改,最后才能在课堂上正式讲解,同时还得准备提问与回答环节,在课程结束时再由两位老师进行点评、总结。

两个学期经历几回这样的"折磨",慢慢上台发言甚至会议上发言也就不那么胆怯紧张了。平时课上讲得好的同学,两位老师还会建议写成文章并修改直至发表,我最早关于占婆的文章就是这样"诞生"的。而直到自己与人为师时,才真正体会到当年两位老师花费的时间和心血有多大。

硕士研究生快毕业时,在和杨老师商量后,我报考了梁志明老师的博士研究生,本以为这样的"无缝"上博士后会轻松一些,但其实更大的挑战才刚刚来临,这主要是由于梁老师的独特师门要求所致。

梁老师主张东南亚研究要掌握"三个一",即一个国别、一个地区以及一门东南亚国家的语言。梁老师曾留学越南,精通越南语,我的同门们多数读博之前就已经精通越南语,我算是少数的"异类"了。因此,我一入学,就被梁老师要求学习一门东南亚国家的语言。我选择了印尼语,梁老师不仅没有因为我未遵循师门传统而不悦,还帮助我获得了在东语系跟班学习印尼语的机会。一年下来,我勉强可以边翻字典边读文献,虽然工作后我将印尼语都"还给"了老师们,但是印尼语的学习对我当时完成博士学位论文发挥了关键性作用,因为当时国内几乎没有关于亚齐问题的资料,而国外的有限资料大多数是印尼文。

博士学位论文写作对于每个学生都是必须痛苦翻越的大山,而导师既是这条荆棘路上的指路明灯,也是时时鞭策我们的看护者,尤其是像梁老师这样视学生为孩子的慈父,并且是碰到像我这样懒惰的学生。我是从2001年秋天开始写论文的，但是因为先去了新加坡、印尼调研与收集资料花费了一个多月，回来后又忙忙碌碌地参加公务员考试和四处面试，所以一直到2002年二三月才开始集中精力翻译文献和书写初稿，不免手忙脚乱，也让梁老师跟着提心吊胆，梁老师几乎是早晚各给我打一个电话，早晨问今天写什么啊，晚上问写到哪里了，但从来没有疾言厉色地训斥过我。现在回想，如果没有梁老师当时那种温暖的压力，可能我就"真气一泄"，延期毕业了。毕业后，梁老师一直催促我尽快将博士学位论文出版，戏谑而言，等着为我的书写序言。正是在梁老师始终予我的温暖压力下，我终于在毕业十年后出版了《民族分离与国家认同——关于印尼亚齐民族问题的个案研究》。

性情即学问

梁老师的性格特别开朗、包容，始终有一颗年轻的心。这首先体现在他总在不断接受和学习新鲜事物。2000年前后，60多岁的梁老师开始学习电脑写作。梁老师最先学习的是拼音输入法，这对于没有学过拼音而且是湖南人的梁老师来说，是双重挑战。当时梁老师让我从拼音字母教起，还专门配备了新华字典，学了一段时间，键盘可以熟练运用了，发音却始终是一道坎儿，最后梁老师还是改用了写字输入法，就这样一笔一画地在电脑上"写"出了百万字以上的著作。80多岁以后,梁老师又开始学习使用微信,现在可以在群里和我们打字聊天、语音通话,还可以阅读各种时评。

梁老师为人包容大度。他从不因为自己的研究项目而给我们这些学生布置"命题作文",而是鼓励我们按照自己的兴趣选择议题与方向,并且给我们提供各种帮助,提示各种可能性以及风险。2001年后,梁老师"退而不休",与北大其他院系研究东南亚的老师们组建了"北京大学东南亚学研究中心",学校并不给这个中心提供经费,梁老师就是怀着一颗公益心,一方面四处筹集资金;另一方面促成大家合作,共同推动北大、北京地区的东南亚研究。除了每年组织中心召开学术活动、出版亚太研究论丛之外,梁老师还建议北京几家相关研究机构形成坐庄制,每季度轮流就东南亚问题举行学术论坛。这些建议颇有先见之明,加之前文提到的北大校内跨系的东南亚教学模式,随着近些年"一带一路"倡议的提出,国内的区域与国别研究重新升温,有关师资力量的建设、课程的设置、教学与研究方法的讨论都有很多可借鉴之处。

梁老师待人和蔼,但做学问却十分严谨求真。60岁左右时,梁老师精力充沛,学识积累丰厚,但他那时告诉我,从确定选题,到开始收集资料、集中写作以及完成初稿,他至少需要一个月的时间。正如梁老师在给我的博士学位论文出版时写的序中所言:"我一向认为,书是一笔笔写成的,更是一遍又一遍改成的，没有不改而成的书，所谓力作，均是着力修改而成的著作。"谆谆教诲，对于我们这些个"速成"时代的学者们，仍具警醒之意义。

我毕业后，梁老师也常常提醒我在学术上要尽量严谨，避免"误区"。初期，梁老师告诉我工作中要有明确的研究方向，不要跟着别人的课题和项目跑，赚了小钱耽误了研究。后来，梁老师和师母一方面很高兴看到我在一些媒体上接受采访，每次见面要专门提及，还嘱咐我把自己最新的学术成果带给他们；另一方面，梁老师也专门告诫我，术业有专攻，不要跨界做评论，不要做杂家，要做好自己的东南亚研究。多年以来，每每看着别人频繁"刷屏"感到眼热时，想想导师的告诫，就赶紧冷静下来，努力守好自己的一亩三分地。

自毕业后，我就主要从事现状问题研究了，尤其以安全问题为主，貌似与历史研究渐行渐远，但实际工作中，却多受益于历史学习的底子，工作的时间越久，这种感受越深。关于列强在东南亚的殖民历史，东南亚地区所具有的多样性与统一性，都与当下理解与研究"印太"方案、东盟的大国平衡战略等，密不可分。所以，我常常会重新翻阅梁老师和其他北大老师们共同编著的《东南亚近现代史》、东南亚政治等著作，也会把这些书目作为自己学生的必读书目。

谨以此文记之，感念师恩，感谢梁老师多年来言传身教使我受惠，也感谢燕园学习始终为自己工作与研究提供思想源泉。

师恩如山

郑翠英[*]

从 2000 年到 2020 年,转眼间 20 年已经过去了。

在这 20 年中,对我人生具有转折意义的人,没有血缘却犹如亲人的人,就是我在北大历史学系的导师梁志明先生。

人们介绍北大,总会以未名湖、博雅塔,抑或是北大西门为标志。然而,北大内在的精神和文化,不在于未名湖之清幽静美、博雅塔之古朴庄重、北大西门之古色古香,那是游人眼中的北大。一百多年来,北大精神和文化的传承者,是一代代在北大默默奉献的先生们,他们传授给学生的,不仅仅是知识和学问,更是精神和品格的塑造。20 年来,正是从导师梁志明先生身上,我深刻地体会到何为北大人、何为北大精神。这一精神的感召,不仅是我在北大求学期间,还

---

[*] 郑翠英,2000—2004 年在北京大学历史学系师从梁志明先生攻读世界史专业东南亚历史文化与现代化方向博士研究生,现为研究员。

是在我离开北大的 16 年来，一次次在困难中给予我勇气和希望。

第一次见到梁先生，是在 1999 年冬天的北大校园。梁先生长年从事东南亚方向研究，在国内东南亚研究领域享有盛誉。第一次走进梦想中的燕园，心中满是激动、忐忑和不安，但见到梁先生，却是那么温和、儒雅、慈祥，顿时让我放松不少。2000 年，梁先生将招收最后一批博士研究生，而且只有一个计划内名额，而准备报考的学生有十来个，有的是已经在东南亚领域研究多年的大学老师，其他大都是即将毕业的硕士研究生，每个人都各有优长，并且已经做了长时间的准备。当时我们几个备考的学生差不多同时拜访了梁先生，梁先生对我们一视同仁，给我们推荐了一些书目。梁先生在 20 世纪 60 年代曾经在河内综合大学访学三年，对越南问题研究精深。我的英语基础不错，但大学本科学的是越南语，相对来说越南语更有优势。经征求梁先生同意，我的外语考试可以选择越南语。我自知能力有限，抱着背水一战的想法，没日没夜复习备考，终于如愿以偿，获得了那个最后的、唯一的名额，成为梁先生真正的"关门弟子"。

2000 年 9 月，我进入北大历史学系，正式师从梁先生攻读东南亚历史文化与现代化方向的博士学位。我在硕士阶段转到国际关系学，主攻是东南亚方向，但在学习过程中深感所学根基不稳、犹如浮萍，对国际关系特别是东南亚地区国际关系中的一些现象和问题，知其然，而不知其所以然。师从梁先生之后,我全面学习了东南亚文化史、殖民史,并在梁先生指导下阅读了大量书籍,顿感原来在学习中一直困惑我的问题豁然开朗,深刻体验到历史研究的博大精深、奥妙无穷。

那时候北大历史学系、东语系选修梁先生课程的学生很多,每次上课教室里都坐得满满的。这时候我总有些紧张,因为我是教室里唯一一个梁先生自己带的学生。梁先生上课有时也会提问,对于选修这门课的学生,回答不出来也许是情有可原的,但如果我也回答不出来,那就尴尬了。所以每次上课前,我都必须把梁先生所要求的书目及章节仔细研读过了,才会稍觉心安。那段时间,每天都过得忙碌而充实,上课、看书,如海绵般源源不断地汲取知识。

梁先生在指导我学习、思考和论文撰写过程中,特别强调"创新""自证"两个环节。"创新"需要在充分掌握研究动态的基础上,确保所选研究课题及研究角度在国内外均具有创新性;"自证"则要求应用所搜集掌握的素材和论据,对自己所选课题、所提观点进行充分研究与论证,做到逻辑自洽。

博士学位论文选题时,我选择了一个历史学与国际关系学相结合的课题"走向安全共同体——兼论东盟地区秩序建构进程中的越南因素"。这个课题需要运用国际关系的建构主义理论,分析东南亚地区如何从冷战时期两大阵营对抗的前沿,在冷战后逐步从对立走向融合,形成东盟这样一个"安全共同体"。当时建构主义理论作为继现实主义、自由主义之外的第三大国际关系理论，在国内尚处在翻译引进与理论介绍阶段，我的博士论文选题首次将这一国际关系的新理论用于历史学的个案研究，肯定是有风险的。一是研究难度大。建构主义理论架构本身就极为复杂，我需要在厘清理论脉络的基础上，大量收集英文、越南语资料，实现理论剖析与史料研究的有机融合，进而分析提炼出自己的观点，一不小心就容易形成理论与史料"两张皮"。二是容易遭到质疑。我的选题涉及国际关系学与历史学的交叉领域，容易被答辩委员会认为更像一个国际关系史甚至是国际关系学的研究课题。但梁先生在看过我的开题报告后，全力支持我的尝试。可以说，北大"思想自由、兼容并包"的精神，在梁先生身上得到了充分的体现。

我攻读博士学位被笑称是"革命生产两不误"，是因为在读博期间经历了怀孕生子这一人生大事。2000年入校时，我已经28岁，结婚已经四年。在北大学习快满一年之时，我忐忑不安地和梁先生谈到家人希望我能在30岁之前生孩子之事。出乎我意料的是，梁先生很干脆地同意了。当时我家还在云南，6月底放暑假后我就回家了。据说后来历史学系有其他教授提醒梁先生：北大的博士学位论文，不生娃尚且难做，一旦生娃了，这论文还怎么做？梁先生应该是有些犹豫，打算让当时同样家在云南的韦德星师兄来做我的思想工作。也是上天眷顾，我就在那个暑假及时怀孕了。等韦德星师兄来当"说客"时，我已经成功升级为孕妇了。2001年9月我返回学校，完成资料查询、论文开题，春节后很快就是孩子预产期，我必须休学回云南待产。回到云南后，我所有休学手续，都是梁先生到系里替我办的。直到现在，我仍然能回想当年梁先生戴着棒球帽、骑着自行车，精神矍铄地穿行在校园里的情形。他一定也是这样骑着自行车，跑前跑后替我办的休学手续吧？后来我妥妥帖帖在家待了一年，儿子哺乳期长达11个半月，我才返校开始学习。今年儿子已经18岁，长成一米八多的小伙子了。在儿子成长的18年中，他一直知道，除了具有血缘关系的爷爷和外公，梁爷爷也是像亲人一般的爷爷，没有梁爷爷的宽容与大度，就没有现在的他。

2003年3月，我返回校园开始准备撰写博士学位论文。但返校不久，由于北京"非典"暴发，我只能再次返回云南。此后由于疫情严峻，交通不便，直到当年8月底，我才再次返校撰写毕业论文。第二年5月就要答辩，留给我撰写论文的时间已经不多了。当时包括我室友在内的同一届同学绝大多数在6月就已毕业离校，宿舍楼里还有几名与我同一年入校的同学，她们因为论文没写完或是出国留学等原因，也都延期了一年。谈到毕业论文，大家都感觉时间紧、压力大。特别是我生孩子休学一年，又因为"非典"疫情在家待了半年，算起来专职带娃近一年半，可以说在学业上"功力"荒废了不少。

北大的博士学位论文一贯要求极为严格，我其实知道梁先生应该是很担心我能不能如期拿出一篇合格的论文，但他从来没有对我说过，甚至都没有在我面前表露过这样的担忧或是焦虑，只要求我每两周必须上交论文的一个章节，以确保论文进度，并及时发现论文撰写过程中出现的问题，特别是防止出现方向性偏差。为了完成梁先生给我下达的这一"硬指标"，那几个月我晨昏颠倒，脑中无杂念、唯有写论文，经常是半夜突然有了思路，马上起床坐到电脑前，一直写到天明。白天什么时候写累了，或是没有思路了，再去睡觉。每次去食堂吃饭，脑中念念不忘的仍是论文。每两个星期，我就会出了北大西门，到对面承泽园梁先生家中上交指定完成的章节。每次我进门后，梁先生让我做的第一件事就是吃。他总给我摆上牛奶、水果及各种小点心，像老父亲一样陪我聊天，告诉我要多注意休息，等我吃完喝完后，我们才开始谈论文。这样阶段性上交论文章节的方式对我来说极为有效，不仅保证了论文的撰写进度，也通过针对性、阶段性指导，及时发现问题、解决问题，确保我在后续的撰写过程中几乎没走弯路。论文全部写完后，我把装订好的初稿交给梁先生，好好睡了几天。再次见到梁先生时，梁先生已经给我在论文里面找出了错字漏字的地方，告诉我回去后再仔细校对。

　　我读博是定向培养，正常情况下毕业后得回到原来在云南的工作单位；如果不想回去，就必须在原单位所属系统内办理工作调动。毕业论文写完后，何去何从的问题变得日益迫切。我当然希望能留在北京工作，但调动之事谈何容易。

我把所有能想到的方法几乎都试过了，仍然一无所获，不禁十分沮丧。考虑到梁先生对我原来所工作的系统并不了解，那段时间我联系调动工作的事，全都没有和梁先生说过。好像是曾经面临和我同样难题的韦德星师兄和梁先生谈到我正在忙工作调动的事，有一天我突然接到梁先生电话，给了我一个早已毕业多年的北大历史学系师兄的电话，让我和这位师兄联系。

我抱着试一试的心态，和这位从未曾谋面的樊师兄见了一面。梁先生在通知我之前，已经提前和樊师兄取得了联系，并介绍了我的情况。所以我一到约定地点，樊师兄就热情地迎上来，叫出了我的名字。人们都说子如其父，而梁先生的每一名学生，身上似乎都或多或少地带了一些梁先生的影子，或儒雅博学，或善良宽厚，或乐于助人。在这位师兄的引荐和帮助下，我在北京这家单位的东南亚研究方向实习了三个月。由于研究方向吻合，实习期内我很快适应了工作，各方面表现还比较突出，单位决定正式启动调动程序。两年后，我儿子和爱人先后落户北京，我们一家正式在北京安了家。

回想我师从梁先生学习的四年，不管是最终获得进入北大读博的机会，还是生子、调动，这些人生中的重大转折，都与梁先生息息相关。先生对待自己的学生，一向是"严慈相济"，学习上要求异常严格，生活上却如老父亲般，总能细致入微地体察到学生面临的困难，以一种润物细无声的方式给予关心和照顾。先生带过的学生，不管是硕士还是博士，甚至在毕业20多年后,仍然经常回来探望先生,我想大约是因为我们每个人,都能体会到先生对我们"亦师亦父"的教导与关爱,这是一种具有鲜明北大精神的人格魅力的感召。

我自己毕业离校已经16年了,每年都会去拜访先生几次。先生不再担负北大教学任务以来,仍然治学不停、笔耕不辍,关心时事,关心天下,关心他的学生们,在生活上却异常淡泊简朴。我想,先生的身上,体现了北大人甚至是中国知识分子的风骨,时时令我惭愧,催我奋发。

山梁之上　风高影长
——庆祝梁志明教授执教治学一甲子

郁川虎[*]

2020年1月，师门在京众弟子并邀师长二三簇聚于西郊四季御园，席间或有动议撰文撷要，结集出版，致贺存念，于是应者云集。春节逢新冠肺炎疫情暴发，不宜出门又延长假期，一任心潮冲开我记忆的闸门，淘漉往昔岁月。自1991年投师梁门研习东南亚史，转瞬将近三十年。若以本科选修梁老师的专门课程算起，则还要早两年。上学时，或教室或书斋，从师求学，含英咀华，如切如磋，如琢如磨；毕业后，仍多关注，时有走动，聆听教诲。往事历历，如浪花在脑海奔涌欢跃。渐渐地，心中泛起阵阵涟漪，缕缕温馨，层层感念。

---

[*] 郁川虎，1991年9月至1994年7月，在北京大学历史学系师从梁志明先生攻读世界近现代史专业东南亚近现代史方向硕士研究生。现任中国和平统一促进会研究室主任。

师生浓情篇

缘　　深

  上大学时，我这个来自偏远山区带着乡土气息的青涩学子对于北大的老师，确乎高山仰止，望之俨然而不敢亲近，然而，对梁老师却有莫名的亲近感。彼时梁老师五十开外，中等偏胖身材，常常一身式样普通的浅色夹克，骑一辆旧自行车，厚重的老式提包塞得鼓鼓的，里面的大件总少不了老三样：讲义及配套书籍、玻璃瓶用作的大茶缸、套着用毛巾缝制成袋子（校园常见，手工简易缝制）的饭盆。虽有第五食堂专供教工用餐，但梁老师还是喜欢课后就近找一间学生食堂尾随长龙打饭，在乌泱泱闹哄哄的人丛中游弋，总能觅得一个流水座儿安稳坐下平静地吃起来。那么朴实无华，和气蔼然，一点也没有教授的"做派"。稍显特殊的是近似马季先生面相的脸庞上常常带着笑意，看人时目光透过厚厚的老式镜片，映射出缕缕慈祥和睿智，让人敬重而又倍感亲切。

  梁老师上课没有夸张的姿态，一脸的祥和与笑意，我常留意才发现也有不同：眼睛比平时大，不时会双目炯炯放光。每次上课把大稿纸写成的讲义和参考书籍往讲台上一展开，就娓娓道来，信手拈来，既讲历史事实，把重要事件讲得清清楚楚，也讲名家研究成果和各类观点；既谈理论架构，也具体辨析史料真伪；还夹叙夹议，以史为鉴，阐述自己的思考，坦诚交流研究心得，引导学生热烈讨论，启迪多向思维。他特别强调学习历史不仅要梳理历史事件，还要建立历史感觉，要有自己独到的思想和见地。老实说，从内容到方式都有着我这个在高中就学文科的大二学生不曾体验过的新鲜感，讶异历史还可以这样教，历史也还可以这样学。一门课下来不仅系统钩沉爬梳了东南亚历史的源流脉络，而且运用史学研究方法思考探讨有关问题，让我大开眼界，从此深为东南亚这块毗邻中国海陆场域中波澜起伏的历史演进和波谲云诡的国际关系所吸引，萌生了深入学习探究的兴致。

随着时间推移学业精进，我渐渐感悟到北大之所以为北大，除了有来自各地的优秀学子，更重要的是有像梁老师这样的学者，既质朴亲切，又博学睿智；既讲求独善专精，又能博采众长；既探幽入微，又循循善诱。师尊贤达与莘莘学子在北大课堂坦荡相对，真诚授受，互相碰撞，交相辉映，严谨的史学观和尊重不同意见的包容氛围，让我真切体验了思想自由、兼容并包的北大精神。有了这些感觉和体验，对梁老师和东南亚史有了特别的情愫，后来写毕业论文很自然地想到选东南亚方面的论题，烦请梁老师指导。再后来，免试上研究生也就欣然投奔梁老师门下。梁老师约我谈话，问为何选此专业方向？答曰：离中国近。其实心里还有后半句：跟老师您近！

师牛浓情篇

教　　益

　　读研后,我深感梁老师治学严谨、一丝不苟,对学生要求严细深实。韩愈《师说》云:"古之学者必有师。师者,所以传道受业解惑也。"梁老师实际践行为师之职分,言传身教,为我向学奋进引路导航。

　　入门伊始,梁老师即与我多次恳谈,让我明了读研目的、洞悉趋向走势,谆谆教诲,殷殷勖勉。梁老师常说,读研与本科之不同不仅在"大学",更在于"研究"。之前虽或亦有所学,但总体看恐是零散的、细碎的。纵然此属带有一定普遍性的现象,但称得上学问的必定是系统而专门的知识,唯其如此,方可成为做研究的基础。研究就是要对研究对象及其发展规律进行科学论证和理性探索,以成一家之言,为此须有意识地培养历史感、大局观和问题意识。梁老师还根据我已有基础和专业规划因材施教,列出长长书单,并用红笔标出进度和重点。梁老师验收的方式多样,有检查读书笔记、上交读书报告、分享读书心得之属,最有创意的乃是"请"去茶叙,交流读后心得。这个时候,梁老师似乎很闲适,不紧不慢,特别有韧性,和颜悦色,专注聆听,好像生怕漏掉某个闪光点,或者怕时间所限来不及谈出独到心得,从那真诚和热望的神情中,我渐渐读懂了别样方式的较真逗硬、毫不含糊,渐渐体悟到了老师的良苦用心,我不能心存侥幸偷懒取巧,更不忍也不敢马虎懈怠。对于我不定期提交的书面心得体会、读书报告,梁老师也会认认真真审阅批注,在某个不经意间还会提出来再讨论讨论。就是顶着那种"软"压力硬着头皮踏踏实实下了些功夫,我虽不敏,在老师循循引领绵绵督导下,也还颇有长进。

梁老师对教学实习的指导让我受益匪浅。按照要求,每个研究生需要开展一次教学实习。观摩过师兄的实习课后,我打算就缅甸式社会主义尝试讲两课时。经过一阵紧锣密鼓查资料、做教案,甚至考虑过台风、板书等细节后,就信心满满地上场了。哪知站上讲台,刚起手板书通栏标题就发觉拿粉笔在黑板上写字颇为艰涩,既不流畅,也不美观,更谈不上潇洒帅气,感觉很不称心。开口讲了几句,自觉声音也不是预期的效果,环视教室里师生大眼小眼盯着我,越发紧张起来,慌忙中不时出纰漏,好不容易撑过一个钟点。课间休息时,梁老师约我去加开水,路上问我"是第一次讲课吧?"又说"内容挺好,比教材上丰富很多,估计不少内容好多同学没听过,如果再讲得慢一点、稳一点,听起来效果会更好些"。梁老师这番话让我扭转情绪、重拾信心。下一节课我继续讲时,表达就正常多了,效果也好多了。此番历练,让我体会到老师对学生自信的火苗细心呵护之弥足珍贵,我也从此铭记事先准备充分、充分、再充分,临阵从容、从容、再从容,作为以后长期遵从的出场经验。

论文是老师指导训练学生的一个重要关节。除学科小文章外，我的学士、硕士学位论文都得到了梁老师精心指导。学士学位论文选题《试论东南亚华侨华人社会的嬗变》，硕士学位论文选题《二十世纪初期荷兰殖民者在东印度推行的殖民政策改革述论》，题目都不小，尤其前者对于一个本科生可谓"小马拉大车"，但梁老师一向尊重学生的自主选择和创新精神。我着手颇早，在听过我的想法、看过我的初步提纲和资料准备后，梁老师同我进行了多番讨论，并对资料收集、文章架构、主旨论点等提出了建设性意见和建议。为了查找资料，在我系资料室、北大图书馆、北京图书馆搜罗一圈后，还有一些尚付阙如，梁老师就让我怀揣他的亲笔信前往厦门大学南洋研究所、暨南大学东南亚研究所、中山大学历史学系等机构，托关系查找，大有所获。当时外文资料比较稀缺，我很渴望查阅一位荷兰学者在20世纪50年代对相关问题的论著，就试着写了封言辞恳切的信，请梁老师、罗荣渠老师共同签名作保后寄往海牙一所研究机构商量借阅，竟然获得意外馈赠。基于资料扎实，细致梳理，潜心思考，反复打磨，特别是经梁老师悉心指导、用心把关、精心修改，功不唐捐，答辩顺利，且评价颇高，两篇学位论文均有幸荣登优秀论文榜。那时我深感向来持重的梁老师对于我的努力也甚是欣慰，为学生的艰难玉成，也为自己的倾心栽培。

德　厚

梁老师为学严苛，为人则宅心仁厚。他以身作则尊师重道，对系里诸位老先生非常敬重，常去探望。记得周一良先生八十大寿那年，梁老师参与筹措周先生八十华诞纪念文集，著作出版后又带着我雇了一辆"面的"（当时北京街头出租车以"长安牌微型黄颜色面包车"为主），亲自搬运装车拉回系里，其劳神苦力之情状、率先垂范之身教让我铭记在心。梁老师谨遵"心善渊，与善仁，言善信……"的古训，与人为善，守善如一，常以热忱待人，对同事同行尤其友善谦和，相敬相惜，乐于合作，这种特质为他几十年里保持和谐良好的人际关系并在科研上畅行合作之道奠定了厚实基础。

梁老师长期担任系党总支副书记、研究生工作组组长，其职责任务之一便是做学生思想工作。做思想工作是劳心活，也是良心活，但又少不了，特别是20世纪80年代后期。梁老师凭着一名老党员的党性，本着对学生的爱护，义无反顾投身其中，不厌其烦地坚持做学生工作。梁老师说，善待学生是历史学系的传统，做学生思想工作要真诚、用心，既坚持原则，又循循善诱。即使处理严肃问题，也不能板着面孔循规蹈矩"公办"了事，而是设身处地为人着想，帮助进行多维分析，鞭辟入里，晓之以义，明之以理，动之以情，像春风化雨滋润桀骜的心灵，促其反省自新吃堑长智。

梁老师特别关心学生，乐意为弟子排忧解难。我们一众弟子远离父母家人，却又在梁老师那里找到了家的感觉。每次过去，总能迎着他那和善的面容、真诚的笑意，除探讨学业获取精神养分外，还有糖饼瓜果之类温馨招待，倍感亲切。逢着节日他还会召集诸弟子聚餐，大快朵颐打打牙祭。后来才知道，梁老师夫妇其实不擅厨艺，梁老师教务党务科研工作繁忙，师母是北京市海淀区第十九中学的副校长，平时工作也很忙，经常各自在校吃食堂，在家做点简单饭菜过活。要为一群青壮弟子张罗一桌大餐实属不易，也很破费。对经济不宽裕的学生，梁老师也帮助找些文字活儿赚点外快贴补日用。对学生求职就业之事，梁老师向来特别上心，牵线搭桥，尽心竭力。梁老师还关心弟子父母身体、家庭困难乃至婚恋问题等，想方设法提供支持，帮助解除后顾之忧。每每念及这些，师门诸生心里都热乎乎的，感激之情溢于言表。

学　　丰

梁老师是一位竭诚执教、烛照经年的可敬老师，还是一位热爱史学、不懈钻研的丰产学者。自 1959 年毕业留系工作，继承发扬潜心教学、淡泊名利、求实创新、严谨勤奋的系风，长期从事世界现代史亚非拉部分的教学与研究，给一拨又一拨本科生讲基础课，后来逐渐聚焦东南亚历史、文化与现代化研究，给高年级本科生和研究生开专题课，指导培养硕士、博士研究生，执教治学一甲子，钩沉宏富，桃李满枝。他参与编著《简明世界史》《世界通史（现代史卷）》《世界通史（当代史卷）》等教科书，这些集体科研协作工程相继告竣，不仅领一时之先，而且被广泛持久采用，为学科体系建设和教材补缺创新做出重要贡献。梁老师学海求索，刻苦钻研，厚积薄发，在诸多领域颇有建树，主编、合编《世界现代史》《世界史·当代史卷》《殖民主义史·东南亚卷》《当代越南经济革新与发展》等，合著《世界史·现代史卷》《世界现代史和当代史》《当代世界史》《近现代东南亚》《东方文化大观》等，共计 23 部；在国内外刊物发表学术论文、译文百余篇；多次荣获国家教委、北京市和北京大学颁发的高校科研优秀成果奖、人文社科优秀著作奖和优秀教材奖。

21 世纪初，梁老师从教学和行政党务工作一线岗位退休，但还兼任北大东南亚研究中心主任和北大亚太研究院《亚太研究论丛》执行主编，同时承担了"东亚跨世纪的巨变与重新崛起"等国家社科基金项目。实际上是"退而未休"，自由支配的时间比过去更充裕，学术研究比以前更忙碌，撰写著作和论文比以前更高产。用梁老师话说，这是他科研成果丰收期，几乎年年都有著作问世。除完成东南亚历史贯通古今的三部力作，还有鉴往知来的《中外文化交流史》《古代东南亚历史与文化研究》《东南亚历史文化与现代化》《面向新世纪的中国东南亚学研究：回顾与展望》《东亚的历史巨变与重新崛起——东亚现代化进程研究》《东盟发展进程研究——东盟四十年回顾与展望》《多元交汇共生——东南亚文明之路》等，可谓硕果累累。年逾古稀、笔耕不辍，桑榆非晚、为霞满天，登峰造极、声名远播。梁老师却更加低调，谦和内敛，淡泊明志，宁静致远。这种行于斯、践于斯、成于斯的深耕细耘，这种活到老、学到老、奋斗到老的精气神，令人由衷敬佩。我为梁老师慨然点赞：

古稀今亦奇七旬意气凝成文章辉五色，
师范本有样万顷汀兰应和心迹喜双清。

我常想，梁老师的经历在很大程度上造就了他的人生和治学态度。他是典型的新中国培养的精英知识分子，接受了系统的马克思列宁主义、毛泽东思想教育，具有深厚的马克思主义信仰根底，将唯物史观和辩证法深深融入思维成为学术研究指南，放眼世界，胸怀祖国，立身担当。他葆有劳动者的本色、建立中国特色东南亚研究体系的使命感和知识分子的自觉，三者合一让他更有深度厚度宽容度，绽放出独特的人格魅力。

影　　长

桃李不言，下自成蹊。梁老师谦和挚诚，风高德范，言传身教，声远影长，深受学生和弟子爱戴。毕业离校走上工作岗位后，我们还时常回学校同老师坐坐聊聊，或互通短信微信，沟通情况，讨论时事，交流看法，砥砺心志，敦行致远。我们一直在梁老师关怀、熏染下成长进步。梁老师也一直在我们凝望中巍然屹立。居高声自远，行正影更长。这可能也是梁老师微信起名"山梁"的意涵之一吧。

犹记2015年春节前夕，为庆祝梁老师80岁生日，亲友和学生欢聚育新花园燕枫楼。恩师欣然命笔、师母朗诵组诗《八十抒怀》，字里行间充满对我们的真挚情谊和殷殷期冀：

　　亲朋好友心相系，诚挚谦和最为真。
　　学海求索六十载，互动相长忘年情。
　　知足常乐无怨尤，共济同舟交谊深。
　　南洋后浪推前浪，新人辈出老人欣。

而今，回望师尊的道德文章，回顾就教师尊的峥嵘岁月，回味传承弘扬的师道真谛，我深深感到，梁老师在传播知识、传授学问的同时，也给我们传递了为人处世的智慧，干事创业的精神，让我受教终身、受益终生。梁老师的尊长风骨、师长风范、学者风度，一直作为标杆激励着我，潜移默化熏陶着我、影响着我。百感交集，心潮澎湃，吟成一首藏头古体诗，不计格律，略表寸心：

贺瑞欣逢灵鼠还，梁门胜事景风传。
师尊德厚声高远，寿垒福增智大暄。
八斗盈才摧旧论，五车富学续新篇。
有幸一尔为子弟，感念三生不了缘。

谁言寸草心 报得三春晖
——我与梁志明老师的师生缘

张　婧[*]

浓眉大眼，五官端正，中等身材，四方偏圆的脸上一双炯炯有神的眼睛流露出慈善真诚，这是梁志明老师给我留下的第一印象。时光回转到24年前。

记得那是1997年的春天，也是这样一个春暖花开的时节，我正在河北师范大学读大四，在尚未获知考研分数的情况下贸然约梁老师见面，内心是忐忑的，自己都不确定能否考上，老师会浪费时间见我吗？没想到，我一打电话，梁老师欣然应允，约在二院历史学系亚非拉教研室见面。那次见面，梁老师还给我吃了一颗定心丸，表示如果我考不上北大

---

[*] 张婧，1997—2000年在北京大学历史学系师从梁志明先生攻读东南亚现代史专业硕士研究生，研究方向为越南史。现在北京大学数学科学学院工作。

历史学系，分数上了国家控制线，他也可以积极推荐我去其他学校。梁老师说，他知道河北师大历史学系主任孟繁清老师也是北大历史学系毕业的，了解河北师大历史学系教学科研水平不错。确实，在我考研之前，河北师大历史学系每年都有学生保送到北大历史学系读研究生，当年高考报志愿也是考虑到这点才去的那里，但到我那一届，学校不再保送北大了，只保送本校，当时似乎也未有保送其他高校的。在1996年初夏丁香花馥郁扑鼻的时候，我一个人独坐在师大历史学系楼前的小花园里，思考着人生该如何选择，是保送本校稳妥无悬念，还是自己前途未卜地去考北大，纠结不已。经过很长时间的思想斗争，最后，下定决心，自己考，即便考不上也不后悔。当我告诉当时在燕园读书的师大保送生王新学长的时候，他让我选择北大历史学系的一位老师，我对诸多招生方向并不特别了解，凭感觉选择了亚非拉近现代史越南方向，没想到就考上了这个专业的硕士研究生，从此开始了我和梁老师的师生缘分。

我想梁老师对我是寄予希望的，入学伊始，就让我跟随东语系（现在并入外国语学院）越南语专业的本科大一新生学习越南语。记得当时越南语专业一共只有七名本科生，其中只有一名男生，除了一名女同学来自广西，其他都是北京学生。因为人数少，我们几乎每天都是在未名湖南岸的"第一教学楼"中的一间小教室上课，可谓二十多年前真正的小班教学。因为他们是本科生，是为这门语言打下坚实基础的时期，课程容量很大，上午3—4节课经常到中午12点以后才下课，"一教"又离"学五食堂"、艺园食堂和宿舍区很远，犹记得下课后一路小跑时肚子咕咕叫，到了食堂也没什么菜品可选了。我曾跟梁老师聊天，说过自己临近12点特别盼望下课的急切心情，还有点不好意思。梁老师听了笑着说，这不算什么，他们年轻时快到下课了，就有坐在教室后面的同学用筷子开始敲饭盆催老师了，说完爽朗地笑起来。因为懂得，所以慈悲。所以我印象中梁老师上课从不拖堂，我后来去中学教书也从不拖堂，我知道拖堂毫无益处，实在讲不完下节课初始用几分钟就能补上，效果比拖堂好多了。"亲其师，信其道"，每个人都年轻过，但时过境迁后未必人人都能像梁老师那样富有同理心，对后辈给予最大的理解和宽容。我后来对学生也努力去充分理解和包容，就是受到梁老师的感动和影响，无论是教学工作还是行政管理，也都得到同学们的肯定和喜爱。

我跟东语系越南语本科班同学从字母和音调开始学，一起上了两年半的语言课。到研究生三年级时，我便可以借助词典阅读越南语文献资料了。所以，我的硕士研究生毕业论文《20世纪初新思潮的输入和越南维新运动的发展》选题于越南。可惜我那时因父亲病危的家庭变故未继续深造读博，中途改道，未将越南史深入学习研究下去。每想到此，我都有一种愧对恩师的感觉。

梁老师不仅在专业知识上给我们传道授业解惑，最让我感动和铭记于心的，是他在生活方面的细腻照顾。在当时按照学校规定，旁听课程是需要交旁听费的，但因为我不需要成绩单，只需要能够看得懂越南语即可，且梁老师的历史文化课也有东语系研究生旁听，所以在梁老师跟东语系越南语专业诸位老师打过招呼后，我就免除了学费之忧。记得有一次我们和越南语的老师在勺园一起就餐，我想难得有次机会表达自己对各位老师的感谢，欲悄悄离桌买单。不料梁老师反应很快，他马上问我去干吗，还没等我编出借口，他就抢先说他一会儿去买单，不要我去。穿帮了，我只好请老师给我一次表达谢意的机会，没想到他立刻急了，涨红了脸，眼睛睁得很大，两道浓眉半竖起来，急切地说怎么能让你买单呢！我那时年龄小，看老师的神情，他是真着急还有点愠怒，但又不能对我发作，我便赶紧恭敬不如从命。这么多年来，这是我印象中梁老师唯一一次跟我着急的场景。虽然我当时有点害怕，但内心却是充满了温暖。

　　研究生三年级的上学期末，我父亲突然患脑血栓病危住院，当时妹妹刚上大学，嫂子身怀六甲，妈妈眼疾复发，哥哥既要上班又要照顾全家实在顾不过来，我是彼时能够全身心在医院照顾父亲的唯一人选，得知消息后我急忙从学校赶到保定的医院给爸爸陪床。按照计划，春节前毕业论文应该出初稿，我一时耽误了些时日，尽管我自己心里有数，但未曾及时跟梁老师说明情况，老师心里很为我的论文焦急，又顾及我的面子和感受，怕我尴尬，不好直接催促我，更没有批评我，只是跟黄云静师姐通电话时表示担忧，不知道我的论文情况进展如何。还是黄师姐更懂事，善解人意，转告我说老师年龄大了血压高，不能着急，我才明白自己做得多么欠妥，让老师和师姐跟着一起着急担心。待爸爸病情好转即将出院的时候，在腊月二十临近小年之际，我逆春运人潮北上，从保定直接坐火车回到学校赶写论文，直到腊月三十除夕才赶回家过年。那段时间是我们家经历的一段特别困难的时期，我敬爱的梁老师，虽然不知道我发生了什么，但他用善良、包容、体贴扶住我走过了那段艰难的日子，没有一句埋怨批评的话，这给了我在学习和生活中莫大的支持！之后，细心的梁老师跟黄师姐说，感觉我变化很大，仿佛一下子长大了似的。确实，在父亲生病之前，我是个无忧无虑的小姑娘，一切顺风顺水，天塌下来有父母顶着。从死神手中抢回父亲，让我知道父母老了，我必须立刻长大，成为他们的依靠！

我毕业的时候，梁老师和师母给我买了礼物做纪念，记得是一本几十页的厚厚文件夹，我刚好用它装备课资料，放在办公桌上，每每抬头看到就好像看见了慈爱的二老，心里倍感温暖。当时梁老师还特意叮嘱说，等我结婚的时候一定告诉他们，他们还会送更大的礼物给我。可惜我结婚没有举办婚礼，他们也就未能再把准备的礼物送出去，现在想来我真是够不孝的。梁老师还说等有空了会带着师门兄弟姐妹去我工作单位看我。记得那是我毕业的第二年初夏，梁老师说到做到，果真带领大家到北京十一学校来看我，令我非常感动，估计老师很惦记我，想知道我的工作生活环境如何。当时学校大力提倡开设选修课，我便趁机把研究方向捡起来，开了一门《东南亚近现代史》。21世纪初的首都北京，新马泰出国游正方兴未艾，不少同学跟家长去过之后开始对东南亚历史感兴趣，因此这门课受到一些同学的欢迎，梁老师听说后很高兴。十一学校那时还未建许多高楼，多数建筑尚是青砖黛瓦，绿树浓荫，繁花争艳，我们在校园里游览了一番，拍照留念。在梁老师提议下，一行人又去中华世纪坛参观，2000年世纪坛初建成，气势雄伟，在那里我们留下了许多珍贵的回忆，也记录了我们的青春印记。

梁老师和师母步入耄耋之年后，生活坚强独立，心里仍时常装着他人。他们真诚地关心着我们每一位学生。记得在一次聚会上，他看到郑翠英师姐眼圈有点发暗，就问郑师姐是不是这段时间工作太忙了。如果梁老师不说，我压根都没看出来师姐脸色的变化。这让我不禁十分感叹梁老师的细心，真的是很用心。还有一次，他听黄云静师姐说最近非常忙，事情很多，他替师姐担心，因为黄师姐年龄也五十多了，知道我和师姐联系较多，就让我问问黄师姐能否推掉一些任务，注意保重身体。我工作调动的时候，梁老师非常上心，常常询问指导，帮我出主意，比我还要着急。

二老不仅关心我们这些学生，爱屋及乌，连我们家人、孩子也都放在心上。我工作以后每次见到梁老师，他都会关切地询问我小孩的情况，我父母的身体状况，还有我的工作情况，累不累，等等。虽然梁老师年龄比我父母都大，但他的身体健康状况比我父母强多了。因为父母身体不太好，我们兄妹三人也便早早学会了照顾老人。当我以对待行动不便的父母那样搀扶梁老师的时候，老人笑着说："我能行，我还可以的。"我们师门每逢年节聚会，老师和师母还会给每个孩子准备红包和零食，也会让我们给有事没能去的小孩捎回家。我家因为我和爱人两人带孩子，没有别人帮忙，孩子上课外班必须有一个大人带着，所以聚会的时候常常是我一个人到场，但每次师母都叮嘱我把孩子的礼物带回家。所以我儿子虽然不常见到两位老人，但他早就知道有两位慈爱的老人家梁爷爷和奶奶关爱着他。

　　24年倏忽而过，跟老师见面很多次了，老师的身材从当年的结实魁梧到拄起拐棍，步履从矫健有力变得迟缓沉重，永远不变的是他那清澈真诚友善的目光，每次见面都会关切地询问我的工作和生活情况。一日为师，终身为父。梁老师比我父亲年长四岁，他对我就像对小女儿一样，我对他亦如对慈父一般。今年春节，我给两位老人各买了一件毛衣，梁老师试穿的时候我感觉还是买瘦了一些，有点想换换，但老人宽慰我说："其实挺合适的，因为我试穿里面套了两件衣服所以显得瘦了点，我里面套一件就刚好合适了。"说的时候用他那双大眼睛很认真地看着我，似乎是让我好好想一想是不是这个道理，他在努力说服我，千万不要再去换。不忍让他着急，我马上说对，很有道理。我想肥瘦无所谓了，顺从他的心意让他心安应该更重要吧。

老人家就是这样，特别不愿意给别人添一点麻烦。去年得知师母病重，我们都很惦记，急着想去探望，但梁老师知道我们平时工作忙，家庭事务多，同时考虑到师母的感受和心情，一直不让我们去，让我们先顾好自己的工作和家庭，直到师母最后时刻才通知我们。师母在世的时候，两位老人家特别独立自强，给我的感觉就是从不需要子女帮忙。师母走了以后，我特别担心梁老师不能适应，大约两个月后的中秋节去看望他，发现老人精神已经缓过来了，坦承第一个月过得非常艰难。我真的好佩服梁老师啊，85岁高龄，是那么坚强，那么豁达！那次见面让我们师兄弟姐妹悬着的心终于放了下来，我们商定以后不定期地到梁老师家里聚一下，给老人家增添些许热闹和快乐。每次去看望他，老人总要特别感谢，我都觉得不好意思，这不是我们应该做的吗？

谁言寸草心，报得三春晖！比起梁老师对我们的关心和帮助，我们做点力所能及的小事又何足挂齿呢！倒是让我感到惭愧的是，人到中年工作繁忙、孩子学习紧张、家务琐事缠身，无法如我心中所想，能够经常去看望照顾老师。

祝愿敬爱的梁老师永远健康长寿，让我们能有更多机会回报他的恩情！

一生的执着　光辉的探索

张斌绪[*]

2020年喜事不断。从新中国71周年国庆到深圳经济特区建立40周年庆典，从母校北大122周年校庆到北大历史学系121周年系庆，都给我一种如期而至的鼓舞和振奋；而让自己内心感到最震撼、最激动、最幸福的大喜事，莫过于授业恩师梁志明先生八十五寿诞的来临！

梁老师勤奋治史六十余载，在亚洲史特别是东南亚历史与现代化、殖民主义、越南史、华人华侨史等领域探索着，钻研着，思索着，目前出版著作10余部，发表论文100余篇，编撰工具书10部左右。在史学界同行和历史学系师生心目当中，老师是世界近现代史通史名家，是全国东南亚史、华人华侨史最有影响力的学者之一，也是全国越南史首位博士生

---

[*] 张斌绪，1998—2001年在北京大学历史学系师从梁志明先生，攻读东南亚近现代专业硕士研究生，研究方向为东南亚近现代史。现工作于深圳市政法战线。

导师。身为梁老师的最后一个硕士研究生,我自 1998 年到 2001 年,先后上过老师开设的"东南亚古代史""东南亚近现代史""战后东南亚发展和现代化""华人华侨史"课程,参加了系列讲座,攻读过老师的部分论著、论文。

梁志明教授(左二)与韦德星(左一)、张斌绪夫妇(左三、左四)、张洁(右一)在承泽园留念

梁老师数十年如一日勤奋治学,钻研东南亚史的硕果累累,体现的正是北大历史学人追求真理的执着精神,选择了专门史研究,就把这种选择作为一生为之奋斗的事业。梁老师长期致力于亚洲史的教学与研究,著述行文朴实严谨,在历史研究上一贯主张史论与史实相结合,反对无来由的论断;讲究历史课题与现实热点相呼应,注重对话交流研讨,反对

故步自封；注重坚持历史的立场和方法，反对机械照搬其他学科方法。这是北大历史学系治史优良传统的体现，更是坚守和传承发扬。

历史有什么用？面对这个既老且新的命题，梁老师不懈探索，在多个领域做了积极有效的尝试，谱写了精彩的篇章。

老师科学回应时代重大关切，坚持宏观中观相结合，在东南亚现代化、东盟发展及未来、当代华人社会转型、越南革新开放道路、南海问题新变化等时代重大关切上，既紧扣时代脉搏，又梳理来龙去脉，总结经验，预测走势，提出了真知灼见；为国家为社会输送人才，他招收培养了20多名博士研究生、硕士研究生，各位师兄、师姐早已在高校人文教育、社会改革等领域阔步前行，大显身手了。作为对外和平交往的使者，老师赴越南、缅甸、日本、韩国、新加坡、马来西亚、泰国等国的大学和研究机构访问和讲学，得到对方的一致认可；也邀请新加坡、澳大利亚等外国学者来华讲座。多年的努力奔走，老师成为北大和往访高校的联系纽带之一，也成为中国与东南亚诸国和平交往的使者之一。

就个人而言，恩师一直是我走好人生路的指引人，是激发我干事创业的引擎。梁老师在二十多年里，带了那么多研究生，老师和弟子之间，同门彼此之间结下了深厚的情谊。时光荏苒，二十多年过去，情谊历久而弥新。事因难能，方显可贵。这其中，最关键的就在于梁老师的人格魅力。他对待每个弟子，不论出身都热情真诚，和善宽厚，学习上严格要求，生活上真情关爱。曾记得，过年过节老师就组织师门聚餐，常为弟子排忧解难，这些让包括我在内的弟子们越发感到身在梁门，就拥有了一种大家庭的温暖和默契。曾记得，老师看到我家境贫寒，就让我去收集整理课题资料勤工俭学，得知我查资料写论文需购置电脑时就主动借钱给我，这件事在班里还引起了一时的轰动；曾记得，2001年老师66岁，授课、研究任务依旧很重，还要指导师兄师姐的两篇博士学位论文和我的毕业论文。老师昼夜操劳，倾注了大量心血，写介绍信、打电话联系厦门大学南洋研究院的老师给我查资料，我的毕业论文《论马科斯军官时期的土地改革》顺利通过答辩；曾记得，2019年老师询问我工作情况后说，"我为战斗在华南的勇士而自豪"，这句话让我心潮澎湃，感动莫名。毕业后，自己只身南下，扎根深圳政法战线，19年的调研之路有苦，更有甜，新征程再出发的前进动能充沛，其中很大一部分能量，就来自恩师传授的东南亚近现代史和华人华侨史、战后东南亚发展和现代化等专业课，来自老师行前的"男子汉志在四方"的嘱咐，更来自老师笔耕不辍，探索史学的激励和带动。

一年来，自己谨记老师教诲，在"平安深圳、平安广东、平安中国"中一路冲锋，一批优秀调研成果获得中央和地方党委认可，自己率领的团队多次得到表扬、立功获奖！关山重重，隔不断弟子对老师的牵挂，我把自己的工作成绩单作为一份对老师的祝福奉上。

我祝愿恩师身体健康，更迎百岁寿诞。到那时，东南亚现代化的深度、广度必将为之一新，与中国社会主义现代化国家初步建成、深圳成为中国特色社会主义先行示范区交相辉映；到那时，老师揭示的东南亚历史文明多样性与相对统一性也将演绎新篇，绽放更加璀璨的光芒，老师所致力的中国东南亚学必将呈现出史家辈出、佳作纷呈的气象。

家人亲情篇

读志明弟《治学座右铭》感思

梁振武

梁志明，吾弟也。一生孜孜不倦，治学辛劳，终获大成！真乃我辈学习之榜样，后辈仿效之楷模，吾梁氏家族之荣耀，不愧为湘籍名人，国家之栋梁也！

童年时，日寇侵凌，背井离乡，饱受苦难。

小学时，国家动乱，然亦知求学之艰苦，深铭父母养育之恩。中学时，名校良师，深蒙教诲，启迪了敬业奋发之思想。胸怀志气，前景光明。圆梦大学，未名翰苑。历史长河，策励推动。前辈教导，受益良深。专业咬定，镌刻脑中。芸芸学子，出类拔萃。史学领域，后继有人。

毕业任教，深蒙器重。兢兢业业，如履薄冰。钻研教学，刻苦用功。岁月迢递，游刃有余。桃李花开，香飘寰宇。越南惊险，时代风云。十年历练，廿载研究。教材创新，成绩显著。学衔晋升，指导博士，学科建设，做出贡献！

梁志明执教治学 60 周年文集

梁志明教授夫妇与二哥梁振武（左一）、二嫂刘凯纯（左二）一家在长沙爱晚亭前留影（1997 年 3 月 13 日）

职退事不退，身休心不休。粗茶淡饭，清居简出，白发苍颜，坚持奉献。退而未休，更为忙碌。优秀成果，累获大奖。学术研究，著作丰富，多为经典，必耀今古。写到此处，浮想联翩，诗思泉涌：

> 学府名师治学勤，鸿篇大作慧人民。
> 陋室书香润德馨，翰林儒道深耕耘。
> 不为名利呕心血，座右铭镌学者心！

我这一生，平平淡淡，无所建树。我以有弟志明而自豪，你的敬业心，深深激励鼓舞我，当在垂暮之年，发挥余热，为实现中国梦，做出微薄贡献！为祖国社会主义建设添上一砖一瓦，吾亦心满意足矣！有《西江月》一词鞭策自己：

> 人贵恒心有志，专心发愤精修。
> 无涯学海苦行舟，方可攀登险岫。
> 掘井锹锹持久，成河滴滴涓流。
> 诗词万首敢追求，须得精神抖擞！

附以前所写诗词，作为参考。

赞北京大学梁志明教师联

　　志在功名投北大，往年豪气堪夸。风华正茂，青丝苦径书山，寒窗攻读千年史。笔凝梅蕊，一马当先，喜得蟾宫折桂。荣留母校，乐作园丁，热心育英才，桃李遍天下，万紫千红春色好。不愧为梁家俊杰，名校教授。

　　明于通鉴闯天涯，今日雄风犹在。老骥壮心，皓首穷经学海，斗室研著百卷书。文凝雪花，百川汇聚，欣为祖国挥毫。梦现中华，欣当红烛，全力搭人梯，甘霖洒神州，五湖四海栋梁梦。称得上学府博导，湘籍名人。

作于 2014 年 1 月 9 日

志在功名投北大，往年豪氣堪誇。風華正茂，青絲苦徑書山，寒窗攻讀千年史。筆凝梅蕊，一馬當先，喜得蟾宮折桂。榮留母校，樂作園丁，熱心育英才，桃李遍天下，萬紫千紅春色好。不愧為梁家俊傑，名校教授。

明於通鑒閱天涯，今日雄風猶在。老驥壯心，皓首窮經學海，斗室研著百卷書。文凝雪花，百川匯聚，欣為祖國揮毫。夢現中華，欣當紅燭，全力搭人梯，甘霖灑神州，五湖四海棟梁多。稱得上學府博導，湘籍名人。

《贊北大梁志明教授對聯》

梁振武撰聯並書
二○二○·二·十七日

书于 2020 年 2 月 17 日

相　逢

志明电脑遇辰戈，新浪卷上百度坡。

网上相逢无纸笔，指尖一点笑山河。

——辰戈作于 2012 年 4 月 30 日

龙年亲人聚宴北大

未名湖柳拂新风，博雅龙飞喜近春。

欢宴神州第一校，幸逢北大庆三生。

酒肴浸透京都味，谈笑深含湘水情。

试问人间何物贵？亲情无价胜奇珍！

——作于辛卯年除夕

赞北大逢弟见赠

蓟北巍然塔，学林数北京，

环球皆仰慕，华夏更知名。

桃李芳天下，园丁喜我亲。

至今犹亮烛，岁岁展光荣。

——作于 2012 年 1 月 3 日，发于 2020 年 1 月 22 日

志明弟庆 80 大寿，本应合家前往北京祝寿，奈天寒地远，老病身羸，离家不易，只得寄几首诗联，聊表祝贺之忱，非常抱歉，望希谅之。诗联将陆续由博转寄，希霞女转告乃叔。

欣闻京都志明弟将庆八十大寿

闻君庆寿辰,令我思京城。

歉惜难展翼,老病易缠身。

万里关山断,两心血脉通。

鸿毛情意重,聊寄数枝春。

——作于 2014 年 1 月 2 日

明月何曾是两乡

梁 桦[*]

我父亲辈共有兄妹六人,志明叔排行老四。据老辈讲,爷爷在他出生时曾给他起名"治民",寄望他将来当官理政,治国安民。叔在读中学时受进步思潮影响就立下了读万卷书,行万里路,治学求真,报国为民的夙愿,并改名为志明。这一改音同而义异,既彰大志,又顺亲情,令少年时的我油然而生敬佩之情。

爷爷过世较早,我父亲是长子,祖母一直和我们生活在老家长沙。祖母目不识丁,当时叔叔们只要来信,她总是急不可耐地催促父亲念给她听,她曾自嘲,是斗大的字不识一箩筐。20世纪60年代初,祖母曾携敏妹去北京小住了一段时间,回来后不久,她就毅然决然地报名参加了街道办的扫盲

---

[*] 梁桦,系梁志明教授的大哥梁秉钧的儿子,湖南长沙湘雅医学院副教授。

夜校。因她是小脚，而每周两晚授课的如意街小学在一小巷深处，黑咕隆咚，所以父亲总是嘱我一路同去，小心照扶好祖母。其时祖母已近花甲之年，记得我曾不解地问祖母，都这么大年纪了何苦呢？祖母回答说这是你志明叔要我学的！掷地有声的爱意和自豪溢于言表。而祖母戴着那一副志明叔在京给她买的老花镜，在昏暗的灯光下慢声细气念书识字的专注之态，是那样的慈祥可亲，至今忆起历历在目……

1966年春节梁志明教授与母亲（第二排左三）、大哥梁秉钧（第四排左三）、大嫂刘景纯（第二排右二）、大姐文瑞（第二排左二）、妹妹锡文（第二排左一）及大姐夫郑钟岳（第四排左二）、妹夫王德坤（第四排左一）亲友们在长沙合影

长沙北门清泰街是叔出生启蒙之地，北大燕东园乃叔学术发祥之所。我第一次见到志明叔是在1963年，他由京赴河内访学途经长沙顺道探亲。父亲和我一起去接站。故乡的初

春时节，乍暖还寒，坐落在小吴门的老火车站，站台萧索，行人稀疏，出口仅有两个，我和父亲各守一个。但单凭照片中的印象去比对的我，还是错过了从我身边走过的志明叔，直到父亲喊我才醒过神来。

在北门中山亭附近那套直筒式瓦屋和叔相聚的好几天里，难得见到祖母如此喜上眉梢，她挪着小脚不知疲倦地忙上忙下，家中像过年一样喜气洋洋。每天清晨最早起来的除祖母外，就是叔了，他总是披衣裹被坐在床上呀呀地读越南语，其专注之态和朗朗之音至今还清晰地印在我脑海中。也就是那一年下半年，进入小学四年级的我终于加入了少先队，在我三兄弟中我是最晚入队的了，不能不说与叔的身教分不开。

1966年的春节注定是一个难忘而祥和快乐的节日。完成访学的志明叔再次回到了家乡，只见眼前的他一袭风衣，戴一顶盔式胡志明太阳帽，风尘仆仆，温文儒雅，一派南洋归侨的翩翩风度，着实令我们晚辈羡慕。志明叔带来很多礼品，其中越南特有的香蕉干，至今还使我回味无穷。而那些多姿多彩充满异域风情和文化的外国邮票更是深深地吸引了我们兄妹的眼球，当时你争我夺，好不热闹，那场景仿佛就在眼前……

为了庆贺志明叔学成归国，更是为了凝聚家族亲人们的友情，当时在祖母提议下搞了一个大聚会，梁氏家族除了其他两个在部队的叔叔和婶婶外，在长沙的两个姑妈姑爹及表兄妹们都悉数赶来，并于长沙最著名的凯旋门影楼摄影留念。

多年后，志明叔与我谈及当年盛况仍记忆犹新，倍感温馨。在我幼小的心中，志明叔不仅是我们家族的骄傲，更是我们晚辈的榜样和标杆。

1980年7月中旬，志明叔自昆明开会返京，途经长沙在老家富雅坪寓内住了五天，这离他上次返乡已整整过去了十四年。这也是我第三次见到志明叔，当时的我已于1978年考入湖南师范大学政治系就读。回首往事，人生坎坷，倍觉亲情珍贵。展望未来，前景辉煌，更感国旺家和事业兴。时值暑假，7月21日那天夏日炎炎，阖家老少二三十人，辈接四代，一起游览长沙烈士公园。喜庆之余，曾作诗一首以记之：

四世同堂乐融融，十年别梦共艰辛。
风和日丽湖山美，再叙天南海北情！

这之后我和志明叔或在长沙或在北京多次重逢，时间过去了很多年，但那三次最初晤面的印象如石刻般镌刻在我心中！它不但启发了我的初心，也精心呵护着我的初心！

在我从大学教学岗位上退休后的今天，在志明叔85寿辰之际，读叔的《治学座右铭》更令我如沐春风，如饮佳酿！回想起来，志明叔对我的影响虽然是潜移默化的，却是巨大的。正所谓"随风潜入夜，润物细无声"。

志明叔十九岁离乡赴北大，迄今六十余载，其间立业齐家，著书立说，遂平生之志，成一家之言。而今耄耋回首，足堪欣慰！谨以此文祝他老人家学海归舟，百寿可期！

梁志明教授夫妇与大嫂刘景纯（前排左二）、二哥梁振武（后排右二）、
二嫂刘凯纯（前排右二）、大侄子梁解（前排右一）、
三侄子梁桦（后排右一）等家属合影留

清泰长街明志向，燕园风雨柳荫荫。
淘沙破浪东南亚，史海钩沉河内行。
芳意书香凝皓首，岁华墨落聚丹心。
养颐不恋奇珍味，淡饭粗茶一寿星。

深切怀念老伴何傑老师

梁志明

何傑于1934年12月26日（农历甲戌年十一月二十日）出生在湖南省长沙市，祖籍为湖北省黄安县（今红安县，有"将军县"称誉）。她祖辈务农，20世纪20年代举家移居汉口，后迁至湖南长沙开办灯具工厂。她父亲1937年去世，享年46岁。她是在母亲的艰辛抚育下，与之相依为命成长起来的。

何傑生长在国家危难、抗日烽火燃遍中华大地的年代。幼年过着颠沛流离的"逃难"生活，所幸从六七岁上学并未中断学业，这得益于她母亲的支持。何傑的母亲认为女孩子也应有自力更生的本领，因而克服困难，竭力供她上学。她的中学教育是在女子学校完成的，初中至高二上学期就读于明宪女中，高中毕业于著名的福湘女中。她的中学生活丰富多彩，积极追求进步。初二时，加入了青年团，担任过班长，后被选为学校学生会副主席。

1956年何傑老师在北京大学

20世纪50年代初，朝鲜战争爆发，志愿军出国参战，全国掀起轰轰烈烈的抗美援朝运动。那时流行《钢铁是怎样炼成的》《丹娘》等苏联小说，书中的英雄人物保尔·柯察金和丹娘成了年轻人学习的榜样，怀抱革命理想、积极追求进步成为青年人的时尚，这些也是何傑的追求。

高中毕业后，何傑选择了继续求学的道路。1954年8月，她被北京大学历史学系录取，圆了大学之梦！20世纪50年代中期，国家转上有计划的和平建设轨道，急需各方面人才，她上大学的梦想顺应了当时的社会需求。

1954年9月初，何傑北上来到北京，这是她平生第一次出远门，一切都感到很新鲜。从此以后，她的学习、生活与首都北京紧密联系在一起了。北京成了她的第二故乡，在这里，她不仅完成大学学业，而且成为人民教师；在这里，她和我有缘结识，我俩是同年出生，既是同乡，又是同学，1959年8月15日结婚，建立了家庭，成为终身伴侣。这些是后话。

　　进入北大后，校园优雅的环境，完备的教学设施，以及拥有丰富藏书的北大图书馆，深深吸引了她，特别是学识渊博的老师们的谆谆教诲让她受益良多。在北大历史学系，她聆听了系主任翦伯赞先生关于马克思主义史学理论的学术讲座，邓广铭、周一良等名师教授讲授的史学基础课，以及校内外著名学者关于考古学、民族学的专题课。北大五年的学习，不仅开拓了她的视野，让她领会治学和做人之道，还奠定了她走向社会和从事工作的根基。她有幸参加了1958年8月初至1959年6月底为期一个学年的全国少数民族历史与社会调查。这是新中国成立后一次规模空前的对全国各少数民族历史与现状的普查，目的是广泛收集和积累史料，研究撰写各兄弟民族的历史概况。这是在1958年开展"大跃进"、社会发生大变动的背景下，带有资料"抢救性"的调研活动。调查由中央民族事务委员会和中央民族研究院牵头，中央民族学院、民族研究所和中南民族学院的师生，北大历史学系研究生、五四级和五五级本科生及部分老师参加，人数达数百人。

何傑参加的调查队主要任务是调查湖南、湖北两省土家族的历史和现状,并在此基础上编写土家族的《简史》和《简志》。她们一行,兵分几路,有时单独一人,自背行装,翻山越岭,日行数十公里山路,开展普查。她们几乎走遍湖南土家族聚居地——吉首、凤凰、龙山、永顺、保靖和湖北土家族聚居地——恩施、来凤、鹤峰、宣恩等地。从县市档案馆资料室到农村公社、生产队的田间地头,她们走访公共食堂、敬老院、幼儿园、学校和农户家庭,广泛收集资料,撰写调查报告。这些工作对于她既陌生又新鲜。为期一年的社会调查实践活动,是她在大学期间一次颇为全面的历练!在调查日记中她曾写道:"人生历练何其多,惟其镌刻于心窝。相随漫漫人生路,拨雾排难觅通途。"

1960年何傑毕业后留校工作。她的第一项工作是在北大留学生办事处给外国留学生班讲授中国通史课,有几十位留学生听课,她认真而系统地讲了两个学期。一年后,由于学校调整编制,北大留学生班转到新设立的北京外国语学院下属的语言学院讲授中国通史课程。但不到一年,学院裁减了这门课程,她被迫"下岗"。适逢三年困难时期,各单位紧缩编制。她服从组织调动,转入北京市第十九中学任教,从此做了一名中学教师。

十九中与北大近邻,是新中国成立后人民政府在海淀区开办的一所完全中学,也是一所区重点学校。这里师资队伍很强,有许多北大校友。

在十九中校园里,何傑感受到良好的学术氛围和学风。她说,在这里工作感觉很投缘,很爽!这一干就是30年,直到1992年退休。她一直坚持在教学一线,主要担负教学任务兼任班主任,历任教研组长、年级组长和副校长等行政管理工作,其间,加入中国共产党。

"文化大革命"期间,她曾带领学生下放到海淀机床厂学工,到海淀区东北旺农村学农,到部队学军,到颐和园商亭学商,到海淀医院门诊学医,"工农兵学商"各行各业都有涉足。道路虽崎岖,但从来没有离开过教学第一线,为祖国的教育事业尽了她绵薄之力。她说过对"吃粉尘"的职业生涯似有一种特殊的爱好,眷恋讲台,喜欢直面学生,以此自得其乐!

"文化大革命"结束后,何傑虽已过不惑之年,仍动过回归史学研究队伍的念头,心中仍蕴藏着重温历史学的夙愿。她曾申请调动。中央民族大学历史学系、中国社会科学院教育研究所都曾将协调函递送到了海淀区教育局。但因学校不愿放手而未能如愿。恢复高考后,中学教育得到加强,注重质量,尤其毕业班的教学非常受重视。她被任命为市、区教研员,参加市区教研活动,编写应考教学参考资料,帮助参加高考的学生,尽力、尽心、尽责。这个时期,她日夜忙碌,教辅过数以千计的学生,这些学生有的从十九中毕业后,考进北大成为她母校的学生、她的校友,有的从学徒成长为厂长、企业家,有的从服务生成长为大堂经理,有的从"泥腿子"成长为村、镇干部,有的从"赤脚医生"到主任医师,有的从士兵到号令千军的将军,还有的毕业后坚持刻苦钻研,成长为专家、学者和教授。他们都为祖国社会主义现代化事业做出了成绩与贡献,他们的成长成才也蕴含着何傑等老师们的辛勤付出。

2016年,十九中欣逢百年校庆,何傑应邀出席庆祝大会。这一天,她与诸多老师同学欢聚一堂,畅叙在十九中的难忘往事与友谊,怀着衷心感激与欢庆之情,写下了《感怀心语》:

> 春暖花开好时分,百年华诞激人心;
> 育人成才平生愿,振兴中华入梦魂。
> 时代潮流推前辈,梦想成真举后人;
> 人生贵在晚情浓,千金难易师友情。
> 今日有缘重相见,回首往事备感亲;
> 八方相聚龙头地,喜贺母校庆百龄。

1992年她从十九中退休,但没有完全休息。其后又在海淀走读大学(后改名为北京城市学院)经管学院教务处继续工作了十年。

回顾80余年来何傑老师走过的人生道路,大半辈子是在为中学教育尽心尽力地服务,她无怨无悔也无愧,这是她的人生选择!世人有云:雄鹰选择蓝天,燕雀选择低檐。不同的选择成就不同的事业,不同的事业造就不同的人生。

2015年梁志明教授与夫人何傑老师在云南昆明民族村留念

2015年2月4日立春时节,正值何傑和我八十大寿之际,与一些亲友和学生济济一堂浓情盛会。在欢快愉悦的气氛中,我们共撰《八十抒怀》:

> 万马奔腾除旧岁,三阳开泰迎新春。
> 今朝有庆来相聚,只缘都是北大人。
>
> 燕园研读犹在目,转眼便见白头噴。
> 笔耕不知老已至,人到年迈更思亲。
>
> 亲朋好友心相系,诚挚谦和最为真。
> 学海求索六十载,互动相长忘年情。
>
> 知足常乐无怨悔,共济同舟交谊深。
> 南洋后浪推前浪,新人辈出老人欣。

2019年7月,老伴何傑不幸病逝,回想她当年在学校是才女、是优秀学生,在单位是优秀教师、是好领导,在家是贤妻良母、是知性的半边天,在社会上也体现了为人师表的德行和风范,她奋斗一生,奉献一生,是无愧于己心有益于他人有益于社会的人生,本人不禁慨然赞曰:

奔学业奔事业奔家业奔兼业奔波一世皆有成可酬心志
为人师为人妻为人母为师母为河九曲犹遗润得惠众生

何傑老师走了，她的音容笑貌和奋斗奉献精神永远活在我们心中！

梁志明教授与夫人何傑老师在天安门广场留影（2017年10月3日）

学术展示篇

17世纪东亚海权争夺及对东亚历史发展的影响[*]

庄国土^{**}

海权指以武力为后盾的海洋控制权或主导权,海权理念可溯自古希腊时期。欧洲人开始大航海以后,主要欧洲航海大国,无不认为商业和贸易繁荣是一个国家赖以富强和发展的先决条件,对海洋的控制是构成国家安全和繁荣的主要因素,海权时代由此开启。如16世纪末英国政治家和探险家罗利爵士(Walter Raleigh)建议英国女王重视海权时所言:"谁控制了海洋,谁就控制了贸易;谁控制了世界贸易,谁就控制了世界的财富,最后也就控制了世界本身。"①

---

* 原文发表于《世界历史》2014年第1期。
** 庄国土,厦门大学南洋研究院教授,博士生导师。
① 维基百科,罗利爵士条,Walter Raleigh, Wikipedia, http://en.wikipedia.org/wiki/Walter_Raleigh.

17世纪以降，荷兰人和英国人开始大规模向东亚进行商务扩张。① 他们与先期掌握东亚贸易先机的葡萄牙人和西班牙人及东亚本土的中国、日本、东南亚海商展开的激烈争夺，揭开东亚海权争夺的序幕。到17世纪后期，荷兰人在东亚海权争夺中最后胜出。本文探讨东亚海权争夺的原因、过程和结局，特别强调东亚海权争夺的结果决定性地改写了东亚历史发展的趋势，导致此后200多年东亚的殖民地和半殖民地化。

一、海权目标：东亚贸易谁主导？

不同时代不同海域有不同的海权目标。在17世纪的东亚海域，海权目标集中体现在以武力实施对海域贸易权的追求和控制。大体而言，15—16世纪是东亚的自由贸易时代，虽或有为争夺商品或市场的武力冲突，但贸易竞争大体是以市场手段进行。欧洲人东来以后，开了武力争夺东亚海权的序幕。其手段一般为武装掠劫商船和控制主要航道、攻占重要

---

① 本文的"东亚"（East Asia）指亚洲东部，大体上与"远东"（Far East）的概念相当。学者在运用"东亚"概念时，有狭义和广义之分，狭义的"东亚"包括中国、朝鲜和日本，广义的"东亚"则包括东南亚。本文取广义的"东亚"（East Asia）概念，地域范围包括中国、朝鲜、韩国、日本和东南亚区域。参见罗荣渠：《现代化新论续篇——东亚与中国的现代化进程》，北京大学出版社，1997，第59页。本文的"东亚海权"，指日本以南，印度尼西亚群岛以北、马六甲海峡以东海域的贸易控制权。

贸易口岸、武力占领或控制核心商品产地和交易中心、直接发动对贸易对手的战争等。

寻求高额利润的东南亚香料和中国丝绸及其他热带产品，是欧洲人进入东亚争夺海权的主要目的。以胡椒、豆蔻、丁香等为主的东南亚香料，一直畅销于欧洲和中国市场。欧洲人前往东亚，首先是为了香料贸易。大航海时代的先驱葡萄牙人在1510年占领印度果阿，次年再夺取香料贸易中心马六甲。由于东南亚的香料主要产地在马鲁古群岛，1522年，葡萄牙人在马鲁古盛产丁香的特尔纳特岛筑堡，试图控制马鲁古各岛香料集散。当时从马鲁古购买丁香到马六甲贩卖，利润达7—10倍。① 葡萄牙人从马鲁古群岛——马六甲航道获取的香料，用来供应中国、印度、阿拉伯和欧洲市场。随着美洲白银大量输入欧洲导致富裕阶层的消费能力急剧增加，昂贵的东南亚香料大规模进入欧洲。到16世纪末，马鲁古群岛所产香料约1/4输往欧洲。② 在17世纪中期荷兰人垄断马鲁古群岛的香料贸易以后，他们在欧洲市场以17倍、在印度市场以14倍的价格售出。③

为寻求同样高额利润的丝绸及其他中国商品，1513年，果阿葡萄牙殖民总督派遣阿尔法拉斯（Jorge Alvares）一行，

---

① 安东尼·瑞德：《东南亚的贸易时代，1450—1680》（第2卷），孙来臣、李塔娜、吴小安译，商务印书馆，2010，第25页。

② 同上书，第20-21页。

③ George Masselman, *The Cradle of Colonialism* (New Haven: Yale University Press, 1963), p.459.

携带一批货物乘中国商船到达广东珠江口外的伶仃岛。① 广州地方当局准其贸易，但不许上岸居住。葡萄牙人在中国商人的协助下推销货物并收购回程船货，在珠江口沿海逗留了半年才离去。② 1517年，果阿葡萄牙殖民当局再派安德莱特（F. P. de Andrade）率舰队前往中国。葡萄牙人先据屯门，4年间，在屯门构筑炮台、城濠，聚集军舰，炫耀武力，终于不能见容于广东官府。1521年，明朝海军进攻屯门，葡军不敌，大部被歼，余者逃回马六甲。③ 葡萄牙人被逐出广东后，转向闽浙沿海寻求贸易机会。大批葡萄牙人来到中外走私商人聚居的宁波附近的双屿港，以其为基地从事走私贸易，在闽浙沿海亦商亦盗。1548年，浙江巡抚朱纨派兵围剿有大批葡萄牙商人的走私巢穴浙江双屿港，此役有800葡萄牙人丧生。④ 此后葡萄牙人重返广东沿海活动，于1554年以后获准进入澳门贸易，并逐渐在澳门泊船筑屋，建立定居点。这些行动得到广东地方官府的默许。十数年间，中外海舶群集澳门，俨然一繁荣贸易港。但广东地方政府派遣"守澳官"及军队驻扎澳门，管理港口船舶出入。重大司法案件仍由香山

---

① Sir Henry Yule, "Cathay and the Way Thither: Being a Collection of Medieval Notices of China," *London: Hakluyt Society*, no. 1 (1915): 180.
② 据葡萄牙文献，葡人到达的地点为 Tamao，即屯门（岛），现伶仃岛。见：G. M. Braga, "The Tamao of the Portuguese Pioneers," *T'ien Hsia Monthly*, no. 11 (1939): 422。
③ C. A. Montalto de Jesus, *Historic Macao: International Tracts, Old and New* (Macao, 1926), pp. 9–10.
④ Tien-tse Chang, *Sino-Portuguese Trade from 1514 to 1644: A Synthesis of Portuguese and Chinese Sources* (Leiden: E. J. Brill, 1933), p. 78.

县衙或其派出官员审理。"货物至者,守澳官验实,申海道,闻于抚按衙门,始放入澳,候委官封,藉抽十之二,乃所贸易。"①

在中国的澳门立足,是大航海时代至鸦片战争前所有欧洲海上强国百般追求而不可得的愿望,也是葡萄牙人在此后半个多世纪掌控东亚贸易主导权的关键。1580年,葡萄牙人在长崎建立商馆。他们依托果阿、马六甲、澳门和长崎据点和商馆,并垄断香料产地,控制了印度洋与中国南海之间的主要航道和贸易,并向出入这两个海域的亚洲商船征收过路费。② 他们在澳门收购以丝绸为主的中国商品,转贩到盛产白银的日本,然后用日本的白银再到澳门购买欧洲市场畅销的中国丝绸和到马六甲购买香料,其运回欧洲的香料等货物,竟能用东亚区间贸易所获得的利润支付。③ 16世纪到17世纪前期,日本是世界主要白银生产国,1560—1644年日本生产了约25429万两的白银,④ 这些白银大部分用来购买中国商品及少数热带产品。据17世纪后期任职于荷兰东印度公司的坎普弗尔(Kaempfer)记载,仅澳门到日本的短程贸易利润就达100%。⑤ 日本学者矢野博士估计,葡萄牙人每年将中国丝

---

① 顾炎武:《天下群国利病书》,卷一〇二,商务印书馆,1935,影印本,第4页。
② 包乐史(Leonard Blusse):《巴达维亚华人与中荷贸易》,庄国土等译,广西人民出版社,1997,第172页。
③ Leonard Blusse, *Tribuut aan China* (Amsterdam: Otto Cramwinkel Utgever, 1989), p. 30.
④ W. S. Atwell, "International bullion flows and the Chinese economy circa 1530-1650," *Past and Present*, no. 95 (1982): 68-90.
⑤ E. Kaempfer, *The History of Japan*, V. 1 (London: J. MacLehose and Sons, 1728), p. 31.

绸贩卖于日本的生意中获得 235 万两白银，作为他们购买回欧洲的中国货物的资本。① 葡萄牙人如何在东方贸易中获得巨大利润的秘诀也为其他欧洲国家所获悉，但他们不能直接对华贸易，只能假手葡萄牙人或海外华商购买中国商品。虽然荷兰、英国舰队经常在澳门和马尼拉外海袭击葡萄牙商船和西班牙商船，掠其船货，但这种海盗行径不仅不能保证得手，更不能保证正常的中国货物来源。

葡萄牙东亚贸易的巨额利润吸引了其他欧洲航海强国。1565 年初，来自新墨西哥的西班牙远征军在黎牙实比（M. L. de Legaspi）率领下到达菲律宾，并于 1571 年在马尼拉建立殖民政府，以便与中国商人直接贸易。马尼拉殖民政府开辟马尼拉—阿卡普尔科航线，通过"大帆船贸易"（Galleon），② 连接东亚与美洲的贸易市场。西班牙商人从墨西哥阿卡普尔科港携带大量银圆到马尼拉，再到葡萄牙人控制的澳门购买以丝绸为主的中国商品，经马尼拉运到墨西哥的阿卡普尔科港，约一半丝货再运往欧洲，其余的在西属美洲销售。西班牙人试图建立和华商、日商直接贸易的渠道，在 1567 年明朝政府开放海禁后，大力招徕福建商人和日本商人直接到马尼拉贸易。由于明代后期的中国"银荒"，福建商人携中国商品蜂拥至马尼拉，交换墨西哥白银。马尼拉贸易对日商也有吸引力，

---

① 百濑弘：《明代中国之外国贸易》，载包遵彭主编《明代国际贸易》，台湾学生书局，1968，第 56 页。

② 关于马尼拉大帆船贸易，参见 W. L. Schurz, *The Manila Galleon* (New York: E. P. Dutton & Co., Inc., 1939)。

仅 1603—1608 年，前往马尼拉的日本朱印船就达 15 艘。① 由于香料贸易的高额利润，西班牙人还派舰队多次进攻荷兰人控制的香料群岛，并在 1606 年攻占香料群岛的德里地。② 此外，西班牙殖民者还在 1626 年侵入中国台湾北部，在淡水和鸡笼③筑堡建立对中国大陆与日本贸易的中转站，与葡萄牙人和 1624 年侵入中国台湾的荷兰人竞争对日本和中国大陆的贸易。

大航海时代的后起之秀荷兰人进入东亚，急剧改变了东亚海域的力量对比。洞悉葡萄牙东亚贸易全部秘诀的荷兰人，从一开始就以取代葡萄牙人作为其在东亚扩张的唯一目的。1596 年，荷兰远征船队在豪特曼（C. Houtman）率领下到达爪哇西岸的胡椒交易港万丹，遭到驻扎万丹的葡萄牙人的阻挠而导致贸易受损，却在万丹和华商成功地进行直接交易。此后到 1602 年，共有分属于十几个贸易公司的 65 艘荷兰商船前往亚洲贸易，但在亚洲各地几乎都遭到葡萄牙商人的全力阻挠和竞争。为此，荷兰共和国议长奥登班费特（Oldenbarnevelt）认为，荷兰人必须集结力量才能防范在东亚的西班牙和葡萄牙敌人。④ 是年，在他的督促下，荷兰东印度公司（VOC，简称"荷印公司"）成立，荷兰议会赋予其好望角以东、麦哲

---

① 中岛乐章：《日本"朱印船"时代的广州、澳门贸易》，载郑德华、李庆新主编《海洋史研究》（3），社会科学文献出版社，2012，第 65 页。
② Schurz, *The Manila Galleon*, p. 139.
③ 即现在的基隆。
④ Leonard Blusse, *Tribuut aan China*, pp. 36-37.

伦海峡以西的贸易专权，在亚洲甚至能行使政权职能。如果说葡萄牙人试图建立的是东亚海上优势地位，荷兰人则凭借海上优势力量，试图建立东亚海上霸权。1605年，荷印公司首先武力驱走马鲁古群岛的葡萄牙人，再于1623年赶走班达岛的英国人，基本上独享香料产地。1609年，荷印公司在日本平户设立商馆，与葡萄牙人竞争对日贸易。1619年，荷印公司在印度洋和南海之间唯一不受葡萄牙人控制的巽他海峡附近从爪哇人手中夺取巴达维亚并建筑城堡，作为荷印公司的总部。1641年，荷兰人攻克葡萄牙人的坚固据点马六甲，建立了从东南亚香料产地到贸易港的垄断地位。

荷兰人通过一系列战争建立香料贸易霸权的同时，并没有忘记葡萄牙人主导的以丝绸为主的中国商品交换日本白银的贸易。除了多次进攻马尼拉未果并与英国人联手袭击东亚的西、葡船队外，还于1622年武力进攻澳门，但在明朝军队与葡萄牙人联手抗击下铩羽而退，不得不转向中国台湾，建立获取中国商品以交换日本白银的基地。

英国人向东亚扩张的主力是总部设在印度的东印度公司。1602年，英国东印度公司在万丹设立在东亚的第一个商馆，此后也试图在香料群岛的安汶岛等地设立商馆，但被荷兰人驱出，商船也被击沉。英国人转向荷兰人势力尚未能掌控的东南亚的马辰、望加锡、阿瑜陀耶等地和中国台湾及日本平户等地建立商馆。但面对荷兰人强势的海上力量，英国人在17世纪被迫陆续关闭在阿瑜陀耶、日本、北大年和万丹等地的商馆，转而集中力量经营印度。

到17世纪30年代，荷印公司确立了对其他欧洲竞争者的优势地位，它在东亚海域的主要竞争对手，只剩东亚本土海上力量，尤其是中国海商。

二、东亚国家的应对

17世纪以前，即使是葡萄牙人以武力攻占马六甲和控制香料群岛部分地区，但东亚海上贸易基本上仍呈自由贸易状态。东亚各贸易港的繁荣，主要依靠其优越的地理位置、提供有吸引力的商品和优惠的贸易环境。

来自印度的穆斯林商人和东南亚本地王室向来是东亚贸易圈的主力之一。印度穆斯林商人沿马来半岛西岸，经马六甲海峡进入东南亚水域，在沿线的亚齐、丹那沙林、马六甲、万丹、吉打、阿瑜陀耶等重要贸易港建立商馆，与当地的苏丹或王室的贸易合作，主导了从东亚经印度洋到地中海间的贸易。无论是先期到达东亚的葡萄牙人或以后的英国人和荷兰人，其首选目标就是主导乃至垄断这条以香料为主的贸易航线。葡萄牙人攻占马六甲，摧毁来自印度的穆斯林商人社区，扼住这条通往地中海航线的咽喉。荷兰人则武力征服香料群岛，试图垄断主要商品产地，进而打击望加锡、爪哇和苏门答腊北岸各苏丹土侯的海上力量，直至攻占葡萄牙人占领的马六甲，完成对这条航路的控制。虽然印度商人势力基本被欧洲人逐出，但欧洲人的数量和军事实力也仅能占据几个重要贸易据点，无法完全控制东南亚各贸易港和区间航道。被赶出马六甲的穆斯林商人重新在柔佛、彭亨、北大年、亚齐等穆斯林聚居区聚集。① 他们将宗教和商务结合，与当地苏丹土侯整合，仍相当程度保持其行政和小范围的区间贸易能力。尤其是17—18世纪一直未被欧洲人攻占的穆斯林王国亚齐，成为马六甲贸易的有力对手。中爪哇的马打兰王国甚至在1628年对荷属巴达维亚发起海陆进攻，几乎攻陷巴城。此后荷兰人与马打兰王国签订和约，马打兰商人仍能分享爪哇北岸的部分海上贸易。望加锡苏丹长期挑战荷兰人对香料群岛的贸易垄断，直到1667年才被荷兰人重兵征服。② 17世纪中叶，东亚最大的胡椒出口中心万丹是武力挑战印尼群岛荷印香料垄断贸易的主要力量，直至1683年才因内乱向荷兰人屈服，保证将万丹胡椒只卖给荷兰人。亚齐的抵抗则一直持续到19世纪后期。

以"倭寇"著称的日本海盗和海商，在14—16世纪就活跃于黄海和东海，16世纪中叶开始往南洋发展。17世纪初，刚刚完成日本统一的幕府，为了推动海外贸易以富国裕民及控制海上走私贸易的名义，以朱印船贸易方式管理日本的海

---

① 安东尼·瑞德：《东南亚的贸易时代，1450—1680》（第2卷），孙来臣、李塔娜、吴小安译，商务印书馆，2010，第161页。

② B. Schrieke, *Indonesian Sociological Studies: Selected Writings of B. Schrieke*, Part One (The Hague: W. van Houve Ltd., 1955), pp. 64-65.

外贸易。朱印状自 1603 年签发，到 1635 年为止，共颁发了 360 道。① 朱印船贸易范围被及中国大陆、中国台湾和东南亚各地 19 个主要贸易港，每船搭载的日本商民数以百计。日本海外贸易活动的重要支柱是东亚各地的日本社区。在中国台湾、中国澳门、马尼拉、阿瑜陀耶、万丹、马六甲等东亚重要贸易港，都有数以百计乃至千计的日商和海上浪人的聚居区。16 世纪末到 17 世纪中期的海外日本人（Japanese Diaspora）大致分为三类：一是随朱印船贸易到东南亚各地的商贩；二是因日本国内禁止天主教信仰而逃往海外的天主教难民教徒，很多这类难民定居在同是天主教信仰的马尼拉，他们多成为商人或用人；三是参加日本统一战争失败被放逐或流亡海外的武士和浪人，他们大多在东亚各地充当雇佣军。② 除以上三大类人外，还有劳工、受雇于外国船的海员、用人（西属马尼拉很多）、借贷者和奴隶。和华人社区一样，这些日本社区的商人主要服务于日本与当地的贸易。在马尼拉、暹罗、柬埔寨、会安等地，日本社区首领甚至充当小港主（port master，Syahbandar），为当地政府负责朱印船的验货、转运、贩卖来货和收购当地土产，有些人甚至出任当地官员。17 世

---

① 朱印船指获得日本幕府颁发的特许"异国渡海朱印状"的日本海外贸易船。自 1603 年签发，到 1635 年为止，共颁发了 360 道。岩生成一：《新版朱印状贸易史研究》，吉川弘文馆，1985，第 114-128 页。

② William D. "Wray, Seventeenth-century Japanese Diaspora: Questions of Boundary and Policy," in Ina Baghdiantz McCabe, Gelina Harlaftis, Ioanna Pepelasis Minoglou, eds, *Diaspora Entrepreneurial Networks: Four Centuries of History* (Oxford: Berg, 2005), pp. 79-80.

纪前期，日本人是广南主要港口会安当地的主要居民，还有人出任港口管理官。① 在阿瑜陀耶，日本社区甚至有一支拥有 700 名士兵的武装，为暹罗王室镇压反叛者。② 1611 年，据说澳门"借口防番，收买健斗倭夷以为爪牙，亦不下二三千人"。③ 日本人在海外最大的侨居地在马尼拉，据说最多时期达 3000 人，包括那些在日本受迫害而南逃的基督徒。④ 阿瑜陀耶的日本人数多达 1000—1500 人，但在 1932 年被暹罗王室铲除。

如果说东亚海域的日商、华商与东南亚本地商人之间的竞争尚是商业竞争，东来的欧洲人则对日商痛下杀手。1607 年，盘踞澳门的葡萄牙人击杀前来澳门的日本朱印船船员和其他日本人数十人，并成功游说幕府禁止日船前往澳门。⑤ 荷兰人为将日商势力挤出中国台湾，于 1625 年宣布对所有在台日商贸易商品征收 10% 的输出税。1628 年，日商滨田弥兵卫再度率数百人船队来台贸易，被荷印公司在中国台湾的纳茨（Pieter Nuyts）武力扣留，滨田弥兵卫武力反抗，这就是日荷之间爆发冲突的著名"滨田弥兵卫事件"。此后，日商基本上退出了在中国台湾的贸易。随着日本作为贸易支柱商品白银

---

① 陈荆和：《清初华舶之长崎贸易及日南航运》，《南洋学报》第 13 卷第 1 辑，1957 年。
② Derek Massarella, *A World: Elsewhere Europe's Encounter with Japan in the Sixteenth and Seventeenth Centuries* (London: Yale University Press, 1990), p. 134.
③ 王以宁：《东粤疏草》卷 1，转引自中岛乐章《日本"朱印船"时代的广州、澳门贸易》，第 83 页。
④ 沈仁安：《德川时代史论》，河北人民出版社，2003，第 99 页。
⑤ 中岛乐章：《日本"朱印船"时代的广州、澳门贸易》，第 76 页、第 85 页。

产量的减少，日本维持东亚区间贸易的能力也迅速削弱。同时，随海外贸易而来的是信奉天主教的日本人越来越多，构成对幕府统治的威胁。1633—1639年，日本幕府发布5次锁国令，禁止奉书船以外的日船渡航，禁止海外日本人回国，并借镇压岛原天主教徒起义之机，下令驱逐所有传教士出境。除中国和荷兰船可进入长崎一港从事贸易外，拒绝其他外国船赴日。[①] 日本自此退出东亚海权竞争，海外日本社区也逐渐融入当地而消失。

欧洲人在17世纪竞争东亚海权时，对东南亚的菲律宾群岛、印尼群岛、马来半岛上的各岛国实行的是通过赤裸裸的武力征服而建立贸易据点或殖民地，但对陆权强大且拥有舰船火器的东亚国家，如中国、日本、安南、暹罗、缅甸等国家，则无力以武力攻占当地贸易港，只能以建立商馆和主导当地海外贸易为目标。但在这些中国海商享有传统贸易优势的地区，他们到处面临华商的有力竞争。

17世纪初的安南庸宪和广南会安已是东亚重要的国际贸易港。庸宪的贸易主要由日商和华商经营，葡、英、荷、西商亦间或前来交易。17世纪30年代日商淡出海洋后，日本与东南亚贸易主要通过华商进行，日商在庸宪和会安的主要贸易份额基本上由华商取代。荷兰和英国商馆在庸宪虽然也设

---

① 大庭修：《江户时代日中秘话》，徐世虹译，中华书局，1997，第9页；日本在1639年锁国后，仍有受幕府青睐的暹罗王室每年可派一艘船赴日。《剑桥东南亚史》第1卷，云南人民出版社，2003，第289页。

立商馆，但越南人认为其野蛮且贪婪，宁可让华商操盘贸易，欧洲人的交易对象仍为华商。会安的状况大体相同。17世纪中叶后，华人成为会安首屈一指的外商群体，势力远超当时同样介入阮氏海外贸易的欧洲各国商人。在暹罗，王室垄断海外贸易，亦从事国内商业。① 王室成员和贵族较少直接从事贸易事务，其生意通常由多财善贾的华商代理。尤其是对华贸易，几为华商专擅。1664年，荷印公司曾封锁阿瑜陀耶，逼迫暹罗王室将利润最丰的对日鹿皮出口贸易交由荷印公司垄断经营，暹罗王室则利用英商和法商势力牵制荷印公司，转而雇用更多的华商和印度穆斯林商人。在18世纪，在暹华商甚至被誉为"王室华人"（Royal Chinese）②。

面对陆权强大和海上实力雄厚的中国，欧洲人在中国沿海地区建立贸易基地的企图则饱受挫折。继葡萄牙人在澳门立足并获得中、日、东南亚区间贸易的部分主导权后，西班牙人和荷兰人也试图仿效葡萄牙人，在中国沿海获得立足之地。1598年，西班牙的马尼拉总督派舰前往澳门，试图强行建立贸易基地，澳门的葡萄牙人在中国政府的支持下驱逐了侵入澳门的西班牙舰只。③ 1601年，荷兰舰队在范莱克（Van Neck）的率领下，首次到达澳门沿海，袭击澳门，葡萄牙人

---

① François Caron & Joost Schouten, *A True Description of the Mighty Kingdoms of Japan and Siam*, Translated by Sir Roger Manley (London, Printed by Samuel Broun and John de l'Ecluse, 1663) , p. 124.
② *Bangkok Calendar* (Press of the American Missionary Association, 1871) , p. 86.
③ 张维华：《明史欧洲四国注释》，上海古籍出版社，1982，第83页。

拒绝荷兰人登陆,范莱克派上岸的 21 名水手均被葡萄牙人扣押,其中 17 人被绞死。①1622 年,荷印公司 13 艘船与 2 艘英船组成联合舰队联手进攻澳门,葡萄牙人在澳门明朝军队的协助下击败了荷英联合舰队。荷印公司受挫于澳门后,遂转向福建沿海,先占澎湖为据点,再不断袭扰中国东南沿海,企图"通过敌对行动和使用武力",②迫使明朝官方允许其在沿海自由贸易,但遭到明朝军队的坚决反击。1624 年,荷兰人在明朝大军的逼迫下撤出澎湖,转往台湾岛南部的大员,筑热兰遮城堡,并设立商馆,作为经营东南亚与中国大陆和日本之间的贸易基地。由于对华和对日贸易的高额利润,荷兰人在中国台湾的商馆很快成为荷兰在亚洲最繁忙的商馆。③1633 年,荷印公司联合刘香和李国助两个与郑芝龙对立的海盗集团,联合进攻在厦门的郑芝龙海商集团。是年,荷印公司舰队加上刘香集团的 50 多艘战船与郑芝龙集团的 150 多艘战舰在金门料罗湾决战,荷兰人大败,逃回中国台湾。料罗湾决战后,荷印公司不得不放弃在中国大陆口岸直接贸易的企图,只能按照郑氏安排,依赖中国海商提供中国商品。

---

① Leonard Blusse, "Brief Enconter at Macao," *Modern Asian Studies* 22, no. 3 (1988): 655-656.
② 威·伊·邦特库:《东印度航海记》,姚楠译,中华书局,1982,第 73-74、第 79 页。
③ Jonathan I. Israel, *Dutch Primacy in World Trade 1585-1740* (New York: Oxford University Press, 1989), p. 174.

三、东亚华商：从"海上帝国"到"无政权保护的商人"①

16世纪后期到17世纪20年代，为争夺东亚海上霸权的欧洲各航海大国纷纷使用武力袭扰中国沿海以获得贸易据点，但都遭到明朝军队的坚决打击。唯一的例外是被打击后"完全抛弃了任何武力对抗并转而在中国采取贿赂与讨好政策"的葡萄牙人，②他们在遵守中国法令、每年需向中国政府缴纳地租和商税的条件下获准在澳门立足。

自13世纪以来，中国海商已在东亚海域形成稳定的贸易网络。③ 1567年明朝开放海禁，从15世纪前期即大规模进行海上走私和海寇贸易的华商，纷纷进行正常的自由贸易。欧洲人东来以后，使东亚市场与世界市场直接衔接，引发东亚海贸前所未有的大繁荣，但欧洲各航海大国为争夺东亚海权进行的武力征服和海上掠夺活动，也使华商面临致命威胁。中国海商的因应对策，首先是组成武装海商集团，如李旦、郑芝龙、林道乾、林凤、刘香等部；其次是寻求中国大陆之

---

① Wang Gungwu, "merchants without empire," in *China and the Chinese Overseas* (Singapore: Times Academic Press, 1992), p. 79.
② T'ien-tse Chang, *Sino-Portuguese Trade*, p. 90.
③ 关于15—17世纪的东亚华商贸易网络，参见庄国土：《论15—19世纪初海外华商经贸网络的发展》，《厦门大学学报》2000年第2期。

外的贸易基地，如李旦于日本，郑芝龙于日本长崎、中国台湾，林道乾于马来半岛的北大年，林凤前往菲律宾等。与16世纪中期以前不同的是，武装海商集团较少以杀戮抢劫为聚财手段，其武装通常用于保护自己的贸易，对沿海地区的劫掠主要是对官军镇压的报复，如林道乾武装海商集团，"实未尝惊动闽中一草一木，闽中实不忍无故加之以兵"。①

17世纪初以降，中国海商集团的组合形式有较大变化，大抵向着相互密切合作、向海外扩张并建立基地和形成武装集团方向发展，从而成为在东亚海域与欧洲人、日本人、明朝官府对峙的势力。到17世纪20年代，明朝廷全力应对北方后金的入侵，无力在东南沿海既镇压本国武装海商集团又防范欧洲人侵扰，转而采取招抚本国武装海商集团"以盗制盗"的战略。

1628年夏，福建巡抚熊文灿招抚拥有部众3万余人、船只千余艘的郑芝龙集团，授其海防游击职位，委其清剿中外海盗之任。郑芝龙自此摆脱两面作战的被动地位，利用日益稳固的大陆贸易基地，全力经营东亚海上事业。出生于福建南安的郑芝龙，18岁随舅父黄程到澳门，熟悉了葡萄牙文和西方商务，这种训练和一般的中国海商完全不同。离开澳门后，郑芝龙到日本，投奔日本华商领袖李旦。17世纪前期，

---

① 涂泽民：《涂中丞军务集录三·行广东抚镇》，《明经世文编》卷三五五，中华书局，1997，第3819页。

李旦家族一直是朱印状的获得者,① 由此带来的巨额利润使李旦有能力将其势力扩展到大陆沿海和中国台湾。时任英国平户商馆长官的科兹（Richard Cocks）称李旦是长崎、平户及日本其他地方所有华商的领袖。② 郑芝龙在1623—1624年为李旦所派遣,到荷兰东印度公司担任通事。③ 在郑芝龙为荷印公司服务期间,他努力了解和改善贸易经营的技巧,学习荷印公司商务战略,同时还在西方航海技术、船舶设备的操作、如何使用当时西方最强大的荷兰舰队上的大炮上下功夫。④ 至此,郑芝龙既通晓南京官话、闽南语和粤语,又通晓葡萄牙语、荷兰语等语言,同时掌握国际商务、航海、舰船、火炮等知识,这是他继承李旦基业后能在中国众多海商集团竞争中脱颖而出的原因。

在迅速打垮和收容其他海盗集团后,郑芝龙确立了其为中国海商集团领袖的地位。1633年金门料罗湾战役的胜利,对中国海商集团建立在东亚海域的优势地位具有决定性意义。

---

① 李旦1617—1618年,1621—1624年获朱印状;其弟1614—1618年获朱印状,其子1617—1618年、1620年获朱印状。岩生成一:《朱印船贸易史的研究》,东京:1958,第184-185页。

② Richard Cocks, *Diary of Richard Cocks 1615 - 1622* (London: Hakluyt Society, 1883, reprinted in Tokyo, 1980, V. 2), p. 309.

③ Leonard Blusse, Minnan-Jen or Cosmopolitan, "The Rsie of Cheng Chih-lung A lias Nicolas Iquan," in E. B. Vermeer, ed., *Development and Decline of Fukien Province in the 17th and 18th Centuries* (Leiden: E. J. Brill, 1990), pp. 253-254.

④ 白蒂（C. Patrizia）:《郑成功:远东国际舞台上的风云人物》,庄国土等译,广西大学出版社,1997,第25页。

此役之后，荷兰人从此退出福建沿海，① 扼东南亚与东北亚贸易航线咽喉的台湾海峡成为郑氏舰队的内湖。荷兰人千辛万苦盘踞中国台湾，是为了以中国台湾为基地从事对日本和中国沿海的贸易，从而将中国台湾作为东亚、东南亚贸易转运站，但因退出福建水域而使中国台湾从此失去中介作用。在郑芝龙最终剿灭其他海盗集团后，朝廷擢其为福建总兵，署都督同知，其海商集团的武装同时成为合法的中国海军。中国海商第一次拥有一支实力强大的军事力量服务于开拓东亚海域。郑芝龙以官军身份，成功地控制了绝大部分中国海商，其远洋贩运通常需领郑氏牌照。郑氏集团组构了严密的国内外贸易网络，即著名的以金、木、水、火、土命名的"陆上五商"和以仁、义、礼、智、信命名的"海上五商"。陆上五商分布于杭州及其附近地区，向公衙预支资本后负责采购贩运到海外的货物，交付海上五商，再与公衙结清账目。驻厦门及附近地区的海上五商接货后，运往海外销售，返航后再与公衙结账。由此，郑氏集团成为以东亚海洋为主要舞台，集行政、军事、商贸的职能为一身的海商政权。其继承者郑成功在征服荷兰人盘踞的中国台湾后，更将其父郑芝龙的事业发展到顶峰。郑成功征台以前，马尼拉的传教士金提尼（T. M. Gentile）曾称之为海上帝国（sea empire），"著名的国姓爷是海上君主和统治者，在中国从未有如此众多和庞大

---

① Leonard Blussé, *Tribuut aan China*, p. 49.

的船队,仅在厦门水域的水师就多达 13000 艘帆船,成千上万艘分布在整个沿海线上的其他船只也听命于这个帝国……这一庞大水师像铁幕一样把鞑靼人关闭起来,使其无法在靠近沿海的城市和乡镇行使统治权,同样也使与其有贸易往来的欧洲及其殖民地陷于瘫痪"。[1]

郑氏集团与荷兰人之间的经济斗争一再发生于从南洋群岛到日本之间的所有港口水域。只要有机会,荷兰人就要攻击、掠夺郑氏集团的船货,郑氏也从未放弃对荷兰人的索赔要求和采取报复措施。

荷印公司总督马绥克(Joan Maetzuyker)1658 年 6 月 8 日在巴城回信给向因荷印公司劫掠华船而索赔的郑成功,从其内容可窥见郑氏之强势:

"以前,殿下也曾提出几次类似的要求,但所要求的比较不重要,我方当即予以同意,这不是我方负有什么义务,而是为了不致开罪于殿下……不知何故,殿下竟然封闭港口,禁止臣民到台湾贸易,并采用其他方法使我方遭受损失。因此,我方自有理由产生疑虑,并指示我方首领在尚未比较清楚地了解殿下对我方的态度之前,即殿下究竟愿意遵守前订的协定或是打算挑起新的纠纷,如果遇到殿下管辖的大小船只,一律加以截获,并暂时拘留于台湾或巴达维亚。正是在这种情况下,我方人员的行动并无过错,但现在我方对截获你

---

[1] 白蒂(Patrizia Carioti):《郑成功:远东国际舞台上的风云人物》,庄国土等译,广西人民出版社,1997,第 70-71 页。

方船只一事，仍向殿下道歉，因当时殿下已重新开放港口，而我方尚未获悉……所以，我方认为，为殿下计，亦为我方计，最好尽可能消除一切争执根源。"①

郑成功志在反清复明，并不倾全力在东亚海域扩张，谋求东亚海权。其海上帝国的资源，主要用来对清朝作战而非海外争雄。入主中原的清政府则颁布禁海和迁界令，以切断郑氏与大陆关系。1661年，受清军逼迫的郑成功遂挥师攻下盘踞中国台湾的荷兰人的热兰遮城堡，将荷兰人逐出中国台湾。郑成功攻占中国台湾后，即拟出征菲律宾。1662年，他遣原在厦门的天主教神甫李科罗（F. C. Riccio）携带檄文至马尼拉，要求马尼拉的西班牙人每年来朝纳贡，否则将派舰队征讨。②此时马尼拉的西班牙军队仅有600人，而他们得知郑成功的"作战人员是100万人，大小舰只15000艘，很多舰只载有40门火炮"。③当马尼拉的西班牙人风声鹤唳之时，郑成功却在当年去世，征菲事遂停。其子郑经继位，仍两线作战，一边与清廷对垒，另一边在台湾海峡以南与荷兰人继续争夺海权。

1683年，清军攻下台湾，摧毁了郑氏海上帝国。以后虽

---

① W. Campbell, *Formosa under the Dutch* (reprinted in Taipei, 1951), pp. 67–69.
② G. F. 萨德（G. F. Zaide）和 S. M. 萨德（S. M. Zaide）:《菲律宾历史文献史料》(Documentary Sources of Philippine History)，第4卷，马尼拉，1990年，第453–456页，转引自白蒂（Patrizia Carioti）:《郑成功：远东国际舞台上的风云人物》，庄国土等译，广西人民出版社，1997，第108页。
③ E. H. Blair & J. A. Robertson, *The Philippine Islands, 1493–1898* (Cleveland: Arthur Clark Co., 1903–1907, Vol. 36), pp. 250–251.

开放海禁,却对海船和出洋之人严加限制,其律令逐年严厉。朝廷严格管制海船规模和结构,不许民间建造双桅以上的大海船,也不许携带火器。① 又通过厉行保甲连坐制度,防范偷渡出国,"凡有商船之地,皆为保甲必严之所"。② 中国海商和移民只能在西方殖民政权和清朝政府的夹缝中谋求生存和发展。在国外,他们已经不再是郑氏集团武力保护下的臣民,而是再次成为"没有政权或武装保护的商人"(merchants without empire),③ 作为整船整船谦卑和顺的商人、工匠或苦力,要向爪哇苏丹、暹罗国王,或者西班牙、荷兰、英国、法国殖民政权申请,经获准才能定居下来。"他们就像埃利斯岛(Ellis Island)上的捷克或意大利农民,等候着进入希望之乡的批准。"④ 到18世纪前期中国人在南洋的贸易和移民有所恢复时,朝廷对远离政权控制的海外移民日益增多甚为警觉。与海上汉族反清力量长期作战的康熙帝,每以汉人为难治,认为汉人与朝廷离心离德,不像满洲人和蒙古人,数十万人皆一心。他深忌汉人在朝廷难以控制的海外地区聚集,尤其是居住在吕宋和噶喇吧两处的数万名华人,更是康熙帝的心

---

① 蒋廷锡等编《古今图书集成》祥刑典,律令部汇考三十七,1934,影印雍正铜活字本。
② 蒋廷锡等编《古今图书集成》祥刑典,律令部汇考六十六,1934,影印雍正铜活字本。
③ Wang Gungwu, *China and the Chinese Overseas* (Singapore: Times Academic Press, 1992), p. 79.
④ V. Purcell, *Chinese in Southeast Asia* (Oxford University Press, Kuala Lumper 1980), p. 23.

病。① 因此，朝廷在1717年实行南洋禁航令，规定内地商船不准到南洋的吕宋和噶喇吧等处贸易；南洋华人必须限期回国；澳门夷船不得载华人出洋。② 绝大多数中国海外移民仅能充当劳力，终老异域。那些冒险携资返乡者，等待他们的是严刑峻法和天罗地网，更遑论像西洋殖民者那样，以海外财力促进国内资本主义市场的形成和发展。有清一代，直到第二次鸦片战争后，朝廷才在列强的逼迫下允许国人移民海外，③ 而禁止海外移民回国的法令一直持续到1893年才豁除。④

四、东亚海权争夺的结果对东亚历史发展的影响

大体而言，在17世纪30年代到80年代初，台湾海峡以北的东亚海域和中国东南沿海，郑氏集团确立了制海权。在台湾海峡以南和中国南海范围，在郑氏旗下的中国海商与荷兰人、西班牙人既有合作又有竞争。荷印公司则牢固掌握马鲁古群岛海域、爪哇海、巽他海峡和马六甲海峡的制海权，

---

① 《清圣祖实录》卷二七〇，中华书局，1986年影印本，第14-15页。
② 《清圣祖实录》卷二七一，中华书局，1986年影印本，第6-7页。
③ 《筹办夷务始末》咸丰朝，卷六七，故宫博物院影印本，第15页。
④ 《清季外交史料》卷八七，使英薛福成奏请申明新章豁除旧禁以护商民折，台北：文海出版社，1963，第14-17页。

马六甲海峡以西通西南亚和欧洲的航线则完全由欧洲人掌控。在货源方面,丝绸、瓷器和印度支那半岛土产基本上由郑氏集团掌控,香料和群岛热带产品的货源则主要由欧洲人掌控。郑氏集团的覆灭,意味着东亚本地海上力量对东亚海权争夺的彻底败北,东亚海权从此为欧洲人掌控。

海权丧失完全改变了东亚各国的历史进程。

17世纪中叶以前,东亚地区大致形成以中国为经济和文化中心的所谓"朝贡体系+民间贸易"体系。17世纪后期,中国退出东亚海域,意味着欧洲人完全主导东亚海权的开始,东亚地区传统国际体系的瓦解和被欧洲列强殖民地半殖民地化也开始无可逆转。

第一,东亚各国与欧洲的社会发展差距迅速拉大。在1400—1600年的东亚自由贸易时代,东亚区间贸易及与印度洋的贸易,造就了东亚各国商业和手工业的普遍繁荣。在16—17世纪初,亚洲城市的规模一般都超过欧洲城市。在1600年,北京和江户的人口都达到100万;[1] 东南亚的阿瑜陀耶、文莱、淡目、马六甲、升龙(河内)、万丹、马打兰、望加锡等城市,人口也在10万至50万。由于欧洲人在东亚的商业霸权,这些地方在17—19世纪都发展停滞或急剧衰落。在技术层面上,如以造船和火炮为例,则东南亚万丹、望加锡、广南等地的造炮技术,中国、暹罗的造船技术,与17世纪前

---

[1] Thmas C. Smith, *Native Sources of Japanese Industrialization, 1750 – 1920* (Berkeley: University of California Press, 1988), pp. 117–18.

期的欧洲海权国家差距不大。如荷印公司台湾长官蒲陀曼描绘的郑芝龙的舰队："在这个国家（中国）以前从未有人像一官（即郑芝龙）这样按我们荷兰模式建造庞大精致、装备精良的帆船及舰队，他还在船上装配了一部分能被拖动、带有环栓、置于双层甲板的大炮。"① 但东亚的贸易船只通常巨大而笨拙，用于货运利润颇丰，面对欧洲人装备重炮且行动灵活、集作战和货运为一体的舰队攻击，则难以应付。此外，在自由贸易时代，欧洲的先进技术较易传到东亚地区，东亚人通过购买、缴获和学习来消化新型武器和技术。甚至通过直接雇用葡萄牙人等欧洲技师，缩小军事和航海技术的差距。17世纪20年代，明朝就引入了欧式前膛装红夷大炮，与当时欧洲一般的陆基大炮相当。② 同期，亚齐就声称拥有5000门火炮。据17世纪后期荷兰航海家威廉·丹皮尔（William Dampier）的记载，安南拥有7万名用火枪装备的职业士兵。爪哇马打兰王国在1651—1652年的三个月内，就制造了800支火枪。欧洲人火器的技术优势主要在于能将大炮有效安装在船舰上。③

虽然欧洲人东来使东亚商品成为全球市场的畅销货，促进东亚商品经济的发展并创造巨额财富，但东亚各国丧失海

---

① 转引自包乐史（L. Blusse）：《中国的梦魇：一次撤退，两次战败》，载刘序枫主编《中国海洋发展史》（第9辑），台北：中研院人文社科研究中心，2005，第153页。
② 刘鸿亮：《关于16—17世纪佛郎机火炮的射程问题》，《社会科学》2006年第10期。
③ 安东尼·瑞德：《东南亚的贸易时代，1450—1680》（第2卷），孙来臣、李塔娜、吴小安译，商务印书馆，2013，第244、248、第250、第252页。

权后，商品流通和贸易利润为欧洲人所控，东亚各国不再能通过"海贸而裕国"。财富的减少还迅速降低了当地的工艺和军事技术发展能力，后者又因防御能力降低而使当地的权益进一步丧失，当地财富累积不足是导致社会发展停滞的重要原因。

第二，东亚各国日益沦为欧洲市场的资源和手工业商品的提供者。由于欧洲人对贸易权的掌控，东南亚海岛地区日益成为香料和其他热带产品及手工业制品的供应者。欧洲人获取这些产品在欧洲市场和东亚区间贸易的最大利润，贫困化使当地社会经济进一步依赖欧洲人的需求。欧洲人主导东亚海权及东西方贸易后，先进工艺和知识传导至东亚比17世纪以前更为滞后。即使在陆权强大的中国、日本、越南、缅甸和暹罗，欧洲人带来的全球贸易并没有提升当地的工艺和生产管理水平。当欧洲各国陆续进行工业革命时，中国出口的丝绸、瓷器、茶叶和其他商品，其制造工艺和管理水平与16世纪基本相当，只是因全球贸易市场的形成而提高了产量。工业革命从根本上拉开了东西方的军备差距，即使是拥有强大陆权的国家，也无力抵御欧洲人的海上武力侵略。

第三，欧洲列强相继占领重要港口和航道，形成便于调配资源和军队的战略优势，使其有能力通过武力开辟和扩展其殖民地。西班牙和荷兰主导东亚海岛地区的海权后，遂从沿海据点向内地扩张，菲律宾群岛、印尼群岛逐渐开始殖民化。18世纪后期，挟工业革命之威的英国强势回到东南亚，在1786年占据马来半岛的槟榔屿，开始对马来半岛进行殖民扩张。1795年,英国以荷兰的海外殖民地已被法国控制为借口,占领马六甲港,从而控制马六甲海峡。虽然英国在1818年根据《亚眠条约》,将马六甲还给荷兰,但隔年即占领新加坡,将新加坡经营成为取代马六甲地位的东南亚核心商埠。1811年,英国60余艘船只组成的舰队载12000多名远征军,攻占荷印总督所在地巴达维亚,荷印政府投降,统治权移交给英人。1824年,英国发动英缅战争获胜,开始了对缅甸的殖民进程。至此,东南亚海权尽归英国。

1840年,英国以东南亚为跳板,发动鸦片战争,战胜丧失东亚海权和军备落后的清朝,中国开始半殖民过程。1853年,美国军舰兵临东京湾,逼迫日本开放,签订不平等条约。此后美国、法国、英国舰队相继攻击日本,在日本获得各种特权。1867年,日本开始明治维新,终止了半殖民过程。1857年,法国发动对越南的武装侵略,开启对印度支那殖民的进程。到1885年,中法在天津签订新约,法国基本上完成对印度支那三国的殖民。1885年,英国发动第三次英缅战争后,完成了对缅甸的殖民。暹罗则利用英法在东亚的势力互相牵制,没有像东南亚其他国家一样彻底沦为殖民地,但其部分主权丧失,完全在西方势力的笼罩下。到19世纪末,除日本以外,东亚的陆权国家都相继陷于殖民或半殖民。

对外贸易是濒海国家积累财富、吸收先进文明和富国强兵的主要途径。17世纪东亚海权时代的开启,结束了之前东亚海域的自由贸易时代。海权竞争无不以武力为决断。欧洲人挟船坚炮利的优势,在17世纪陆续将东南亚的海岛地区殖民化,使这些原本贸易繁荣的地区在17世纪以后发展停滞,很大程度上疏远了近代先进的制度和技术文明。欧洲人尽管尚无力以武力征伐东南亚的半岛国家和中日两国,但半岛国家和中、日海权的丧失,对外导致难以吸收先进文化和技术,失去直接并大规模参与不断创造巨大财富的世界贸易市场;对内则导致海洋商贸意识淡化而大陆型专制和集权意识强化,社会经济发展相对停滞,与外部世界的差距进一步拉大。东亚历史发展就此改写。当握有东亚海权的西方国家挟工业革命后的优势海上力量兵临东亚陆权国家城下,传统的武装再也无力抵御逼至家门的侵略,东亚国家开始沦为殖民地和半殖民地。

附记:

  我与梁志明教授亦师亦友,长期承蒙梁教授关照。先生学养厚重,勤勉睿智,政著述广为学界所关注。先生为人谦和,淡泊名利,顾全大局,善缘广布,为中国东南亚学界协同贡献良多,更为晚辈所尊崇。

海外华人三重性及其作用
——以马来西亚为例[*]

韩方明[**]

本文以马来西亚华人为例探讨华人三重性，即中华性、本地性和国际性的形成、内容、地位、结构及其在马来西亚现代化中的作用。笔者认为三重性是马来西亚华人的本质属性，其内容、地位及结构的变化不仅取决于马来西亚的国家环境以及华人与马来族等其他种族的关系，而且还取决于中国的影响以及华人社会本身的状况，并决定华人在马来西亚现代化进程中的作用及其局限性。

---

[*] 原文发表在《华侨华人历史研究》2001年第4期。
[**] 韩方明，北京大学历史学系毕业，历史学博士。曾在哈佛大学从事博士后研究，长期从事外交与国际关系研究，第十届、第十一届、第十二届和第十三届全国政协委员，现任全国政协外事委员会副主任，欧美同学会副理事长、中国留学人才发展基金会副会长、中国外文局《公共外交季刊》副总编辑、外交与国际关系智库察哈尔学会主席。

一、华人三重性的概念、来源及形成

华人作为居住在中国境外、无中国国籍、具有中华民族血统的群体，它是由中华性、本地性、国际性组成的统一体，即华人同时兼有中华性、本地性和国际性这三重属性。

（一）华人三重性的概念

中华性是一个多层次的概念，其核心是同种，即华人具有的中华民族血统，这是中华性中的"恒量"；由血统延伸而来的同祖同宗、同地同业是中华性的第二个层次；在此基础上形成的生活方式、行为方式、语言与文字、价值观念等文化因素，则是第三个层次；而经济联系、法律方面的国籍与公民权利构成第四个层次；最后，对其母国政治方面的认同、关注及参与程度则是第五个层次。当然，这五个层次的划分仅是理论分析的需要，不同的层次往往是交织在一起的。但是，不同层次的中华性具有以下特征：核心层次的可改变性最小，由核心层次向外延伸，离核心越远的层次，其可改变性越大，政治层次的可改变性最大。

本地性是指华人在居住地的长期生活过程中，认同、参与、接受、吸收居住地政治、经济、文化等方面的成分，进而转化为华人本身具有的属性，这种属性必须结合华人的具体居住地（一般以国家为界限）进行说明。以马来西亚为例，马来西亚华人的居住地属性主要包括以下内容：（1）政治上认同马来西亚，把马来西亚作为国家效忠的对象；（2）法律上加入马来西亚国籍，成为马来西亚的公民，为马来西亚的发展尽公民的义务；（3）经济活动与马来人以及其他族群合作，融入马来西亚国民经济体系之中；（4）文化上承认马来文化的主导地位，在维持华人文化相对独立性的同时与马来西亚各族文化相和谐。这四方面的属性并不是同时形成的，而是大致遵循时间上的先后顺序。政治上的认同发生在第二次世界大战结束后，接下来的就是加入国籍，成为公民。经济方面的联系自华人存在之日就已形成，但其程度的加深是一个渐进的过程。殖民统治时期，华人的经济活动与英国等西方国家的联系较多；独立后，随着马来西亚国民经济的发展，华人的经济活动作为其中的重要组成部分，与马来西亚其他族群的联系与合作的程度加大。最后是文化上的和谐，这是一个漫长的互动过程，也许是马来西亚至今还未解决的问题。

国际性是指华人在兼具中华性、本地性的基础上所具有的超越国界范围的属性，它主要包括基于中华性的国际性和基于本地性的国际性。基于中华性的国际性是指华人在国际范围内以中华性为基础的活动，如以同祖籍地为基础的全球性社团、以同种同文为基础的世界华商网络等；基于本地性的国际性是指华人在国际范围内以本地性为基础的活动，如日本等外国资本往往在马来西亚选择华人为主要合作伙伴。华人的国际性来源于其中华性和本地性,但又不同于后者,具有自己的内容。因此,我们将其单独列出,以示其重要性。

(二)华人三重性的理论来源

华人三重性概念的理论来源主要有以下几个方面。

第一,马来亚华人的"双重属性"。1941年4月,李秋在《南洋商报》发表《论马华民族属性问题》一文,指出:马来亚华人在此地定居已有长久的历史,他们应被称为"马华";马华在马来西亚人口中占了巨大的比例;马华的政治觉悟与文化水平较高于当地各民族;马华在政治经济方面,其接近于马来亚其他民族的程度,较之接近于中国的程度要更直接与密切。作者强调,"这完全是个现实的问题,客观地存在于我们意识之外,而不是我们大家喜欢不喜欢的问题"。但另一方面,马华在经济与政治生活中、在语言和文化传统上,还不能完全脱离中国,因此马华"已形成了一支特殊的派生队伍……它一方面是中华民族一个特殊的支脉,同时又是当地一个重要的基本民族"[①]。因此,马来亚华人具有"双重属性",即中华民族属性和当地民族属性。

第二,华人的"二重性"。菲律宾华人学者吴文焕认为,华人的二重性是指华人在历史的发展过程中所具有的中国人

---

① 崔贵强:《新马华人国家认同的转向:1949—1959》,厦门大学出版社,1989,第166页。

(中华民族)的特性和非中国人(非中华民族)的或者居住国民族的特性。① 华人的历史发展,实际上就是这二重性发展消长的过程。更具体地说,就是中国人的特性逐渐弱化和消失,而其非中国人的特性即其居住国的民族之特性逐渐强化直至占主导地位的过程。

第三,华人经济的"二重性"。中国学者丘立本指出,② 关于东南亚华人经济的属性、特点、地位和作用问题,长期以来,中国人、当地原住民、西方殖民者甚至当地华人自己都没有认识清楚。这是因为华人经济是一种移民经济,移民经济具有二重性。一方面,就其经济实质而言,它是移民所在国经济的一部分;另一方面,从事这种经济活动的移民本身在经济上、政治上、思想上、感情上,还和母国存在着千丝万缕的联系,远没有认同于他们所移居的国家,因而出现了相矛盾的现象。

第四,华人三大集团论。澳大利亚华裔历史学家王赓武在讨论华人认同的问题时说,"华人从未有过认同这个概念,而只有华人属性的概念,即身为华人和变得不似华人"。③ 根据笔者的理解,所谓"身为华人"就是指华人的"中华属

---

① 吴文焕:《华人文化的二重性和发展》,载李琮《世界华商经济年鉴(1998—1999)》,世界知识出版社,1999,第100-106页。
② 丘立本:《对东南亚华人资本的再认识》,载萧效钦、李定国《世界华侨华人经济研究》,汕头大学出版社,1996,第44-47页。
③ Wang Gungwu, "The Study of Chinese Identities in Southeast Asia," in *Changing Identities of the Southeast Asian Chinese since World War II* (Hong Kong University Press, 1988). 中译文见王赓武:《中国与海外华人》,香港:商务印书馆,1994,第234-262页。

性"，而所谓"不似华人"就是指华人的"非华属性"。这表明，王赓武虽然没有明确使用华人双重性或二重性的概念，但这个概念可以视为他分析华人问题的逻辑起点。这个判断通过对王赓武提出的华人三大集团理论的逻辑分析即可证实。从政治意义上看，华人的双重性可表述为华人的中国人属性（关注中国的政治，与祖国共命运）和华人的非中国人属性（不关注中国的政治，与其他国共命运）；而华人的非中国属性根据东南亚诸国的历史状况，可以分解为殖民国属性、居住国属性。因此，笔者认为，正是以这两种层次的双重性为逻辑出发点，三大集团论才得以形成和成立，才成为分析东南亚华人政治活动的重要理论工具。

然而，华人二重性未能全面地揭示华人的本质属性，通过对马来西亚华人的研究，笔者增加华人国际性的概念，将华人二重性概念拓展为华人三重性。这种理论上的拓展是否成立，还有待学术前辈和同仁的指教。

（三）华人三重性的形成

第一，从个体角度看，华人经历的多国性、华人活动的多元性是华人三重性形成的根本因素。

华人经历的多国性，是指出生在中国的华人，离开中国到他国生活，有时还不止在某一个外国生活过。这种生活经历使其受到不同国家的影响和限制，从而导致三重性的形成。一般而言，个体华人其在中国生活经历的时间长短、受中国教育的时间长短与其中华性的强弱正相关；同样，个体华人在居住国生活经历的时间长短、受居住国教育的时间长短与其本地性的强弱正相关；个体华人进出中国和居住国、第三国的次数、频率亦与其国际性正相关。华人生活的多元性，是指在居住地出生的华人，其活动范围不仅涉及华人社会，而且涉及当地族群社会，乃至殖民地宗主国社会，呈现出多元性。这亦是华人三重性形成的原因。具体而言，居住国出生的华人代数与其本地性；居住地出生的华人与殖民国家的联系程度与其国际性；居住地出生的华人所处的华人社会的团结程度与其中华性。

第二，从群体角度看，华人内部构成的复杂性、多样性是华人三重性形成的内在机制。

这至少可以从如下五个方面来说明。一是出生地的多样性，主要有中国出生、居住国出生、其他国出生；二是居住国生活地的多样性，主要有城市、矿区、农村等；三是从事职业的多样性，主要有商人、企业主、工人、职员、教师、专业人士等；四是使用语言文字的多样性，主要有汉语方言、汉语普通话、英语及居住国语言等；五是受教育状况的多样性，主要有未受过教育、受过中文教育、受过英文教育等。一般而言，上述多样性与华人的三重性呈现出如表1所示的关联性。

第三，从国家环境角度看，华人活动环境的异质性、变动性及预期性是华人三重性形成的外在机制。

表1　华人构成多样性与三重性

三重性 构成	中华性较强 或削弱较慢	本地性较强 或增长较快	国际性增长
出生地	中国	居住国	其他国
生活地	农村、矿区	城市	城市
职业	农民、矿工、工人等	职员、商人 企业主等	商人、企业主 专业人士等
语言文学	汉语方言、 汉语普通话	英文、中文 普通话	英文、中文 普通话
教育状况	未受教育 中文教育	英文教育	英文教育

资料来源：笔者整理。

对马来西亚华人而言，国家环境在独立前主要有中国、马来西亚及英国，在独立后则主要有中国、马来西亚及其他国。这些国家有些是异质的，其国家发展状况亦是变动的，且不同的华人对不同国家的未来有不同的预期，这就成为华人三重性的外在影响因素。一般而言，上述国家环境与华人三重性间存在如表2所示的关联性。

表2　国家环境与华人三重性

三重性 国家	中华性增强	本地性增强	国际性增长
中国	变化大且预期好	变化小或预期差	变化小或预期差
马来西亚	变化大且预期差	变化大且预期好或变化小	变化小或预期差
英国及其他	预期差	—	预期好

资料来源：笔者整理。

二、华人三重性的内容及意义

华人三重性的内容主要体现在其活动的政治、经济和文化三个领域。华人三重性的概念对于有关华人问题的理论研究以及针对具体国家的华人研究具有一定的理论指导意义。

(一) 华人三重性的内容

华人三重性的内容可通过华人活动的三个领域,即政治、经济和文化来体现,参见表3。

表3 华人三重性的内容

领域属性	政治	经济	文化
中华性	认同中国	活动主体	中国文化
本地性	认同居住国	活动性质与范围	当地文化
国际性	参与国际政治	活动方式与范围	他国文化

资料来源:笔者整理。

在政治领域,华人中华性的主要特征是认同中国,其表现形式有:(1) 关注中国政治命运;(2) 在居住国或回中国参与中国的政党及其活动;(3) 支持中国政治组织在居住国或其他国的活动。华人本地性的主要特征是认同居住国,其表现形式有:(1) 关注居住国的政治命运;(2) 加入居住国的国籍;(3) 参加居住国的政治活动或组建以居住国政治为活动空间的政党。华人的国际性在政治领域表现甚少。

在经济领域，华人中华性的主要特征是经济活动主体的中华性，其表现形式有：（1）以血缘、地缘等基础建立的国际性社团组织；（2）以中华性为纽带的国际性经贸活动与联谊活动；（3）以中华性为基础建立的世界华商网络等。本地性主要特征是指经济活动的性质是居住国国民经济的组成部分，其活动在居住国范围内进行，其表现形式有：（1）经济活动的收益在居住国进行再投资；（2）与当地政府和其他族群合作，共同参与经济建设；（3）以自己的经济活动去实现居住国政府的经济目标。国际性主要特征是指经济活动方式与范围的国际化，其表现形式有：（1）引进外国资本和技术，在居住国进行工业化和经济建设；（2）在居住国境外从事投资、贸易活动；（3）在地区经济或全球经济中，与其他国家华人资本、外国资本合作从事跨国经营或全球经营。

在文化领域，华人的中华性主要表现是认同中国文化，本地性主要特征是吸收当地文化，而国际性则是吸收中国、居住国以及第三国文化。

（二）华人三重性概念对华人问题的解释

第一，对王赓武华人甲乙丙三大政治集团论的解释。王赓武关于海外华人的三大政治集团理论，在海内外华人研究学术界颇有影响。笔者认为，三大政治集团之所以形成，其原因就在于华人的三重性。虽然三重性与三大集团之间并非一一对应，但其中的关联性是密切的。（1）甲集团以关注中国政治，并与其保持直接或间接的联系为特征，显然是华人三重性中的中华性在政治领域的具体表现。（2）乙集团主要关心的是所在地的社区政治，常常给人以不问政治的印象。但实际上所在地的社区政治亦是居住国政治活动的基层形式，而"不问政治的印象"中的政治一词应理解为国家层次的政治，因此，这类华人在政治上的表现是本地性占主导地位。（3）丙集团被卷入非华人统治集团的政治，其成分较为复杂且不太稳定。但仔细分析起来，丙集团内部还可再划分为以居住国政治为认同对象的部分和以殖民地宗主国政治为认同对象的部分，前者是华人的本地性之体现，而后者则是华人的国际性之体现。

第二，对华人经济活动的性质的解释。关于独立前华人经济的性质，一直是学术界争论的问题。西方国家以及东南亚国家的某些学者认为，华侨经济是"殖民经济结构的组成部分"；中国学者以汪慕恒为代表，认为华人经济在战前已经成为当地民族经济的一个组成部分；还有丘立本指出，华人经济作为一种移民经济，具有双重性，即就经济实质而言是居住国经济的组成部分，而就活动的行为主体而言存在某种程度上的中华性。笔者认为，上述观点都有讨论的必要性。首先，华人经济无论是独立前还是独立后都是当地居住国经济的组成部分，后两种观点对此并无二致。笔者亦表示赞同，这是华人三重性中的本地性在经济领域的表现形式。其次，笔者注意到，汪慕恒的"当地民族经济"与丘立本的"移民所在国经济"这两个概念是不同的，前者从族群角度来谈，后者从国家角度而论。汪慕恒没有明确指出"当地民族"的具体含义，如果是指马来民族的话，那么说华侨经济是马来民族经济的组成部分恐怕难以成立；如果是指华族的话，则是说华侨经济是当地华族经济的组成部分，显然是同义反复；如果是指某个统一的民族的话，则这个统一民族在当时以至现在并未在马来西亚形成。因此，笔者认为，丘立本的"所在国经济"概念更为可取。最后，丘立本从经济活动行为主体——华人的角度认为，华人经济亦有中华性的一面，这是正确的。但是，上述论点均忽视了华人经济的国际性，而这种国际性无论在独立前还是独立后均是存在的。在独立前，华人经济中的确存在与殖民经济结合的成分（这种成分的存在及其夸大演变成为华侨经济是殖民经济结构的组成部分这种观点），否则华人的中介商地位就失去存在的根基，殖民地时代的三重经济结构也就不可能形成。如何理解这种成分的属性是问题的关键。所谓华侨经济是殖民经济结构的组成部分的观点令人难以苟同，但说华侨经济完全是所在国经济也有不妥。实际上，这正是华人经济的国际性所致。独立后华人经济的国际性不断增加，主要表现在三个方面。一是外国资本作为居住国工业化的主要力量，常常以与华人合办企业的方式进入居住国；二是华人跨国公司的形成与发展；三是现代华商国际网络的形成与发展。由此可见，运用华人三重性的概念可以较好地解答华人经济活动的性质这个争论不休的问题。

(三) 华人三重性的理论意义

第一，华人三重性概念对于有关华人问题的理论研究具有基本概念的意义。众所周知，关于海外华人的研究大多是分学科进行的，基本上停留在描述性的层次，理论层面的探讨甚少。究其原因，也许是缺少一个基本概念作为立足点，因为有立足点作用的基本概念对理论研究而言是至关重要的。华人三重性是对海外华人本质特征的一个尝试性的理论表述，它可能成为海外华人理论研究的基本概念，其原因如下。首先，海外华人既不同于中国境内的华人，也不同于其居住国的其他公民，更不同于其他国家的公民，而多数社会科学的研究是以国别为分析单位的，这类研究显然难以揭示海外华人的本质特征。相比之下，华人的三重性将华人的共性和特性融于一体，较全面地体现了海外华人的本质。其次，华人的三重性是不可分割的整体，以往的研究往往只注重华人的某一单个属性，不是从整体的角度理解华人，因而难免出现此时重视某属性而彼时重视另一属性的情况。如果从整体上把握华人的三重性，上述理论研究的逻辑结构就能够较好地建立起来。再次，华人的三重性具有不同的结构，何种属性占主导地位、何种属性单独存在、何种属性共同存在，必须视具体情况而定，这样就可以对海外华人各种活动和现象的复杂性做出较准确的掌握和理解。最后，华人的三重性在不同国家会有不同的内容及表现形式，对此进行比较研究，可以揭示不同国家华人问题的共性和个性，而这正是有关华人理论研究的重要课题。

第二，华人三重性概念对具体国家的华人研究也具有一定的理论指导意义。本文的华人三重性概念是以马来西亚华人为研究个案而提出的，而马来西亚华人所处的环境具有以下两个特点：第一是发展中国家；第二是有沦为殖民地的经历。笔者认为，凡是华人所居住的国家具有上述特点，那么华人三重性的概念就可以直接运用到对该国华人的研究中。如果华人所居住的国家不具备上述特点，那么华人三重性概念虽然不能直接运用到对该国华人的研究中，但华人三重性概念根据实际情况进行改进后，仍然可以作为一个重要的理论分析工具。

三、华人作用的理论阐释

下面笔者以马来西亚，尤其是马来西亚的现代化进程为例，借助华人三重性概念对华人的作用进行阐释。为此，我们首先要对华人三重性在马来西亚历史进程中的表现、内容与结构进行探讨，然后阐述华人三重性在马来西亚社会结构中的作用。

（一）马来西亚历史进程中华人三重性的内容及变化

华人三重性概念表明，华人是兼有中华性、本地性和国际性的群体，但这三重性既不是均等地也不是永恒不变地存在于华人群体之中，而是在居住国——马来西亚历史进程中的不同时期均有所变化，这种变化不但表现在内容与形式上，而且表现在地位与结构上。

1. 不同时期的内容及变化

针对马来西亚的情况，我们将其历史发展划分为三个时期，华人三重性在这三个时期的内容及变化情况如表4所示：

表4　马来西亚华人三重性的内容及变化

属性/时期	独立前	1957—1990年	1991年以后
中华性	政治上认同中国	企业经营的家族制度	文化寻根
本地性	加入马来西亚国籍	与当地民族合作	马来西亚族的重要成员
国际性	人员的国际流动	资本的国际合作	企业经营的全球视野

资料来源：笔者整理。

中华性在马来西亚独立前的主要内容是华人在政治上认同中国（尤其是二战前），因此华人较少参加马来西亚的政治活动（马来亚共产党的活动范围有限，且处于被压抑的状态，其作用也很有限），对马来西亚政治结构的形成作用很小。中华性在1957—1990年主要体现在华人企业的家庭（族）经营方式上，尽管这种方式在独立前早已存在，但只是在这个时期，才随着马来西亚国民经济的发展和华人经济活动的拓展而成为中华性的主要表现。中华性在1990年以后的主要表现是华人在文化上的寻根,这时的马来西亚华人绝大多数是在马来西亚出生的,与他们的前辈相比较,他们没有在中国的生活经历,中国对他们而言更多是文化意义上的,因此寻求"中华文化"的根源成为中华性的主要内容。

本地性在马来西亚独立前主要表现为华人加入当地国籍,显示了二战后马来西亚华人的重大转变,而二战前马来西亚对华人而言,只是他们生活的地方,是他们谋求经济利益的场所。本地性在1957—1990年则主要表现为华人与当地民族的合作,这种合作在政治上包括马华公会等华人政党加入联盟党和国民阵线,成为马来西亚执政党中的重要成员。在经济上,前期是由于新经济政策的影响而不得不与马来族合作,类似于"阿里合伙人制度"①;后期则基于长远发展的考虑而主动与马来族等各族群合作,追求华人在马来西亚的远期利益。在1991年之后,华人的本地性使华人成为马来西亚族的重要成员之一,华人以其族群特质,逐渐与马来西亚其他族群融入一体,共同构成马来西亚族。

国际性在马来西亚独立前主要表现在人员的国际流动方面,当时的马来西亚华人主要流动于马来西亚(包括新加坡)、东南亚其他各国、中国以及英国(许多华人上层社会的子女到英国接受教育)等,这种人员国际流动是华人国际性

---

① 阿里巴巴的企业组织制度。——编者注

的基础。正是由于华人在不同国家、地区之间的流动,才使华人的经济活动呈国际化。国际性在1957—1990年的主要表现是华人资本的国际合作,这不但包括华人资本在马来西亚当地与外国资本的合作(外国资本进入马来西亚,大多选择华人为合作对象),而且包括马来西亚华人资本与东南亚其他国家的华人资本、外国资本在马来西亚境外的合作。国际性在1990年之后的主要表现是企业经营的全球视野,目前这种表现并不明显,但华人国际网络的形成可以认为是其基础。这一现象还有待进一步观察,也许在21世纪华人的国际性会更加充分地展现出来。

2. 不同时期的地位与结构

根据上述马来西亚历史的分期,华人的三重性在不同时期具有不同的地位和结构,总体情况如表5所示。在此需要说明的是:(1)上述时期的分界点并非如此明确,在两个不同时期的分界点处往往会有一个并存、重叠的过渡时期;(2)何种属性居主导地位是从总体角度而言的,这个总体角度主要是指大多数人、大多数活动的表现,以及对历史进程的影响程度;(3)21世纪的地位只是一种推测,其主要依据是全球化的发展趋势,是否能成立,还有待时间的检验;(4)居主导地位的属性可以比较清楚地加以说明,而居中和一般地位的属性则较难以进行区分,这也许是华人三重性的结合程度紧密以及表现形式多样化所致。

表 5　华人三重性的地位与结构

时期/属性	独立前	1957—2000 年	21 世纪
主导	中华性	本地性	国际性
居中	国际性	国际性	本地性
一般	本地性	中华性	中华性

资料来源：笔者整理。

（二）华人三重性在社会结构中的作用的逻辑分析

从逻辑上看，华人的三重性在社会结构中的作用，可用表 6 加以说明。

表 6　华人三重性的相关作用

结构/属性	政治	经济	文化
中华性	负	中	中
本地性	正	正	正
国际性	中	正	负

资料来源：笔者整理。

据此，可以将华人三重性的作用大致上划分为三类。(1) 正相关，指华人该项属性的增加对华人发挥其在某种社会结构中的作用是正相关的，即属性增加导致作用加大。例如，华人的本地性对马来西亚的整个现代化社会结构（包括政治、经济、文化结构）的形成都具有促进作用，华人的国际性对马来西亚经济结构的现代化具有促进作用（马来西亚政府大多数成员并没有认清这点）。(2) 负相关，指华人该项属性的增加不利于华人在某种社会结构中发挥其作用。例如,华人的中华性不利于华人在政治结构中发挥作用,华人的国际性也不利于华人在文化结构中发挥作用。(3)中性相关,指华人该项属性的增加与华人在某个社会结构中发挥作用之间没有相关性,或者既有正相关,又有负相关。例如,中华性在经济、文化结构中,国际性在政治结构中就是这种情况。

(三)华人三重性在马来西亚现代化进程中的作用

这可以从两个方面进行讨论:一是在马来西亚殖民性社会结构解体中的作用;二是在马来西亚现代性社会结构形成中的作用。现结合上述关于马来西亚华人三重性的历史发展状况和作用的逻辑分析,对这个问题做进一步的探讨。

1. 在殖民性社会结构解体中的作用

马来西亚殖民性政治结构的解体是在二战后到独立前基本完成的,华人三重性在此过程中的作用是不相同的。华人本身的中华性以及马来人认为的中华性的作用是负面的,本地性的作用是正面的,而国际性则与其无直接的关系。

中华性在当时的表现主要是:(1)部分华人在政治上认同中国,如马来亚共产党及其拥护者与中国有较密切的关系;(2)总体而言,大多数华人处于转变阶段,华人加入马来西亚国籍是一个渐进的过程(其中政府的公民权限制是重要的因素);(3)华人参加政党的人数较少,马华公会作为华人政党,尽管被英国政府和马来民族主义者认为是代表华人社会的，但其代表性并不完全，而被华人称为"头家政党"。此外，华人本身的中华性与马来人认为的中华性之间还存在较大的差异。首先，中华性在当时是逐步减弱的，相应地本地性逐渐增强，但总体而言中华性仍居主导地位。其次，对上述客观存在，马来人没有较准确的认识，在马来人的视野里，华人的中华性强度要高于现实存在，而本地性强度要低于现实存在。这两种情形的结合导致华人的中华性较高，从而对殖民性政治结构解体产生负面作用。

本地性对殖民性政治社会结构解体的作用是积极的、主动的，即正面的。本地性主要表现为以下方面。（1）大多数华人认同马来西亚，积极参加公民权运动，加入马来西亚国籍，成为马来西亚公民，进而构成马来西亚政治活动的基础。（2）马华公会等华人政党成立，这些政党与以前的华人政党有本质上的不同，以前的华人政党或者是中国政党的海外机构（如中国国民党、民主同盟等），或者与中国同类政党保持密切的关系（如马来亚共产党），其政治活动是中国政党活动的延伸；而马华公会等华人政党是独立的，它基于马来西亚的政治需要而成立，以马来西亚为政治活动场所，根据马来西亚的国情来制定其方针和政策，从而成为马来西亚政治活动中的重要力量。

马来西亚殖民性经济结构的解体是在新经济政策时期基本完成的，在此过程中，华人三重性的作用也并不相同：中华性与其无直接的关系，而本地性与国际性对其的作用则是正面的。本地性的正面作用主要表现在：（1）华人企业积极实施马来西亚政府制定的进口替代和出口导向工业化战略，利用自身积累的资本，在马来西亚进行投资，扩大制造业的规模；（2）根据新经济政策的要求，与马来人合作，创设"阿里合伙人制度"，这不仅使华人的经济活动得到发展，而且带动了马来人开展经济活动的积极性，也即华人和马来人共同参与马来西亚的经济活动。国际性的正面作用主要表现如下：（1）在马来西亚境内，华人资本与外国资本合作，从国外引进先进的设备和技术，促进了马来西亚工业化水平的不断提高，为马来西亚工业化战略的顺利实施做出了贡献；（2）在马来西亚境外，华人资本与东南亚其他国家的华人资本和外国资本合作，从事跨国经营活动，从而带动了马来西亚当地经济的发展。①

2. 在现代性社会结构形成中的作用

马来西亚现代性政治结构的形成较为复杂，它在二战后到独立前已初步形成，在联合缔造战略实施期间基本形成，又在1993年的修宪事件中得以改进。在此以联合缔造战略为例说明华人三重性的作用，其理由在于：（1）联合缔造战略所形成的政治结构具有创新性，因为独立运动时期，仍是英国政府占据重要的地位，1993年的修宪事件是对已形成的政

---

① 有关华人的国际性活动，参见 East Asia Analystical Unit, "Overseas Chinese Business Networks in Asia," (Canberra: Department of Foreign Affairs and Trade, Australia, 1995); R. Hodder, *Merchant Princes of the East: Cultural Delusions, Economic Success and the Overseas Chinese in Southeast Asia* (Chichest: John Wiley & Sons, 1996)。

治结构加以改进；（2）华人三重性在上述三个时期的作用基本是相同的。

　　中华性在马来西亚现代性政治结构形成中的作用是负面的，但在联合缔造战略实施期间，马来西亚华人的中华性已经不占主导地位，因此，这种负面作用的表现程度较低。本地性在马来西亚现代性政治结构形成中的作用是正面的，再加上在联合缔造战略实施期间，马来西亚的本地性占据主导地位，因此，这种正面作用得以强化，主要表现如下：（1）马华公会以大局为重（尽管这不是主观愿望，但客观效果是如此），配合巫统领导的联合缔造战略的实施。如果马华公会一直抵制该项战略的话，不仅国民阵线难以形成，恐怕还会再次发生种族冲突事件。马华公会正是以牺牲自己的部分利益和地位为代价，才使得联合缔造战略顺利实施，马来西亚独特的现代性政治结构才得以形成。这表明，华人的本地性更加增加，中华性相对而言则大为减弱。（2）加入国民阵线的其他政党直接参与了联合缔造战略的实施，这亦是华人本地性的重要作用。（3）以反对党身份存在的其他政党，虽然未加入国民阵线，但其反对党地位对现代民主制度亦有重要的作用。

　　马来西亚现代性经济结构到1990年还处于形成过程之中，因此难于具体讨论华人三重性在其中的具体作用。但可以推断的是，华人的国际性将在现代性经济结构形成中发挥重要作用，这种作用主要将通过国际华商网络这个途径得以实现和加强。

3. 华人三重性决定了华人对居住国现代化的作用有其限度

从根本上来说，华人三重性的存在是一个长时期的现实。至于这个时期到底有多长，各国的情况会有所不同，但恐怕不会短于一个世纪。此外，三重性不同内容的变化并非同步。例如，政治属性会较快地减弱或增强，而文化心理属性的变化则是相当缓慢的。

这种现实的存在，还会导致居住国政府与知识界中激进人士的误解，例如，把华人对文化方面的保持和发展认为是政治方面的认同，把华人国际属性（例如到中国投资）认为是中华属性的表现，等等。如果这些误解在居住国统治阶层意识中占主导地位的话，居住国就会出现一些不利于华人的法律和政策，而这些法律和政策将成为华人在居住国现代化进程中发挥作用的"玻璃天花板"，因而决定了华人对居住国现代化的作用存在一个限度。此外，华人在政治方面与当地民族相比处于劣势，在经济和技术方面与先进工业国家相比处于劣势的双重地位，也是导致这种限度存在的重要原因。

东南亚研究与环境史研究[*]

包茂红[**]

本文将以东南亚历史研究为重点,简要梳理欧美、东南亚、东亚的东南亚研究,并在前人提出的可能发展方向基础上提出一孔之见,强调指出,实现文理交叉,推动环境史研究或许可以成为未来发展方向之一。

一、东南亚概念的谱系

东南亚这个名词不是自古以来就有的,它的出现是独特历史环境的产物。早在殖民时代,英国殖民者把自己在现今

---

[*] 原文以《国际东南亚研究的演变——以东南亚史研究为重点》为题发表于《陕西师范大学学报(哲学社会科学版)》2021年第2期。
[**] 包茂红,北京大学历史学系教授,博士生导师。

东南亚的占领地视之为英印帝国在东部的扩展，也是通向中国的海道上的重要据点，因而称为"远印度"（Further or Farther India）或"大印度"（Greater India）。① 荷兰殖民者把自己在这个区域的占领地称为"东印度"（East India），法国殖民者把自己的占领地称为"印度支那"（Indochina）。唯独在这个地区没有殖民地的德奥学者在19世纪末相继在其著作中称之为"东南亚"（Südostasien），其中的先驱和代表人物是罗伯特·冯·海涅-盖尔登（Robert von Heine-Geldern）②。在美国，虽然牧师霍华德·马尔科姆早在1839年就在波士顿出版了一本名为《游历东南亚》的书，使用了东南亚（South-Eastern Asia）这个词，③ 却是像海涅-盖尔登这样的来自德奥的学者从文化和历史上阐释了东南亚不同于印度和中国的特性，促进了东南亚概念在美国的演进。④ 显然，这一时期在欧美世界出现的东南亚概念是少数"先知先觉者"的灵光一现，并没有形成系统性论述。

第一次世界大战后，欧美学术界和军事界对这一地区的认识发生了巨大变化。一战后，英国国力下降，不得不在英

---

① Seung Woo Park, Victor T. King eds., *The Historical Construction of Southeast Asian Studies: Korea and beyond* (Singapore: Institute of Southeast Asian Studies, 2013), p. 277.

② 伯恩哈德·达姆：《美国、西欧和德国的东南亚学》，胡海燕等译，载《南亚与东南亚资料》，1982年第四辑，第8页。

③ Donald K. Emmerson, "'Southeast Asia': What's in a Name?" *Journal of Southeast Asian Studies* no. 1 (1984): 5.

④ Anthony Reid, "A Saucer Model of Southeast Asian Identity," in Amitav Acharya and Ananda Rajah (eds.), Special focus on "Reconceptualizing Southeast Asia," *Southeast Asian Journal of Social Science* 27 (1999): 9–11.

帝国实施开发计划。东南亚因为战略资源丰富而成为开发重点区域之一，英国甚至想把这一区域变成自己的内湖（British lake）。同时，对研究这一区域的官方资助增多，一些在缅甸仰光大学和海峡殖民地莱佛士学院任职的学者相继回到英国。形势的变化和在地观察和研究的经验促使这些学者跨越大陆东南亚和海岛东南亚的自然区隔，进而把这一地区作为一个与印度和中国切割的整体来看待。标志这一变化的事件是1932年在伦敦大学东方与非洲学院建立了东南亚和群岛系（Department of South East Asia and the Islands）。① 这是在欧美学术界第一次正式建制性地、明确定义了东南亚这个概念。

　　二战爆发后，东南亚地区几乎全部被日本占领。在日占区，日本法西斯主义侵略者打出的口号是"亚洲是亚洲人的亚洲"等。这些口号可以从两方面理解。一方面，它要把东南亚地区与欧洲殖民者切割；另一方面，这个地区属于本地区人。显然，日本殖民者用这些口号来为自己的侵略开脱和装饰，但对欧美殖民者来说，它们启示了另一种思路，那就是东南亚不仅是英国和其他宗主国的东南亚，还是东南亚人的东南亚。1943年，美国总统罗斯福和英国首相丘吉尔商议确定，由蒙巴顿勋爵设立了"东南亚战区司令部"（South East Asia Command）。这意味着东南亚一词正式得到官方认可，成为地缘政治上的一个单位（其中不包括由华盛顿负责的菲律

---

① Seung Woo Park, Victor T. King eds., *The Historical Construction of Southeast Asian Studies: Korea and beyond*, p. 12.

宾)。在美国,由于中华人民共和国成立和朝鲜战争爆发,再像以前那样使用"中国及其周边"的说法已不合时宜,于是,"东南亚"一词被广泛用于替代中国的"周边"。从这个意义上看,"东南亚"这个概念就是冷战的产物,是发明出来、用以支撑美国对亚洲战略的"概念装置"。① 这一重大政治和战略认识的变化不可避免地对学术研究产生根本性影响。② 此后,无论是在欧美还是亚洲都相继设立了东南亚研究计划和东南亚研究中心。③

在东亚,东南亚概念的形成却是另一番景象。早在汉代,现在的东南亚和印度在中国典籍中被称为"南海"。到了宋代,有时也把这一地区称为"南洋"。但因为这一区域面积广大,于是划分为"东南洋"和"西南洋"。到了明末清初,逐渐简称为"东洋"和"西洋"。吕宋岛、苏禄群岛、摩鲁加群岛和其他印度尼西亚东部岛屿属于东洋,而越南、暹罗等属于西洋,下南洋的航线也分为东洋针路和西洋针路两支。郑和下西洋的西洋就是指东西洋分界线以西区域,包括印度洋地区。到了清朝,南洋又成为普遍使用的名词。辛亥革命后,部分回到中国的华侨学者组建南洋研究机构,发行南洋

---

① 白石隆:《海洋帝国——如何思考亚洲》,齐珮译,上海译文出版社,2018,第149页。
② 本尼迪克特·安德森:《椰壳碗外的人生:本尼迪克特·安德森回忆录》,徐德林译,上海人民出版社,2018,第44页。
③ 1947年,耶鲁大学设立了东南亚研究计划,这是美国从多学科研究东南亚的第一个计划。1950年,康奈尔大学设立东南亚研究计划,这是美国学术界影响最大的东南亚研究计划。

研究杂志和出版南洋研究系列丛书。中华人民共和国成立后，无论是在学术研究还是在国际关系中，都采用了来自欧美世界的东南亚概念。如果说南洋是从中国中心或中国的天下观来观察现在的东南亚及其临近区域的话，那么中华人民共和国成立初期采用的东南亚概念就从主权国家和区域独立的角度来看待这一区域。从这个意义上说，虽然东南亚地区是中国唇齿相依的邻居，部分地区也深受中国文化和中国移民的影响，但从欧美世界借用的东南亚概念与中国传统的南洋概念不仅有联系，更有区别。

日本虽然在江户时代末期从中国借鉴了南洋概念，但其内涵并不相同，主要包含了现在的海岛东南亚和西南太平洋岛屿两部分，大体上体现了作为岛国的日本和作为陆地国家的中国的不同关注点。明治维新后，尤其是日俄战争和一战后，日本夺取了德国在太平洋的部分殖民地，获得了对密克罗尼西亚的托管权，并称为"内南洋"或"后南洋"，现在的海岛东南亚就被对应地称为"外南洋"或"前南洋"。[1] 内和外在一定程度上体现了从日本南进这两个区域的距离远近。1919年，日本小学和中学的地理教科书采用了欧美学术界已经使用的东南亚概念，对接的是"外南洋"或"前南洋"概念，从而强化了南进论的思想和政策，尤其是从日本南下冲绳、中国台湾和马来半岛的军事企图。[2] 自然，这个概念在战

---

[1] 藤卷正己、瀬川真平編『現代東南アジア入門』，古今書院，2003，7頁。
[2] 正田健一郎編『近代日本の東南アジア観』，アジア経済研究所，1978，第1—27頁。

后占领时期一度被禁止使用。但是,战后出于冷战的需要和寻找可以代替中国市场的目的地的考虑,日本政府在20世纪50年代初宣布与美国共同开发东南亚,在资金、技术、服务和双边关系等方面与东南亚国家全面合作。政府的宣示使东南亚概念逐渐在日本社会流行开来,并成为热点词语。学术界的响应是京都大学在1963年成立了东南亚研究中心,随后成立了日本东南亚史研究会。这说明,日本的东南亚概念经历了从战前蕴含军事企图向战后注重市场开发的转变。

总之,东南亚这个概念是欧美人的创造,是东南亚区域和其宗主国关系变化的产物,也是日本帝国主义侵略反衬的结果。东亚国家紧邻东南亚区域,双方关系历史悠久,但中日在战前都是从自己的需要来看待这个区域的,对中国来说,东南亚区域是需要教化的边缘,对日本来说,东南亚是剑锋所指之地。但是,战后国际形势的巨变使东亚国家都接受了欧美国家的东南亚概念,但也从自己的意识形态和经济战略需要出发赋予了新的内涵。因此,东南亚概念是多元的,是在不同文化和国家利益基础上的建构。

二、欧美的东南亚研究

近代以来,东南亚先后成为葡萄牙、荷兰、西班牙、英国、法国和美国的殖民地。这种历史渊源使欧美的东南亚研究独具特色。由于不同宗主国在东南亚的殖民地的位置、面积、文化等不同,加之宗主国开始研究的时间及其学术传统不同,致使欧美不同国家的东南亚研究呈现出各自的样貌。

英国和英联邦国家的东南亚研究无疑是引人注目的。二战前,在伦敦形成了以伦敦大学、伦敦政治经济学院、剑桥大学、牛津大学的相关研究机构组成的东南亚研究核心力量。1962—1963年在哈尔(Hull)大学、1978年在肯特大学建立了东南亚研究中心。1969年,英国建立了东南亚研究学会(Association of Southeast Asian Studies in the UK),在学术上团结东南亚研究学人,推动东南亚研究的发展。同时,联合欧洲其他国家的相关机构共同组织东南亚研究的学术会议和研究项目。1992年,成立了欧洲东南亚研究会(European Association of Southeast Asian Studies)。但是好景不长,英国的东南亚研究和区域研究由于缺乏资金支持而陷入低潮。1991年,肯特大学关闭了东南亚研究中心,2002—2005年,哈尔大学终止了东南亚研究计划。英国的东南亚研究形势继续衰落。不过,到2009年,英国东南亚研究会仍有100多位注册会员在从事与东南亚教学和研究相关的工作。

在英联邦的东南亚研究鼎盛时期,诞生了几部对东南亚史研究产生重要影响的著作。第一部是丹尼尔·G. E. 霍尔的《东南亚史》。在这本书里,作者力图把东南亚作为一个整体来对待,写出以东南亚人为主体的东南亚史,改变先前把东南亚史看成印度史、中国史或英国殖民史的延伸。可以说,这本书是东南亚史研究的奠基之作。但在第一版中，该书没有把菲律宾史包括在内。第二部是安东尼·瑞德的《贸易时代的东南亚》。瑞德生于新西兰，在剑桥大学获得历史学博士学位，先后在马来亚大学、澳大利亚国立大学、新加坡国立大学等工作。该书借用法国年鉴学派的分析方法，力图刻画出近代早期东南亚的整体史。它改变了先前的东南亚史研究主要集中于宫廷史的传统，转而关注农民和小商人的生活史，给从整体上看待东南亚史提供了新的内聚力和结构。但该书的结论主要建基于海岛东南亚的历史，未能有效地把大陆东南亚史整合进来。① 第三部书是尼古拉斯·塔林主编的《剑桥东南亚史》。作为著名的"剑桥史"系列丛书的一种，塔林邀集了世界著名的22位东南亚史专家共襄盛举，充分吸收已有研究成果，在1992年完成了这部集大成之作。该书采用了年鉴学派的长时段和结构分析方法，从政治、经济、社会、宗教等不同专题分析了东南亚从古至今的历史，在比较中突出了东南亚史的整体性。但是，过于突出专题研究导致无意中对历时性的忽视，造成不同专题在历史分期上的不统一甚至冲突。② 从英联邦的东南亚史研究来看，除了强调整体性研究

---

① Geoff Warde and Li Tana eds., *Anthony Reid and the Study of the Southeast Asian Past* (Singapore: Institute of Southeast Asian Studies, 2012), p. 10.

② Michael Aung-Thwin, "Book Review on *The Cambridge History of Southeast Asia*, Vol. Ⅰ," *The Journal of Asian Studies* 53, no. 2 (May 1994): 654. William H. Frederick, "Book Review on *The Cambridge History of Southeast Asia*, Vol. Ⅱ," *The Journal of Asian Studies* 53, no. 2 (May 1994): 659.

之外，还注重从不同时段和因素来建构东南亚史。

为什么英国和英联邦的东南亚研究会在战后到20世纪80年代蓬勃发展呢？关键是政府公布的两个报告起到了重要作用。第一个是1947年的斯卡伯勒报告（Scarbrough Report）。该报告是由来自多个政府部门的16位资深人士组成的"跨部门调查委员会"通过深入调查和与欧洲其他国家进行比较后完成的，提出了加强英国的东方、斯拉夫、东欧和非洲研究的对策建议。报告认为，英国现有的在这些方面的研究机构和力量既不能满足战后英国人了解这些地区的需要，也与战后国际局势的迅速变化不相适应。英国政府需要设立奖学金和研究基金，支持这些地区研究和相关人才培养；相关机构不但要提供相关地区的语言培训，还要开展其他学科的教学和研究；促进人文和社会科学的交叉融合；尤其要更加关注对这些地区现实问题的研究；增强与这些地区国家和人民的联系，向他们传递和宣传自己的研究成果。① 虽然这个报告是个整体规划，但对作为东方一部分的东南亚研究起到了重要推动作用，此后英国东南亚研究和教学机构的建立、人才培养计划的出台等都是执行这个报告的直接结果。可以说，这个报告是英国东南亚研究史上的一个里程碑。但是，由于战后经济处于恢复时期，能够给学术研究提供的资助有限，加

---

① The Earl of Scarbrough, *Report of the Interdepartmental Commission of Enquiry on Oriental, Slavonic, East European and African Studies* (London: His Majesty's Stationery Office, 1947), pp. 28-35, 69-77.

之美国的区域研究快速发展,英国的大学基金委员会成立了调查委员会,评估自斯卡伯勒报告公布以来英国的区域研究的发展情况,并在1961年5月公布了海特报告(Hayter Report)。与任何调查报告一样,海特报告先表达了对斯卡伯勒报告在促进多学科研究方面的失望,指出英国的区域研究不适应世界重心已从西欧转移的新趋势,建议设立非语言类学科,尤其是历史学、地理学、法学、经济学、人类学等其他社会科学,重点研究现实问题,另外还提出了设立大学教职、研究生奖学金、海外实地调查基金、多学科区域研究中心的具体数目。[1] 应该说,海特报告比斯卡伯勒报告更具针对性和可操作性,报告中的对策落实使英国的东南亚研究进入"黄金时代"。

正如海特报告所说,战后东南亚研究在美国快速发展,迅速超过了传统宗主国的东南亚研究。从1943年开始,美国社会科学研究理事会(Social Science Research Council)提出,必须采用跨学科的方法(整合社会科学和人文学科)对域外所有地区进行研究,以满足正在成为世界霸权的美国全面理解世界的需要,弥补对当代世界(欧洲以外)陌生的缺陷,并为对外政策制定提供知识支撑。这个构想在来自政府各部门(主要是国务院、五角大楼、中央情报局)和基金会(主要是洛克菲勒基金会和福特基金会)的资金支持下,在大学

---

[1] Sir William Hayter, *Report of the Sub-committee on Oriental, Slavonic, East European and African Studies* (London: Her Majesty's Stationery Office, 1961).

变成了现实，成立了多个区域研究中心或计划。就东南亚研究而言，从二战中到1980年之前总共建立了8个研究中心（分布在康奈尔大学、耶鲁大学、伯克利加州大学、马诺阿夏威夷大学、密西根大学、北伊利诺伊大学、俄亥俄大学、麦迪逊威斯康星大学），其中5个得到了联邦政府基金的资助。20世纪60年代，随着国际局势的变化，美国向东南亚研究提供了大量奖学金和语言课程培训资金，反战运动也进一步激发了研究和学习东南亚的兴趣，几乎所有大学都产生了开设有关东南亚课程的需求。

相较于欧洲先前的和正在开展的东南亚研究，美国的东南亚研究呈现出独特性。新设立的机构都有若干个正式的教授席位，附设图书馆、语言培训课程、田野调查基金等基础设施。研究者不再是具有殖民管理经历的研究者，而是接受了或正在接受正规大学和研究生教育的、以求知为己任的教授和研究生。受美国政府需要和缺乏历史档案资料的客观基础的影响，美国的东南亚研究注重研究当代问题，介入的学科主要是社会科学，如政治学、经济学、人类学和现代史，对文学和艺术、考古等几乎不感兴趣。学生的培养和教授的研究都贯彻了在地化、跨学科和跨国家的原则。在康奈尔大学东南亚研究中心，每个研究生和教授都必须学习所研究国家的语言，甚至所研究国家的地方方言，都要去当地做持续的实地调查。每个研究生在学期间都要参加至少两个"对象国研讨班"，每个年轻教授不但要讲授自己研究国家的专题课,还要讲授自己学科的基础课。通过落实这些规定,使学生和教授学会自觉使用跨学科和比较研究方法,进而形成对东南亚地区及其不同国家和专题的整体认识。另外,大量邀请研究对象国的学者和政要到美国讲学,同时大量招收来自东南亚的研究生,给学者们创造近距离观察和理解东南亚学者及其学术的机会。经过多年的密切交流和相互砥砺,康奈尔东南亚研究中心逐渐形成了内聚力很强的学术共同体,被戏称为"康奈尔小集团"(Cornell Mafia)。①

与欧洲东南亚研究注重档案资料和基础理论醇厚相比,美国的东南亚研究显现出学科交叉渗透和活跃创新的特点。20世纪60年代初,哈里·奔达和约翰·斯迈尔分别发表论文,倡议撰写既不同于殖民史学又区别于民族主义史学的东南亚自主史学(Autonomous history)。② 它从分析地方资料出发,发掘东南亚人的历史创造性,在此基础上形成更具客观性和普遍性的东南亚史。在此框架下,新概念、新视角、新观点层出不穷。例如,斯金纳影响深远的"泰国华人同化论",戈尔茨的"农业内卷化"和"剧场国家"理论,斯考

---

① 本尼迪克特·安德森:《椰壳碗外的人生:本尼迪克特·安德森回忆录》,徐德林译,上海人民出版社,2018,第44—57页。在伯克利也形成了类似的小团体,戏称"伯克利小集团"(Berkeley Mafia)。在普林斯顿的高等研究院,也形成了类似的学科交叉与当代问题研究结合的机制,从而激发创新活力和形成更大影响力。克利福德·戈尔茨:《追寻事实:两个国家、四个十年、一位人类学家》,林经纬译,北京大学出版社,2011,第142页。

② Harry Benda, "The Structure of Southeast Asian History: Some Preliminary Observations," *Journal of Southeast Asian History* 3 (1962); John R. W. Smail, "On the Possibility of an Autonomous History of Modern Southeast Asian History," *Journal of Southeast Asian Studies* 2 (1961).

特的"理解农村抗议运动的道德和理性视角",安德森的"想象的共同体"理论,安达亚的"中心/边缘分析模式",等等。这些令人眼花缭乱的新理论在一定程度上反映了历史解释的"文化转向",或者说可能在一定程度上受到了戈尔茨等人类学家的"文化阐释"理论的深刻影响。①

但是,随着冷战缓和以及最终结束,欧美的东南亚研究至少从表面上看都不像以前那么繁荣,部分研究中心被关闭,教授席位缩编,资助大幅度减少。随着全球化的深入发展,区域研究的概念基础和有效性都受到质疑,区域研究难以适应把西方世界和非西方世界整合、进而生产综合性知识的时代需要。广泛的质疑造成了一个普遍的共识,就是欧美的区域研究处于"危机"状态。② 然而,如前所述,推动东南亚研究兴旺的因素不仅是时代需要,还有探索和理解未知世界的知识创新冲动。换句话说,虽然时代需求发生了变化,但求知东南亚的冲动并未根本改观。基于探求和传播知识的核心理念,尽管区域研究的时代背景和制度模式正在重塑,但作为我们学会如何去观察、思考和生存于这个世界的研究领域,区域研究依然至关重要。东南亚研究也不例外。③

---

① 尼古拉斯·塔林主编《剑桥东南亚史》第1卷,贺圣达等译,云南人民出版社,2003,第29页。

② Goh Beng-Lan (ed.), *Decentering and Diversifying Southeast Asian Studies, Perspectives from the Region* (Singapore: Institute of Southeast Asian Studies, 2011), p. 1.

③ Cynthia Chou and Vincent Houben (eds.), *Southeast Asian Studies: Debates and New Directions* (The Netherlands: International Institute for Asian Studies and Singapore: Institute of Southeast Asian Studies, 2006), p. 19.

学术展示篇

三、东南亚的东南亚研究

如前所述,东南亚这个概念是欧美的创造,东南亚虽然是东南亚研究的后来者,但不是缺席者。早在殖民时代,宗主国就在殖民地设立了研究机构,出版学术刊物。在法属印度支那,1898 年在西贡设立了"法国远东研究所"(l'École Française d'Extrême-Orient),1901 年迁到河内,编辑出版《法国远东研究所简报》(Le Bulletin de l'École Française d'Extrême-Orient)。1878 年,"大不列颠和爱尔兰皇家亚洲学会"在新加坡出版了《皇家亚洲学会海峡分部杂志》(Journal of the Straits Branch of the Royal Asiatic Society),1923 年改为马来分部。1904 年,英国成立"暹罗学会",出版《暹罗学会杂志》(Journal of the Siam Society)。1910 年 3 月 29 日,英国在缅甸成立"缅甸研究会"(Burma Research Society),翌年出版《缅甸研究会杂志》(Journal of the Burma Research Society)。这些机构和杂志虽是殖民者所办,但为未来独立的东南亚国家的东南亚研究打下了基础。

东南亚国家独立后,殖民时代的大学、科研机构和期刊相继民族主义化。在宗主国的大学获得博士学位的东南亚人相继回到祖国的大学任职。例如,王赓武从英国伦敦大学学成归国,主政马来亚大学历史学系,招募了在剑桥大学获得博士学位的安东尼·瑞德教授近代早期东南亚史。讲授这门全新的课程为他以后的科研选定了主攻方向和选题。① 在设立作为整体的东南亚课程之外，还建立了新的东南亚研究机构。例如，马来亚大学在20世纪70年代设立了多学科参与的东南亚研究项目，泰国、文莱、印尼也在大学相继设立了东南亚研究机构。有趣的是，越南1973年在其社科院创立了东南亚研究所。与本地区其他国家的东南亚研究有所不同，越南强调在反帝、反封建和反新殖民主义的社会主义理论框架下研究东南亚国家内外的发展战略，同时把越南置于东南亚区域内研究，进而使东南亚研究本地化和民族化（Localizing and Indigenizing Southeast Asian Studies）。1986年实行革新政策后，越南的东南亚研究进一步发展，1996年成立了"越南东南亚研究会"，注册会员超过2500人。本时期东南亚国家的东南亚研究之所以有较快发展，除了大部分东南亚国家经济有较快发展，为开展学术研究提供了条件之外，寻求区域认同也是一个重要动力。另外，东盟在1976年的《曼谷宣言》中提出要"促进本地区东南亚研究发展"，倡议和推动了东南亚研究的本地化。2015年，东盟宣布即将在年底建成以政治安全共同体、经济共同体和社会文化共同体三大支柱为基础的东盟共同体，发布了愿景文件《东盟2025：携手前行》。这个行动对东盟国家内部的东南亚研究产生了重大影响。本人在当

---

① Geoff Warde and Li Tana (eds.), *Anthony Reid and the Study of the Southeast Asian Past*, p. 7.

年访问马尼拉雅典耀大学与其社会科学学院院长交谈时,深刻感受到他们希望在共同体框架内改造其教学和研究体系的迫切愿望。后来的发展也证明,东盟共同体建设把本地区的东南亚研究推向了新高潮。

在东南亚地区,新加坡的东南亚研究具有世界影响。1960年,在新加坡的马来亚大学历史学系创办了《东南亚史杂志》(Journal of Southeast Asian History),为发表从本土出发研究东南亚历史的成果提供了学术平台。1961年,在国际亚洲历史学家联合会(International Association of Historians of Asia)的支持下,新加坡组织召开了第一届国际东南亚历史学家大会(First International Conference of Southeast Asian Historians)。这两个重要事件标志着新加坡试图成为具有世界影响的东南亚研究中心。[①] 1962年,在新加坡的马来亚大学改名为新加坡国立大学,1963年创立了东南亚研究中心(Center for Southeast Asian Studies),旨在整合不同学科,推动对东南亚进行多学科研究,培养从交叉学科研究东南亚的研究生。1968年,该研究中心获得编制,获得稳定资金支持,升级为东南亚研究所(Institute of Southeast Asian Studies),《东南亚史杂志》也在1970年更名为《东南亚研究杂志》(The Journal of Southeast Asian Studies),以体现交叉学科研究的特色。新加坡的东南亚研究呈现出作为东西方交通要冲的地域和学术特

[①] Seung Woo Park, Victor T. King (eds.), *The Historical Construction of Southeast Asian Studies: Korea and beyond*, p.174.

点。东南亚研究所的所长和教授都是从世界各地择优聘请，在杂志上发表论文的作者大多来源于新加坡之外，其学术影响也完全超出了新加坡和东南亚。值得特别指出的是，在欧美东南亚研究陆续萎缩的时候，新加坡国立大学从事东南亚研究的专家人数持续上升并保持高位。1993年是80人，1997年是112人，2009年是107人。可以毫不夸张地说，新加坡的东南亚研究所是世界和东南亚区域的核心研究机构之一，新加坡的东南亚研究无疑具有世界级的学术影响。

东南亚国家的东南亚历史研究经历了两个阶段。第一阶段是民族主义史学，第二阶段是全球化时代更为自主的史学。独立后，东南亚国家的历史学家逐渐摆脱了他们的老师的殖民史学和所谓"自主的东南亚史学"的影响，探索以东南亚人为主体的东南亚史学，意在彰显东南亚人的历史能动性和创造力。例如，缅甸历史学家貌丁昂（Maung Htin Aung）、泰国历史学家禅威·格塞希利（Charnvit Kasetsiri）、马来西亚历史学家赛义德·侯赛因·阿拉塔斯（Syed Hussein Alatas）、菲律宾历史学家提奥多罗·阿贡西留（Teodoro Agoncillo）等。他们的历史研究具有强烈的反殖民主义、反帝国主义、反战色彩，表现出强烈的、从本民族出发、修正西方学者已经建构的东南亚历史的企图和行动。他们都深度参与本国政治，在一定程度上发挥了民族主义公共知识分子的作用。但是，他们的历史研究几乎都遭到西方学者诟病，认为至少不是严肃、科学的历史研究，他们甚至被认为是文创历史学家

(literary historian)。貌丁昂的老师、《东南亚史》的作者丹尼尔·G. E. 霍尔曾直言貌丁昂是"糟糕的缅甸民族主义学者"(bad Burmese nationalist scholarship),并警告自己的学生不要学习貌丁昂,因为他接受的是文学创作训练,而不是科学历史研究训练。① 作为霍尔的学生,奥利佛·佛霍沃尔特斯在1967年也警告刚入学的博士生里纳尔多·伊莱托不要向自己祖国的当红历史学家阿贡西留学习,"你将来不要像他那样写历史,因为他是和貌丁昂一样糟糕的历史学家"。② 美国历史学家格兰·梅也批评阿贡西留在历史著述中存在不严谨、不客观,甚至以论代史的问题。③ 显然,东南亚国家民族主义史学家和前宗主国历史学家的争议不仅是学术规范之争,也是两个阵营争夺话语权的复杂斗争。

东南亚国家第二代历史学家的自主意识和全球意识更强,他们寻求在研究东南亚自己历史的基础上重塑世界历史,或者是把东南亚融入世界的新历史。欧美的东南亚研究尽管试图从殖民主义立场转变为东南亚的自主历史,但是塑造东南

---

① 这两个例子都来自里纳尔多·伊莱托(Reynaldo C. Ileto)教授于2013年10月底在北京大学历史学系的讲座,题目是"Teaching Southeast Asian History: Stories about the 'Good' and the 'Bad' in my Field of Study"。

② Reynaldo C. Ileto, "Reflections on Agoncillo's *The Revolt of the masses* and the politics of history," *Southeast Asian Studies* 49, no. 3 (December 2011): 498. Reynaldo C. Ileto, *Knowledge and Pacification: On the U. S. Conquest and the Writing of Philippine History* (Ateneo de Manila University Press, 2017), p. 151.

③ 包茂红:《菲律宾历史研究中的殖民史学、民族主义史学和后殖民主义史学》,载包茂红、李一平、薄文泽主编《东南亚历史文化研究论文集》,厦门大学出版社,2014,第635-636页。

亚区域研究的概念基础和学科规范仍然是欧美的,是从欧美历史研究中总结出来的。换句话说,与先前批判、反思欧美东南亚研究中的东方主义和欧美中心论不同,第二代东南亚的学者对欧美关于东南亚的知识生产的学科基础进行否思(unthinking),同时希望能从本地区的制度环境中寻找独特的学科和认识潜力,进而克服欧美区域研究中出现的危机,为东南亚研究注入新的活力。这种否思不是通过突破"欧美中心论"走向从东南亚出发的"亚洲中心论",也不是改变从外部观察东南亚走向从内部观察东南亚,更不是从殖民主义视角走向民族主义视角,而是通过将地方经验理论化、突破传统学科分野以及关注移民史等具有全球意义的主题来达到东南亚研究去中心化、流动化和多元化的目标,最终实现知识生产的转型。[①]

四、东亚的东南亚研究

日本虽然没有与东南亚接壤,但对东南亚的兴趣不输欧美宗主国。中国与东南亚是紧邻,东南亚历史上的许多王国曾经是中国的朝贡国,在中国正史和民间记载中有不少关于东南亚的史地信息。因此,就正式的东南亚研究而言,无论

---

① Goh Beng-Lan (ed.), "Decentering and Diversifying Southeast Asian Studies," *Perspectives from the Region*, pp. 1-44.

是日本还是中国都是从汉学传统出发，着重考证汉籍中的东南亚地名和史迹。在中国有向达、冯承钧、张星琅等学者，他们的研究在一定程度上有提振民族自豪感的考虑。① 在日本有藤田丰八等从东洋史视角出发研究东西关系史和南海史。他们的研究在一定程度上、在客观上起到了为南进探路的作用。

两次世界大战之间，中日的东南亚研究开始脱离汉学的研究路径，逐渐走上不同道路。在中国，由于受到列强侵略以及因应民族解放和抗战的需要，中国革命者关注东南亚革命形势和支持中国革命和抗战的华侨华人，上海的暨南大学在1928年组建了"南洋文化事业部"，对中国与东南亚关系史和东南亚展开有计划的研究。1942年，由侨居新加坡的华人学者创立的"中国南洋学会"迁到重庆，继续从事华侨史和南洋研究与宣传工作。这两个机构对中国的东南亚研究走向现代起到了架桥铺路的作用。② 同样是1928年，日本在殖民中国台湾时期的"台北帝国大学"建立了南洋史学系，意在向南洋传播日本文化。系主任岩生成一主要研究南洋的日本人社区。台北成为日本研究南洋的桥头堡。在日本，东京帝国大学、广岛教育大学、庆应大学也有学者开展东南亚研究，并相继形成了"南部史研究会""南满洲铁道株式会社东

---

① Bao Maohong, "Southeast Asian Studies in Peking University," *Asian Studies: Journal of Critical Perspectives on Asia* 49, no. 2 (July 2013): 155.
② 北京大学东南亚学研究中心编《中国东南亚学研究：动态与发展趋势》，香港社会科学出版有限公司，2007，第34-35页。

亚经济调查局""太平洋问题调查会""印度支那研究会"等机构。显然，这时的日本东南亚研究具有明显的为掠夺资源和即将开始的侵略战争服务的特点。

二战后，尤其是中华人民共和国成立后，受冷战意识形态的深刻影响，中日的东南亚研究进一步分化。从1949年到1978年，中国的东南亚研究在支持民族解放运动和第三世界发展的政治气氛影响下，迅速发展，尤其是在与南洋具有历史联系的东南沿海和比邻东南亚的西南地区的高校和社科院，纷纷建立研究东南亚的学术机构，出版学术刊物，翻译和编写著作。日本在美国安排的战后亚太秩序中给予东南亚以足够重视，同时视东南亚为其实施经济外交政策的重要基地，尤其是在"福田主义"发表之后，东南亚在日本外交中的重要地位更加凸显出来。1958年，亚洲经济研究所成立，后并入日本贸易振兴机构。1965年，京都大学成立东南亚研究中心，后升级为东南亚研究所。该中心成立时，得到了福特基金会的资助，在学术基础上，既立足于京都学派的传统，又借鉴了美国区域研究的模式，最终形成在注重语言能力和实地研究（在曼谷和雅加达设立了办事处，为学术研究和交流提供全面服务）基础上，从融和了生态学、农学、地理学、医学、政治学、人类学、历史学、宗教学等文理综合的方法论开展对东南亚的整体研究的特色。① 1966年，在原来的"南部史研究会"基础上组建了"日本东南亚史学会"，出版会刊，从1971年开始编辑出版学术杂志《东南亚：历史与文化》。后来，"日本东南亚史学会"扩容，改名为"日本东南亚学会"，下设关西例会和关东例会，另外还建立了"日本马来西亚学会""日本印度尼西亚学会""日本柬埔寨学会"等国别研究会，"日本东南亚社会与文化研究会"和"日本东南亚论坛"等专题研究平台。日本的东南亚研究无论从学者数量、参与学科类别，还是学术组织机构和发表园地建设等方面来看，显示出蓬勃发展的气势。

1978年后，中国实行改革开放，一方面学术上与国际交流增多，另一方面引进外资需要海外华侨的帮助。于是，中国的东南亚研究发生了两个重大变化：一是华侨华人研究得到异常重视，二是对东南亚的经济研究增多。从体制变化来看，不少大学的东南亚研究机构纷纷改为国际关系学院。相关学术刊物虽然没有改名，但大都改版，增加国家关系和经

---

① 早在1959年，京都大学的学者就组织了每月一期的东南亚文化与社会研讨班。1961年组成设立正式研究机构筹委会，其中包括绝大部分西方研究机构忽略的、来自自然科学系的专家。1963年成立了虚体的东南亚研究中心，协调京都大学的东南亚研究。1965年中心获得4个正式编制，成为实体研究机构。这是日本大学中成立的第一家研究东南亚的正式机构。Center for Southeast Asian Studies ed., *From Southeast Asia to the World: CSEAS 50th Anniversary* (Kyoto University, 2015), p. 9。

济研究的内容,压缩历史学、文学等内容。① 进入21世纪后,中国教育部推动在大学建设重点研究基地和备案基地,目的是打造新型智库,进一步强化中国东南亚研究已经形成的国际关系化的倾向,短期的考察和学术交流增多,呈现出遍地开花、百花争艳的繁荣景象。

就东南亚史研究而言,以梁志明教授为首的课题组出版了系列东南亚史著作。② 梁教授长期从事世界现当代史教学研究,还主持了"殖民主义史(东南亚卷)"和"东亚现代化进程"等重要研究项目,同时专攻越南史。因此,他的东南亚史研究视野广阔,点面结合,持论公允,在东南亚基础研究方面做出了独特贡献。与此同时,日本的东南亚研究扎实稳步推进。就东南亚在历史上的重要性而言,甚至提出了近代文明或资本主义是从海洋亚洲发端的观点。③ 就东南亚史研究而言,出版了由池端雪浦等总主编的十卷本《岩波讲座东

---

① 关于中国东南亚研究的发展和取得的巨大成就,在世纪之交已经召开过多次学术研讨会进行总结,出版了多部学术论文集,在此不再赘述。参看黄朝翰主编《中国的东南亚研究:成就与挑战》,世界知识出版社,2007。北京大学东南亚学研究中心编《中国东南亚学研究:动态与发展趋势》,香港社会科学出版社有限公司,2007。

② 梁志明等主编《东南亚古代史》,北京大学出版社,2013。梁英明、梁志明:《东南亚近现代史》(上、下),昆仑出版社,2005。

③ 川胜平太:《文明的海洋史观》,刘军等译,上海文艺出版社,2014,第132-146页。川勝平太『資本主義は海洋アジアから』,日本経済新聞出版社,2012。

南亚史》。① 就学术范式转换而言，如果以京都大学的东南亚研究所为例，大体上经历了三个范式、两次转型。第一个范式是1965—1988年进行的联合研究（Joint Studies），主要是联合不同学科的学者对重点研究地区进行多学科研究，在积累资料的同时，试图提出自己的观点。第二个范式是1988—2004年进行的综合的区域研究（Integrated Area Studies），重在发现东南亚作为一个区域整体的同一性。② 第三个范式是从2004年开始进行的多层面、全球的区域研究（Multi-lateral and global area studies），是通过把东南亚置于全球化进程中研究

---

① 这十卷分别是：别卷：早瀬晋三桃木至朗编集协力『東南アジア史研究案内』，岩波書店，2003。第1卷：山本達郎責任編集、桜井由躬雄［ほか執筆］，『原史東南アジア世界』，岩波書店，2001。第2卷：石澤良昭責任編集，『東南アジア古代国家の成立と展開』，岩波書店，2001。第3卷：石井米雄責任編集『東南アジア近世の成立』，岩波書店，2001。第4卷：桜井由躬雄責任編集，『東南アジア近世国家群の展開』，岩波書店，2001。第5卷：斎藤照子責任編集『東南アジア世界の再編』，岩波書店，2001。第6卷：加納啓良責任編集『植民地経済の繁栄と凋落』，岩波書店，2001。第7卷：池端雪浦責任編集，『植民地抵抗運動とナショナリズムの展開』，岩波書店，2002。第8卷：後藤乾一責任編集『国民国家形成の時代』，岩波書店，2002。第9卷：末廣昭責任編集『「開発」の時代と「模索」の時代』，岩波書店，2002。
② 综合的区域研究主要探讨区域认同形成的理论、区域开发的内部理论、区域内部联系的理论等。主要研究成果包括：矢野暢編，『地域研究の手法』，弘文堂，1993。矢野暢編『地域研究のフロンティア』，弘文堂，1993。立本成文『地域研究の問題と方法——社会文化生態力学の試み』，京都大学学術出版会，1996。高谷好一編『地域間研究の試み（上）——世界の中で地域をとらえる』，京都大学学術出版会，1999。高谷好一編，『地域間研究の試み（下）——世界の中で地域をとらえる』，京都大学学術出版会，1999。坪内良博編『総合的地域研究を求めて——東南アジア像を手がかりに』，京都大学学術出版会，1999。坪内良博『地域形成の論理』，京都大学学術出版会，2000。

它与世界的不同层面的联系和影响。①

与此同时,京都大学设立了"亚非区域研究学院",授予相关学位。东南亚研究所的队伍国际化,来自东南亚国家的科研人员占到了一定比例。研究成果也用多语种发表,包括日语、英语和对象国语言,有自己享有世界声誉的学术杂志和系列丛书。特别值得指出的是,作为大学的教学科研机构,它主要进行中长期的研究,为国家战略制订提供基础理论支撑。而短期的、应急的对策研究主要由政府各部委的研究机构提出,因为他们掌握的情报更新速度快,来源更直接,对政府的需求也更了解,有条件提出应急对策。

正是在欧美的东南亚研究陷入危机和亚洲的东南亚研究欣欣向荣之时,由东京大学东南亚研究所、中国台湾地区"中研院"东南亚研究计划、泰国朱拉隆功大学亚洲研究所、新加坡国立大学东南亚研究所和南洋理工大学社会科学学院共同发起,于2015年在京都成立了"亚洲东南亚研究机构联盟"(Consortium for Southeast Asian Studies in Asia),并在京都

---

① 全球区域研究主要是在地球圈、生命圈和人类圈的三层框架下探讨东南亚与其它热带地区的可持续发展问题。主要研究成果包括:講座生存基盤論(第1卷):杉原薫、脇村孝平、藤田幸一、田辺明生编『歴史のなかの熱帯生存圏——温帯パラダイムを超えて』,京都大学学術出版会,2012。講座生存基盤論(第2卷):柳澤雅之、河野泰之、甲山治、神崎護编『地球圏・生命圏の潜在力——熱帯地域社会の生存基盤』,京都大学学術出版会,2012。講座生存基盤論(第3卷):速水洋子、西真如、木村周平『人間圏の再構築——熱帯社会の潜在力』,京都大学学術出版会,2012。講座生存基盤論(第4卷):川井秀一、水野広祐、藤田素子编『熱帯バイオマス社会の再生——インドネシアの泥炭湿地から』,京都大学学術出版会,2012。講座生存基盤論(第5卷):佐藤孝宏、和田泰三、杉原薫、峯陽一编『生存基盤指数——人間開発指数を超えて』,京都大学学術出版会,2012。

国际会议中心举行了主题为"亚洲的东南亚研究"规模宏大的学术研讨会。第二届学术讨论会在曼谷举行,主题是"多样性中的统一性:不合常规的东南亚",第三届在中国台北举行,主题是"变革和抵抗:东南亚未来的发展方向"。① 虽然这个机构是亚洲的,但参加会议的学者却来自全世界。这说明,东亚和东南亚正在成为世界东南亚研究的中心,或许还可以说,国际东南亚研究的重心正在向东亚和东南亚转移。

五、环境史研究与东南亚研究

作为知识生产的东南亚研究未来会向什么方向发展?这是所有关注东南亚研究的学者都在思考的问题。虽然在世纪之交不同学者和机构都对东南亚研究的学术史进行了梳理,也提出了一些需要加强或探索的领域,但是从世界学术发展的大趋势和亚洲的东南亚研究经验两方面来看,东南亚研究需要进行文理交叉的研究,而环境史研究正是一个实现文理交叉的抓手。需要特别说明的是,这只是我自己的认识。如

---

① 三次会议的情况可参考:SEASIA 2015 Conference "Southeast Asian Studies in Asia" (Kyoto, Japan, December 12 – 13, 2015), "https://seasia-consortium.org/conference-2015/about-seasia-2015/" https://seasia-consortium.org/conference-2015/; SEASIA 2017Conference "Unity in Diversity: Transgressive Southeast Asia" (Bangkok, Thailand, 16–17 December, 2015). "http://www.seasia2017.arts.chula.ac.th/" http://www.seasia2017.arts.chula.ac.th/; SEASIA 2019 Conference "Change and Resistance: Future Directions of Southeast Asia" (Taipei, Taiwan, December 5–7, 2019). "http://www.seasiaconsortium.org/seasia-2019/" http://www.seasiaconsortium.org/seasia-2019/。

果能够引起对这个问题的进一步思考，于愿足矣。

众所周知，当今科学正朝着两个趋势发展：一是跨越学科边界，进行整合研究；二是学科内部分化出更加细微的新研究领域和分支学科。这两个趋势看着貌似相反，其实都在尝试进行学科交叉，只是着力点的规模不同而已。自然科学因为存在概念的先后次序和现象的还原而易于合作，而人文和社会科学虽然没有类似机制但都有兼并主义倾向，从而使各学科成为可以互相沟通的开放学科。环境就是横跨自然科学、人文科学和社会科学的研究领域，环境史就是跨越不同学科，联通过去与未来的桥梁和纽带。

区域研究的一个基本目标是从整体上把握区域的多样性和同一性，把握区域与外部世界或全球的联系与互动。但是，在现有学科的行政和学术分野框架下，就区域的某个专题可以进行学科内的深入研究，形成深刻的知识生产，但是显而易见，也会造成只见树木不见森林的弊端，导致"瞎子摸象"式的后果。在现有社会科学和人文科学中，人只是社会的人，忽略了他的生物性，环境或自然最多只是人类历史上演的舞台或背景，人与环境的互动并未能得到重视和展示，从而导致自然科学和人文社会科学之间横亘着难以跨越的鸿沟，影响对区域的整体认识。如前所述，欧美的东南亚研究表现出对整体史的追求，但并没有像年鉴学派那样重视地理环境在长时段发挥的结构性作用，尽管在年鉴学派的认识中环境（Milieu）是静止不变的。相反，日本的东南亚研究融合文理的独特路径不但有助于从整体认识东南亚，而且表现出新优势。这在一定程度上为它的东南亚研究异军突起奠定了基础并发挥出示范效应。两相对比，似乎在某些方面或一定程度上昭示出未来东南亚研究的发展走向。

环境史研究历史上人及其社会与环境的互动关系。环境史作为一种新的思维方式，在承认环境具有历史能动性的前提下，通过与人及其社会的相互作用而形成一种"超级史"（superhistory）。这种超级史不但包括传统史学中缺乏的人与环境相互作用部分，更重要的是通过与环境联系而重新构建新型的人与人的关系和人与心灵的关系，最终形成新型的历史。另外，与传统史学重视文字资料、考古资料、口述资料等不同，超级史在使用这些资料的同时，也注重自然科学发展的新成果和新方法，以及采用自然科学方法而获得的历史资料。从这个意义上说，这种超级史是自然科学化的历史，是把自然科学、人文和社会科学融为一体，进而把自然规律与社会规律统一的新历史。[1]

东南亚环境史研究虽然起步较晚，但已经开展起来了。[2] 然而，现在的东南亚环境史研究更多地停留在狭义环境史的

---

[1] John McNeill, "Historians, Superhistory, and Climate Change," In Arne Jarrick, Janken Myrdal and Maria W. Bondesson (eds.), *Methods in World History* (Nordic Academic Press, 2016), pp. 19–43.

[2] 参见《东南亚环境史研究》和《彼得·布姆加德谈东南亚环境史研究》，载包茂红：《环境史学的起源和发展》，北京大学出版社，2012，第127—136页，第333—340页；東南アジア史学会40周年記念事業委員会編『東南アジア史研究の展開』，山川出版社，2009，156—171頁。

层面上，就是弥补了先前研究中缺乏的、人与环境相互作用的部分。从广义环境史来看，东南亚环境史研究还有很多工作要做，还有很长路要走，东南亚研究要形成超级史依然任重道远。

第一，东南亚研究机构和从业人员要有意识地从人员配置、课题设计、成果形成和发布等方面考虑学科分布的平衡和全面，改变目前重视社会科学、轻视人文学科、缺位自然科学的失衡结构。这就需要对不同学科持有开放和尊重的心态，对不同的研究成果抱有包容的胸襟。其前提是对自己学科的弱点和局限性要有清醒认识，同时具有通过吸收其他学科的长处来生产新知识的气度和能力。

第二，用问题意识引导能把区域研究及其内外关联整合起来的整体研究。区域研究的目的是加深认识和指导实践。深化认识有两条路径：一条是现在常用的、从不同学科出发进行具体研究；另一条就是现在不常用的、对关键问题进行集体攻关。京都大学东南亚研究所的两次学术范式转型其实就是利用大项目推动完成的。综合地球环境研究所的大项目不但具有研究问题的功能，还承担着为高校输送具有从事交叉学科研究能力的青年学者的任务。当然，这些具有重大学术价值和现实意义的问题的提出是集体智慧的结晶，是通过对国际学术史的认真梳理和对现实世界变化的深刻洞察而得出的，研究工作也是由具有国际学术声誉的著名学者来支持完成的，其学术成果也具有突破性和创新性。[①]

第三，站在全球高度上理解作为独特整体的东南亚。在地球村意识日益高涨的时代，作为认识主体的学者都应该具备三种认同和三种关怀，分别是自己的国家、所研究的区域和地球，并且要在这三者之间达到统一。没有地球关怀的区域研究是孤立的、碎片化的，没有自己国家的视角也是不可能的，但只有自己国家的视角而没有所研究区域的内部视角也是外在的。这就需要在所研究区域建立学术工作站，从事连续的、长期的、实地的跟踪观察和研究。在这个过程中形成一支国际化的、多学科的研究队伍，生产出对全球、所研究区域以及自己国家都有益的研究成果，进而增进三者之间的相互理解和互助。

简单的结语

区域和国别研究在中国方兴未艾，但这不是在平地上起

[①] 促成京都大学东南亚研究所的研究范式转型的项目分别是：1993—1996 年实施的"通向全球区域研究的综合路径：探寻区域和世界和谐关系的范式"（Toward an integrated approach to global area studies: in search of a paradigm for a harmonized relationship between the world and its area），和 2007—2011 年实施的"探寻亚非可持续的人类圈"（In search of sustainable humanosphere in Asia and Africa）。综合地球环境学研究所以"人类与环境的关系应该怎么样"为根本问题导向，通过组织各种为期五年的研究项目来探索相关的概念、理论和机制。另外，根据相关规定，各课题组必须由不同学科的专家组成，而且专家来源必须国际化。https://www.chikyu.ac.jp/rihn_e/about.html。

高楼。就东南亚研究而言,欧美国家率先启动,经历繁荣之后进入调整时期,气势不再。东亚和东南亚地区的东南亚研究发展良好,似乎展现出"风景这边独好"的优势。之所以形成这种此消彼长的景观,原因很多,包括冷战结束、欧美学术研究中存在的"欧美中心论"和"东方主义"等固有弊端、西方工业化国家对域外研究投入减少等,但其中还有一个似乎没有得到重视的原因,那就是学科分野造成东南亚研究不适合地球村时代的需要。战后日本的东南亚研究从一开始就注重文理交叉研究,走出了一条既借鉴欧美区域研究模式又建基于自己学术传统的独特道路。这从侧面说明了对东南亚区域进行整体研究的必要性和可行性。在众多需要改进和探索的领域中,环境史研究能够为东南亚区域研究提供新的思维和路径,以此为指导,在一定程度上可以建构出超级的东南亚研究。或许这样的知识生产经验和构想会对中国的东南亚研究的发展有所启发。

冷战时期日本与东南亚国家
关系的确立与发展

陈奉林*

冷战时期日本与东南亚国家的关系,经历了由相互隔绝到修复关系、发展关系的历史性转变。日本与东南亚关系既受当时国际冷战总体形势制约,也为日本国家利益所支配,有学者指出:"成为战后日本回归亚洲重要契机的,一个是赔偿,另一个是冷战。"① 由于海外殖民地的丧失,以及东西方两大对立阵营的影响,日本与中国大陆政治、经济联系甚少。因此,找到国外市场已经成为战后吉田茂政府的当务之急。1953 年,吉田茂政府提出过"东南亚开发构想",为日本战

---

* 陈奉林,1989—1992 年在北京大学历史学系攻读硕士学位,研究方向是东南亚近现代史;1999—2002 年在北京大学历史学系攻读博士学位,研究方向是东北亚史,现为北京师范大学历史学院教授,博士生导师,研究方向为日本史、东亚史和东方外交史。

① 波多野澄雄、佐藤晋:《现代日本的东南亚政策(1950—2005)》,早稻田大学出版部,2007,第 30 页。

后发展寻找出路。东南亚是冷战时期大国利益的交汇地区，国际关系相当复杂。

一、日本与东南亚在冷战中的地位与作用

经过第二次世界大战的沉重灾难之后，人类社会本应享受更多的安宁与和谐，但令人遗憾的是东西方又进入了政治与军事全面对峙的冷战时代。冷战对战后世界的消极影响恐怕不亚于一场世界大战，历史留下的后遗症至今仍未彻底消除。不可否认，美国对战后初期日本采取的惩罚措施是有一定力度的，担任过日本大藏省终战联络部部长的渡边武在日记中这样写道：美国在"占领当初相继发出的一系列命令很多具有惩罚日本的强烈色彩"。[①] 但是，自1947年以后，与全球冷战形势相配合，美国的对日政策发生了根本性转变，美国将日本作为"亚洲工厂"和战略基地纳入冷战体系。1948年，美国对日政策开始由占领时期的非军事化、民主化政策，转向把日本建成亚洲工厂和军事基地的政策。同年1月6日，美国陆军部部长罗亚尔在旧金山发表新的对日政策，宣称"我们力求在日本确立稳定而强有力的自主的民族主义，使之独立，并由此而在阻止远东可能发生的下一次极权主义战争

---

① 大藏省财政史室编《对占领军交涉秘录：渡边武日记》，东洋经济新报社，1983，第676页。

中发挥作用"。①

美国对日政策的转变,与亚洲形势密切相关。由于民族解放运动的冲击,战后西方殖民主义在亚洲的殖民体系已经瓦解,由列强安排亚洲秩序的时代已经过去,特别是中国等亚洲社会主义国家的诞生,改变了亚太地区的力量对比,使美国原来指望扶植蒋介石集团独占中国、称霸亚洲,进而遏制苏联的企图成为泡影。因此,它不得不调整对日本和东南亚的政策。

必须指出,美苏冷战的阴影笼罩了亚洲,20世纪50年代的亚洲形势因冷战加剧而复杂多变。1950年6月25日爆发的朝鲜战争,对于美国亚洲政策的变化具有决定性影响。由于美国插手朝鲜半岛事务,使本来属于一场内战的战争演变为具有国际性质的战争,牵涉的国家众多。战争爆发后的第二天,美国总统杜鲁门发表声明,声称共产党国家的部队已经直接威胁到太平洋地区及美国部队的安全,同时命令以武力援助韩国,派遣第七舰队进驻台湾海峡,增加在菲律宾的驻军和军事援助。在朝鲜战争期间,美国把日本的经济、技术、劳动力和运输等与战争结合起来,使其作为支持战争的物资加工地。

为配合美军的军事行动,美国驻日占领军总司令麦克阿瑟于1950年7月8日指令日本政府建立由75000人组成的国

---

① 信夫清三郎:《日本外交史》下册,商务印书馆,1980,第749页。

家警察预备队，扩充海上保安厅的力量，将原来的10000人增加到18000人，舰船由125艘增加到200艘，并在美国远东军的指挥下被编成扫海部队去参加朝鲜海域的扫海行动。① 8月23日，第一批7000人加入军队，11月曾在太平洋战争期间在陆海军学校学习的3250名旧军人被解除了整肃，开始招募由旧军人组成的警察预备队。② 到1950年底，日本新增加了相当于美军4个师的警察预备队，成为美国在远东的重要战略基地。日本作为朝鲜战争的辅助性机器被开动起来。

根据美国海军的指令，日本国内的军用物资从美军的各个基地东京、横滨、大阪、神户、下关、小仓、佐世保等港口运往釜山、仁川、元山等主要港口和战略区域，有1000人以上的工人从事舰艇维修、武器运输工作。对于日本支持美国进行朝鲜战争的作用，后来美国首任驻日大使墨菲写道："日本以惊人的速度，将四个岛变成了一个大的供应地"，"如果没有这一招，朝鲜战争就打不下去"；"如果联合国军没有熟悉朝鲜情况的几千名日本专家的协助，要待在朝鲜，必然遇到各种困难"。③ 这说明美国已把日本拉进东西方对立的冷战体系，也说明日本对美国东亚战略的重要性。

东南亚在两极世界冷战对峙的形势下占有重要位置。通过援助法国在印度支那的殖民战争，美国日益深入地介入东

---

① 藤原彰编《体系·日本现代史》第6卷，日本评论社，1979，第160页。
② 小此木政夫、赤木完尔编《冷战时期的国际政治》，庆应通信株式会社，1987，第272页。
③ 信夫清三郎：《日本外交史》下册，商务印书馆，1980，第775页。

南亚地区的事务。1946年12月,法国发动第一次印支战争,加剧了战后东南亚的紧张局势。朝鲜战争爆发后,美国将朝鲜战争作为双管齐下的战争,杜鲁门政府宣称,将"加速以军事援助供给在印度支那的法国部队",并派遣军事使团来加紧干涉印度支那战争。1950—1954年,美国对法国的援助日益增多。第一次印支战争结束后,越南北方获得解放,印支三国革命民主力量增强,中国在亚洲的影响空前增长。

在对远东形势的估计上,美国统治集团中流行所谓的"多米诺骨牌理论"。其要点是,东南亚国家受到来自共产主义的威胁,如果不迅速阻止这种"侵略",只要有一个东南亚国家倒向共产主义一边,其他国家就会一个接一个地倒向共产主义,甚至日本都受到涉及生死存亡的压力。艾森豪威尔是这一理论的发明者,他在回忆录中对"多米诺骨牌理论"有更为具体的阐述:"整个越南以及西边的老挝和西南边的柬埔寨的丧失,……在物质方面,它将招致宝贵的锡矿以及巨大的橡胶和大米供应的丧失,还将意味着泰国与赤色中国之间本来有个缓冲地带,这么一来,泰国可就将其整个东部边界暴露于渗透或进攻之下了。"[①] 美国记者斯图尔特·艾尔索善的一段话颇能代表当时美国国内流行的观点,他说:"头柱是中国,已经倒下了。第二排的两根柱是缅甸和印度支那。要是它们也倒下了,下一排的三根柱暹罗(即泰国)、马来亚

[①] 德怀特·D. 艾森豪威尔:《艾森豪威尔回忆录》,三联书店,1978,第370页。

和印度尼西亚肯定也会倒下。如果这些亚洲地方全丢了,带来的心理、政治和经济的影响几乎一定会把第四排的四根柱印度、巴基斯坦、日本和菲律宾都推倒。"①

从"多米诺骨牌理论"出发,美国竭力联合英、法、荷等国加强对东南亚的干预与控制。英、法、荷等国也追随美国,以共产主义向外扩张的观点看待亚洲发生的一切变化。基于这样的战略意图,美国开始构建自日本起,经韩国、中国台湾地区、菲律宾、泰国、印度尼西亚直到澳大利亚和新西兰的军事防御体系。菲律宾自1898年美国战败西班牙被侵占到1946年独立前,在近半个世纪的时间里成为美国的殖民地,战后虽然获得独立,但其政局在很大程度上为美国所左右,对外政策还保留依附于美国的色彩。1947年3月,罗哈斯政府与美国缔结军事基地协定,为美国提供23个军事基地,其中包括克拉克空军基地、苏比克湾海军基地以及甲米地桑格利角的海军站等。由于这些基地面向中国大陆,处于太平洋地区的中部位置,从而构成美国在西太平洋军事基地体系的主体部分。1951年8月《美菲共同防御条约》签订后,双方相约以军事力量来"对付共同的危险"。

20世纪50年代初,泰国披汶政府与美国建立起紧密的军事经济关系,并在美国的支持下颁布新的"防共条例",实行党禁。朝鲜战争爆发后的第二天,泰国迅即向韩国运送急用

---

① 保罗·肯尼迪:《大国的兴衰》,中国经济出版社,1989,第473页。

大米4万吨，并派遣2000人的军队、2艘驱逐舰和一艘运输船，把自己拴到美国的战车上。据说披汶在朝鲜战争爆发后直言不讳地讲："现在泰国与共产主义不经宣战直接进入了战争状态。"① 1950年9—10月，又与美国先后签订《经济技术协作协定》《军事援助协定》，接受美国的援助。披汶政府的亲美政策遭到国内人民的强烈反对。同年10月25日，泰国共产党发表《为反对〈泰美军事援助协定〉告全国同胞书》，揭露美国的目的是"准备把泰国当作工具以干涉镇压泰国四邻争取独立斗争的民族"。1966年，泰国接受美援约4200万美元，1967年为8000万美元。②

第一次印支战争爆发后，美国开始插手越南南方事务。1949年与法国共同策划保大复位，实际上保大统治下的南越成为效忠于美法两国的傀儡政权。1954年吴庭艳任保大政权的"总理"后，美国对南越的干涉变本加厉，使南越成为美国扶植下的反共基地。据美国官方宣布，从1956年到1959年，南越接受美国的军事援助为44570万美元，军事顾问团及文职人员达340余人。1967年，美国在南越驻军达到473000人，次年增到549000人。美国通过军事援助和派遣各种"顾问"牢牢地控制了南越的政治、经济与外交。

尤其需要指出的是，在日内瓦会议关于印度支那停战协定签订后，经美国国务卿杜勒斯多方奔走，1954年9月8日，

---

① 大野彻编《东南亚与国际关系》，晃洋书房，1983，第215页。
② 约翰·F.卡迪：《战后东南亚史》，姚楠译，上海译文出版社，1984，第401页。

美国与英、法、澳、新、菲、泰和巴基斯坦在马尼拉召开外长会议，签订了《东南亚集体防务条约》及其附件《东南亚集体防务条约议定书》和《太平洋宪章》，正式结成"东南亚条约组织"。条约规定，缔约国将保持和发展军事力量，遇事共同协商，受到外来攻击时采取共同行动，以保证亚太地区"秩序"，而这些条款"只适用于共产党的侵略"。① 同时规定，将越南南方、老挝和柬埔寨置于该条约的"保护"之下。这样，美国便在亚太地区建立起霸权主义的军事同盟体系。美国在东南亚地区建立的军事同盟组织的本质已为各国所洞悉，印度尼赫鲁一针见血地指出："东南亚条约组织的公开目的是增加缔约国抵抗外部侵略和内部颠覆活动的防御实力。"②

20世纪五六十年代的东南亚形势，因受到美国、苏联两大国"冷战"形势的影响而复杂多变，加上美国出于政治和军事需要而力促日本重返东南亚，又多一层复杂因素。对于这时期美国推行的外交政策，美国学者曾经明确地指出，"整个50年代和60年代都是十分显著、前后一致的，不论哪个党当政，外交政策的基石确实都是遏制共产主义"。正是在这种形势下，日本与东南亚之间关系进入修复时期。

---

① 《东南亚集体防务条约》，载《印度支那问题文件汇编》，世界知识社编，1959。
② 《尼赫鲁在印度人民院发表的关于外交事务的演说》，载《亚非现代史参考资料》第二分册（下），北京大学历史系编，1962。

二、冷战时期日本与东南亚国家关系的全面发展

冷战时期日本与东南亚国家的关系,始于吉田茂执政时期。以战争赔偿为主要形式的经济手段,是日本重返东南亚的台阶石。《旧金山和约》第十四条规定,日本以商品和劳务的形式对在战争中蒙受损失的国家给予赔偿,以求将日本人民在制造上、打捞上及其他工作上的服务,供各该盟国利用,作为协助各该国修复其所损害的费用。根据规定,日本承认应对东南亚国家进行赔偿。日本是把对东南亚的战争赔偿当作经济投资与政治任务来完成的,具有很强的政治和功利主义的色彩。1952年10月,吉田茂内阁的外相冈崎胜男在一次外交演讲中说:"赔偿,应该作为政治问题来解决。"① 它表明日本欲把赔偿作为一种外交活动了。1954年,吉田茂提出为防止东南亚国家受到中国影响给东南亚国家援助的"东南亚开发构想",实际上是为日本经济寻找发展的出路。

本着修复关系的态度,日本开始与东南亚国家的战后接触。印度尼西亚于1951年底派代表团赴东京与日本商谈赔偿事宜。最初印尼提出172亿美元的索赔要求,日本以索赔额

---

① 永野信利:《日本外务省研究》,上海人民出版社,1979,第240页。

过高、国内无力支付为由未能与印尼达成协议。印度尼西亚、菲律宾和缅甸根据战争中的损失，向日本提出了各自的索赔数额：印度尼西亚为172亿美元，菲律宾为80亿美元，缅甸为60亿美元，南越为20亿美元，这四个国家总额为332亿美元，接近日本当时国民总生产额的2倍。[1] 1953年秋，冈崎外相被派往印尼、缅甸、菲律宾、南越商谈赔偿问题。为推动谈判进程，吉田茂政府于同年12月派倭岛英二作为常驻印尼的代表。经过历时6年的反复谈判，日本与印尼于1958年1月20日缔结了《和平条约和赔偿协定》。协定规定自1958年4月至1970年12月的12年内向印尼支付价值相当于22300万美元的赔偿，同时承诺在20年内向印尼提供4亿美元的贷款，从前印尼所欠日本17455.6万美元的贸易债务也一笔勾销。[2] 在和平条约与赔偿协定生效的1958年4月15日，双方互设了大使馆，建立了正常的外交关系。

日本与缅甸的谈判工作始于1954年。是年夏，缅甸外交部长吴觉迎到达东京，与日本方面代表稻垣平太郎谈判赔偿事宜，同年11月5日，日缅签订赔偿协定和《日本国与缅甸联邦间和平条约》。根据《日本和缅甸联邦间的赔偿及经济协作协定》，日本在10年内向缅甸提供价值相当于2亿美元的实物和劳役赔偿，每年还提供500万美元的经济协作。经济协作与赔偿不同之处在于，经济协作并不是无偿的，例如在

---

[1] 宫成大藏编著：《战后日本的亚洲外交》，米涅瓦书房，2015，第93页。
[2] 福田茂夫监译：《战后日本外交》，米涅瓦书房，1976，第121页。

日缅两国共同经营的实业里,原则上日本要持40%的股份,缅甸持60%的股份。①这样,日本可以通过经济协作来获得红利。由此可知,即使在赔偿时期日本也并不是单纯地考虑赔偿,而是把赔偿、协作与振兴国内经济结合起来了。通过这一系列经济活动,日缅实现了经济政治关系的正常化。在1965年4月赔偿结束后的12年里,日本对缅甸支付了14000万美元的物资和劳役赔偿,并同意提供3000万美元的借款。

战后日本与菲律宾的重新交往,也发轫于日菲间的赔偿谈判。菲律宾是《旧金山对日和约》的签字国之一,日本必须依约对其履行赔偿义务。1952年1月,日本派津岛寿一为全权代表赴菲律宾进行赔偿谈判。由于菲律宾和日本在具体方案上争议甚大,加上日本对谈判采取拖延的态度,致使谈判工作在半年内毫无进展。1953年9月,日本外相冈崎胜男访问菲律宾。这次访问后菲律宾放弃了原来提出的80亿美元现金的索赔要求,两国间的差距有了缩小。1956年5月9日,日菲赔偿协定签订。日本拟以提供商品和劳务的形式在20年内向菲律宾支付2.5亿美元的民间借款。是年7月23日,日菲赔偿协定生效,两国正式建立外交关系。日本学者吉泽清次郎指出,赔偿问题的解决,"对于苦于外汇不足的菲律宾来说,有着重要的作用,对菲律宾经济发展、提高社会福利有不小贡献,对促进日菲两国关系的改善有很大帮助"。②

---

① 入江启四郎监修:《东南亚问题的发端》,日本国际问题研究所,1969,第20页。
② 吉泽清次郎:《战后日本同亚洲各国的关系》,上海人民出版社,1976,第9页。

1955年4月，日本开始向东南亚支付第一笔赔偿——对缅甸的赔偿。对于日本支付第一笔赔偿的意义，日本学者信夫清三郎教授评价说，这是打开与东南亚外交的窗口，在东南亚进行经济扩张的立足点。日本对东南亚国家的赔偿具有双重性质：一方面，它利用东南亚国家在战后一段时期内的困境迫使它们开放市场，以便进行经济渗透与扩张；另一方面，追随美国的冷战政策，这在对印尼的赔偿上表现得尤为突出。例如苏哈托取代苏加诺任印尼总统后，与西方关系不断密切，对华关系急剧逆转，掀起迫害华侨与反共高潮，1967年10月冻结与中国的外交关系；1966—1969年，日本对苏哈托政权援助总额为32250万美元，其中包括贷款和赠款250万美元，仅次于美国的56520万美元。1969年对印尼总投资额为11087万美元，仅次于美国的36627万美元。[①] 这样，日本的机械、化肥、电器设备、化学品和其他工艺品大规模涌入印尼。

日本以此为契机，对印尼大搞资本输出，其资本浸入印尼的农业、石油、开发、采矿、渔业、商业和制造业各个部门。日本对印尼的赔偿履行率最高，达到82.6%，说明日本是把印尼作为重点投资的。对泰国、马来西亚、新加坡、菲律宾等国的赔偿情况与印尼大体相同，实际上它们向日本开放了市场，通过受偿东南亚国家程度不同地缓和了国内紧张

---

① 大野彻编《东南亚与国际关系》，晃洋书房，1983，第880页。

的经济形势。

为了加速修复与东南亚国家的关系,岸信介就任日本首相后于 1957 年下半年访问了缅甸、泰国、南越、菲律宾、新加坡、柬埔寨、老挝、马来西亚和印尼等国。这次对东南亚国家遍访取得的一个直接成果是,使"日本和东南亚各国之间的关系有了好转,憎恶日本的情绪淡薄了"。① 从表面来看是有一些效果的。此后,岸信介内阁在其外交蓝皮书中提出"以联合国为中心""与自由主义国家保持协调""坚持作为亚洲一员的立场"的日本外交三原则,力图加强与东南亚国家的政治联系,甚至发挥作为亚洲一员的公正代言人的作用。他设计的日本外交目标是:"用日本的工业力量和技术,帮助东南亚国家确立经济基础,同时扩大日本的市场,由此而在政治上也紧密地结合起来,这个方向就是今后日本外交前进的道路。"②

在这一目标下,日本加快对外修复关系的进程。1959 年 5 月,与南越政府赔偿协定正式签订,协定规定在 5 年内日本对南越支付价值相当于 3900 万美元的赔偿,赔偿主要用于达尼河发电所的建设。除赔偿外,按协定日本还要向南越提供 750 万美元的贷款和 910 万美元的经济开发款项。除与缅甸、菲律宾、印尼和南越签订赔偿协定外,日本又分别与泰国（1955 年 7 月 5 日）、老挝（1958 年 10 月 15 日）、柬埔寨

---

① 永野信利:《日本外务省研究》,上海人民出版社,1979,第 241 页。
② 吉本重义:《岸信介传》,东洋书馆,1957,第 292 页。

(1959年3月2日)、新加坡(1967年9月21日)、马来西亚(1967年9月21日)等国签订了赔偿协定,总支付额为1亿9002万美元。至此,日本与东南亚国家的赔偿谈判工作告一段落。赔偿协定的签订,对日本的意义极大,因为一些东南亚国家,如印尼和菲律宾是把赔偿与批准《旧金山对日和约》联系在一起的,日本如不签订赔偿协定,菲律宾和印尼就不批准《旧金山对日和约》,双方就仍处于战争状态。

战争赔偿对日本来说并不是一个沉重的负担,因为它是在日本能够承担得起的条件下进行的,例如1956年支付给缅甸的第一笔赔偿仅占日本总预算的0.6%,若把次年支付给菲律宾的赔偿算在内,赔偿也仅占其总预算的1.1%,即使支付额最高的1965年也不过占年预算的2%。出现这种情况并不费解,战后担任过日本首相的吉田茂已把当时日本的想法和盘托出:虽然《旧金山对日和约》规定了日本的赔偿义务,"但是日本并未打算坚持执行这一规定"。[1] 不言而喻,日本在赔偿问题上打折扣前后有着十分清楚的逻辑关系。

战争赔偿带动了日本与东南亚国家的经济合作,以及双方经济、政治关系的正常化。在修复关系期间,日本与东南亚国家的经济贸易关系迅速发展。赔偿刺激了日本的机器出口,使大批日本商人和技术人员返回东南亚。这一行动令日本所获颇多:原来只有通过战争才能获得的东南亚市场,现

---

[1] 吉田茂:《激荡的百年史》,世界知识出版社,1980,第76页。

在仅凭经济手段就轻而易举地得到；使没有竞争力的日本商品和闲置资本在国外找到市场，引导众多的企业到国外去成功地开拓实业。从日本在东南亚活动的指标来看，东南亚已经成为日本资本与商品的重要市场。

经济赔偿给日本带来直接的好处。日本进口的石油约有17%来自印尼和马来西亚等国，铁矾土约有30%来自印尼、马来西亚和泰国，天然橡胶和白锡几乎全部依赖东盟各国，[①] 大米、铜、天然气和木材等也从东南亚输入，这说明经济交往已成为联系日本与东南亚关系的纽带，无论对任何一方都是颇为重要的。1950—1954年，日本对东南亚的贸易输出额为5.79亿美元，1955—1959年为8.85亿美元，1960—1964年为15.09亿美元。[②]

除通过战争赔偿等经济途径外，日本还通过参加地区性经济、政治合作组织与条约来推动同东南亚国家的政治、经济联系。1954年10月，日本作为援助国加入缅甸、泰国、老挝、柬埔寨、南越、马来西亚、新加坡、印度尼西亚和美国、英国、加拿大、澳大利亚、新加坡等国与地区的"南亚及东南亚合作经济发展的科伦坡计划"（即"科伦坡计划"），以资本和技术对东南亚进行援助。根据计划，1955—1967年日本派往东南亚的各种技术专家达480人，其中农业专家120

---

① 铃木佑司：《东南亚和日本外交的进程》，黄元焕译，《东南亚研究资料》1981年第4期，第1页。
② 中冈三益编《战后日本对亚洲经济政策史》，东京亚洲经济研究所，1981，第149页。

人，同时接受来自东南亚的 3539 名受训人员，其中农业方面的有 794 人。① 日本参加"科伦坡计划"，有助于加强与东南亚国家的经济、贸易和科技联系。1955 年 4 月受邀参加万隆会议。参加万隆会议对日本意义重大，鸠山内阁把它作为"强化与亚洲关系的行动，展示与对美国依存的吉田政权不同姿态的好机会"。②

亚非会议以后特别是进入 20 世纪 60 年代，日本对东南亚的经济渗透和政治参与进一步加强。这种情况的出现固然与日本国内经济快速发展有关，也与日本对东南亚的重视有关。1961 年 5 月以日本为中心，成立由泰国、菲律宾、韩国、南越、伊朗等国家与地区组成的"亚洲生产力机构"，其宗旨是促进亚洲各国间的经济开发与合作。日本作为该机构的核心国家，负责对资金的筹措与使用。1961—1967 年，日本分担的特别款项达 112.9 万美元。这时期日本尽管力图充当国际事务中的一个角色，但经济关系在对外关系中仍处于主导地位。

东南亚国家与日本亲疏不同，修复关系的时间也参差不齐，但东南亚作为一个整体，到 1964 年底与日本的关系已达到以下综合指标：（1）大部分国家与日本签订了经济赔偿协定或准赔偿协定，接受日本的赔偿或赔偿性赠予，实现了经

---

① 劳伦斯·奥尔森：《日本在战后亚洲》，上海人民出版社，1974，第 149 页。
② 波多野澄雄、佐藤晋：《现代日本的东南亚政策（1950—2005）》，早稻田大学出版部，2007，第 44 页。

济关系的正常化；（2）政治关系加强，国家领导人互访。此外，日本和泰国之间的皇室与王室在战后有了接触。1963年5月，泰国国王普密蓬和王妃访问日本，受到日本皇室家族的热情欢迎；作为对泰国的回访，1964年12月，日本皇太子访问了泰国，受到泰国国民的盛大欢迎。通过上述多种途径的联系与合作，双方政治上的联系加强了，到1964年底日本与东南亚国家的关系修复阶段结束，基本上奠定了战后日本与东南亚国家的政治经济关系。

进入1965年，日本与东南亚国家的关系已由修复时期的经济关系为主转向发展时期的经济、政治关系并重。1965年是战后日本与东南亚关系发展的转折点。因为自此以后"日本对亚洲的政策已经跨出了'赔偿外交'和单纯为美国效力的范围，有了进一步的发展，在经济、技术援助和投资、贸易方面发挥了积极性和自主性"。[①] 此外，还表现为对经济合作认识的进一步加深与对区域性组织的积极参与，无论经济外交还是政治外交都达到前所未有的程度，从此进入了双方关系的发展阶段。

1966年4月，日本佐藤荣作政府在战后第一次以东道主的身份召集和主持了东南亚开发东京会议，与会的成员有菲律宾、马来西亚、新加坡、印尼、泰国、老挝、柬埔寨和南越。为促进地区合作，会议设立了东南亚渔业开发中心，运

---

① 信夫清三郎：《日本外交史》下册，商务印书馆，1980，第887页。

输与通信地区规划、投资与贸易促进中心等。① 会议做出发展农业、开发地下资源、兴办教育、加强东南亚各国间的经济合作等决议；日本做出以国民生产总值（GNP）的1%用于援助东南亚国家的承诺，表明其对东南亚大规模援助的意向，以此吸引这些国家参加会议。这些国家虽然还不能一概说是中国的敌对国家，但是由于他们受到以美国为首的西方国家的恶意宣传，对中国抱有相当的误解、偏见甚至敌意，基本上是属于亲西方的阵营。日本对东南亚的重视之所以达到如此程度，经济与政治的动机起了决定性的作用。日本在冷战期间对东南亚的赔偿与投资，是一个涉及多方面的复杂问题，既有日本为了自身经济发展寻找出路的一面，也有配合美国的全球冷战政策的一面，夸大任何一个方面都是不恰当的。

经过战后20余年的发展，日本20世纪60年代末成为资本主义世界的经济大国，经济力量不断增长使其已不满足于原有的国际地位。60年代中期，日本在物质、技术、资金储备方面拥有很大优势，尤其是东南亚的国际环境对它援助与投资更加有利。其原因是，美国在侵越战争中陷于困境，日本抓住这个时机加强对东南亚的政治影响与经济渗透，东南亚国家的政治、经济脆弱性也决定了它们的对外依赖程度，许多国家如泰国、印尼、菲律宾等成为日本商品的销售市场，一部分企业为日本资本所控制，例如1968年菲律宾有6家合

---

① 山本刚士：《战后日本外交史》第6卷，三省堂，1984，第93页。

营企业，其中一家拥有100万美元资产的铁弹珠工厂的90%资本为日本人所控制；一家调味食品工厂的日本股份占27%，一家铁厂的日本股份占20%，一家钢琴厂的日本股份占40%。[①] 据统计，1951—1965年日本对东南亚的直接投资为1.5亿美元，而同时期对东亚的韩国、中国台湾、中国香港的直接投资仅有2000万美元。这说明日本对东南亚极端重视。

1966年6月，日本参加由韩国主持召开的亚洲太平洋部长会议，即"亚太会议"，会员有韩国、中国台湾地区、菲律宾、马来西亚、泰国、南越、老挝、澳大利亚和新西兰，会议旨在促进亚太地区的相互依存与合作。同年11月，以促进亚洲经济开发与发展为目标的亚洲开发银行在东京成立，亚洲有泰国、老挝、柬埔寨等19个国家和地区，域外有美、英等13国，日本出资1亿美元作为银行的开发资金。进入70年代，美国陷入越南战争的困境，不得不实行战略收缩。这个形势非常有利于日本扩大对东南亚事务的参与，改善与越南的关系。1972年日本开始与越南接触，1973年9月与越南正式建立外交关系，实现了国家关系正常化。

20世纪60年代以后，日本与东南亚区域关系发展中一个特别值得重视的问题，是日本与东南亚国家联盟（简称"东盟"）的关系。可以说东盟处于日本对东南亚国家关系中的核心位置。1967年8月东盟建立后，日本与东南亚国家的关

---

① 劳伦斯·奥尔森：《日本在战后亚洲》，上海人民出版社，1974，第172页。

系迅速发展。1975年8月访问美国的三木首相在华盛顿发表演讲,对东盟的成立表示支持,认为它"在地区的政治、经济的安定方面发挥了重要作用"。① 日本与东南亚的关系,在很大程度上表现在与东盟的关系。因为是在冷战时期,日本与东盟的关系也因此而具有了浓厚的意识形态色彩,菲律宾和泰国是美国的盟国,马来西亚则处于英马防务之下。经济上,日本对外投资的重点在亚太地区,而亚太地区的重点又在东盟国家。日本认为,东南亚的政治安全与经济繁荣与日本密不可分,不仅在确保输出市场,还应在保护自由与和平的角度检讨经济援助。② 这与美国在越南战争中的不利处境有关,与东盟诸小国的心态有关。

三、对冷战时期日本与东南亚国家关系的几点看法

在旧金山对日和约生效后的近20年时间里,日本通过经济赔偿、经济合作与援助,参加区域性组织等多种途径回到了东南亚,实现了国家关系的正常化。从它们关系修复与发展的过程中可以看到以下特点。

第一,日本与东南亚国家的关系是发达国家与发展中

---

① 宫成大藏编《战后日本的亚洲外交》,米涅瓦书房,2015,第160页。
② 山本刚士:《战后日本外交史》第6卷,三省堂,1984,第86页。

家的关系，它们之间存在事实上的不平等。东南亚长期遭受西方殖民主义、帝国主义的剥削与奴役，经济上形成畸形单一的发展模式，国民收入和大众生活在很大程度上依赖少数几种初级产品的生产与出口，虽然政治上获得独立，但都面临着彻底肃清殖民主义残余，发展民族经济、巩固民族独立和建立独立的国民经济体系的任务。由于受到殖民主义影响，长期以来东南亚国家经济结构单一，殖民地时期留下的诸多问题需要进一步地消除和克服，无疑增大了社会发展的成本。如马来西亚的橡胶和锡，泰国的大米、缅甸的柚木、印尼的石油等，是它们对日出口的传统的初级产品，它们从日本输入工业品。日本所需的燃料和矿物性原料许多来自东南亚国家，如锡及锡合金占同类资源进口的96%，天然橡胶为98%，铜矿为30%，铁矾土为30%，镍为24%，木材为32%，石油为4%。①

20世纪五六十年代，东南亚国家一般处于生存农业的阶段，其主要特征是种植少数几种粮食作物，目的在于满足家庭生活的需要。正因为如此，他们以出口初级产品来维持国内正常的生活。初级产品出口阶段是发展中国家不可逾越的阶段，对发展中国家来说是必要的，因为初级产品是发展中国家唯一能够出口的产品。但由于发达国家间压低初级产品价格和贸易保护主义的限制，以及由于长期从事初级产品生

---

① 冈部达味编《围绕ASEAN的国际关系》，日本国际问题研究所，1984，第322页。

产造成技术和经济上的停滞,发展中国家包括东南亚国家在国际贸易中处于极其不利的地位,从而导致利益分配从发展中的"外围"国家流向了发达的"中心国家"。战后的国际分工对发展中国家极为不利,从而造成中心的霸权与外围的依附状态,阿根廷经济学家劳尔·普雷维什认为,在中心国家日益增加技术、经济和政治权力时,外围国家始终落在后面。[①] 据统计,1951—1973年,发展中国家由于贸易条件恶化和价格上"高进低出"而造成的损失达1300多亿美元;20世纪70年代以来因不平等交换,世界发展中国家每年损失就在100亿美元以上。[②]

东南亚国家也存在这一问题。举一个例子,东盟国家因受1973年资本主义经济危机的影响,到1974年10月,出口的橡胶、木材和锡的价格分别下降了53%、67%和29%。日本把经济赔偿作为向东南亚扩张的工具,在签订赔偿条约时,还与东南亚国家签订《经济合作协定》,一旦履行赔偿之后就对其经济过多地渗透,冲击其民族工业。1970年1月8日的《每日新闻》对泰国对日本经济活动反映的报道,就是一个典型的例子:"28年前(指1942年,引者注),日本是穿着军装、带着刀枪、稀里哗啦地闯入泰国的。今天的'日军',则是用算盘装备起来的。日本经济士兵装备的子弹眼睛看不见,

---

① 劳尔·普雷维什:《外围资本主义:危机与改造》,苏振兴、袁兴昌译,商务印书馆,1990,第193页。
② 许乃炯等:《帝国主义对第三世界的控制与剥削》(统计资料),人民出版社,1978,第400页。

我们正在不知不觉中被日本经济帝国主义的子弹打中——这种不安使泰国人以及东南亚人感到焦虑。"①

第二,由于经济地位不同,日本与东南亚国家的政治关系也出现了不平等的趋势。在与东南亚国家的关系中,20世纪50年代日本采取比较谨慎的低姿态,当60年代经济发展起来之后,其故态复萌,开始以发达国家的立场来处理与东南亚国家的政治关系;在与东南亚国家实现关系正常化后,日本势力重返东南亚,日益引起东南亚国家的警惕与不安,唯恐其军国主义复活。尽管日本政府信誓旦旦,口口声声地讲要与东南亚国家建立主权平等、公平互利、共同发展的新型关系,但其口惠而实不至,远非如此。

从20世纪60年代起,随着对外关系的调整以及国内经济力量的增长,日本开始以亚洲"领袖"的面孔讲话,以亚洲的代言人自居。在遇到重大问题与美国等西方国家会谈之前,日本领导人总是先到东南亚跑一圈,问问他们有什么要说的。岸信介说:"日本是亚洲的日本……作为其代表去和美国握手,就会给日本增添光彩,也会给整个亚洲增添光彩。"② 表现出一副东南亚国家领袖的架势。从与东南亚国家修复关系的整个过程来看,其大国主义的倾向日趋明显,赔偿与修复关系成为追随美国政治冷战、向美国进行讨价还价的政治筹码,在赔偿谈判与实施过程中出现有意拖延时间的情况。由

---

① 信夫清三郎:《日本外交史》下册,商务印书馆,1980,第881页。
② 田尻育三等:《岸信介》,吉林人民出版社,1980,第151页。

于赔偿资金与物资分散和受偿国管理不善、官员贪污舞弊等原因，东南亚国家所得到的赔偿并不像原来规定的那么高。日本并未完全履行赔偿协定，对缅甸赔偿仅完成14.9%，对菲律宾完成49.1%，对印尼完成率最高，也不过完成82.6%。这说明日本在履行赔偿义务时是打了折扣的。

第三，日本与东南亚国家关系的修复与发展，不仅对日本与东南亚而且对整个亚太地区都发生重大影响。可以说，20世纪50年代至60年代日本与东南亚国家修复与改善关系是其对外关系的"基础工程"，70年代至80年代亚太地区的基本格局就是在这一时期奠定的。日本著名经济学家大来佐武郎说得很清楚："东盟与日本的关系是亚洲太平洋地区国际关系中最主要的一个方面。它影响亚洲太平洋地区整个的国际环境……日本作为一个经济上的超级大国，已经越来越深地卷入美国、苏联、中国在亚洲的强权政治角逐。为此，日本经历着越来越大的压力，不仅要在经济上，而且也要在政治上起到更大的作用。"[①] 随着日本重返东南亚，美日间出现了经济力量的相对消长，例如：1950年美国占世界国民生产总值的52%，60年代为34%，80年代退至22%。相反，日本在世界国民生产总值中所占比重不断增长。60年代末，日本以强大的经济实力为后盾，要求在政治上发挥更多、更大的作用，进而把力量伸向美国在亚太地区的势力范围，并表现

---

① 大来佐武郎：《发展中经济类型的国家与日本》，中国对外翻译出版公司，1981，第237—238页。

出想做亚洲领袖与政治大国的势头。

20世纪70年代中期以后，美国因印支战争失败而力量衰退，不得不实行战略收缩，从印支脱身。苏联势力乘机南下，企图填补美国从印支撤走后的"真空"，在东南亚寻找军事基地。尽管美日间出现了经济摩擦，但美国还是希望作为西方阵营一员的日本能够在东南亚发挥政治、经济作用，以加强对苏联的抗衡力量。

经过20余年的交往与靠拢，日本与东南亚，尤其与东盟国家的关系十分密切。1977年8月18日，日本首相福田赳夫访问东盟和缅甸后，在菲律宾首都马尼拉发表对东南亚政策的原则，即"福田主义"三原则，它标志着日本将在亚洲从政治上、经济上发挥更大、更多的作用。其主要内容是：（1）日本不做军事大国，为东南亚的和平与繁荣做贡献；（2）与东南亚各国不仅在政治、经济方面，而且在社会、文化等广泛领域，建立"心心相印"的相互依赖关系；（3）以对等的合作者的立场，加强对东南亚国家的援助。① 这符合20世纪70年代亚太地区的形势，符合修复关系后东南亚人民渴望和平与发展的心理，因而受到了欢迎，被认为是日本对东南亚外交的一个大的转换点。20世纪70年代日本经济发展势头良好，与东南亚的经济合作更加强劲有力。

日本与东南亚国家修复与改善关系，可以说是好坏参半、

---

① 山本刚士：《日本的经济援助》，三省堂，1978，第171页。

利弊兼而有之。从积极方面说,它客观上有利于亚洲国家的经济恢复与发展。例如前面提到,早在1954年日本就作为援助国参加了"科伦坡计划"以及后来的亚洲生产力机构、亚洲—太平洋会议、东南亚农业开发会议、亚洲开发银行等,帮助制订农业和工业发展计划,使长期受到忽视的农业受到重视。东南亚农业开发会议专门讨论了东南亚的农业发展与工业化问题,建立东南亚农业开发特别基金,设立东南亚渔业开发中心,由日本和美国各提供1亿美元作为开发基金。这些机构与组织都程度不同地推动着经济合作与经济发展,在东南亚经济发展史上占有重要地位。

经过20世纪60年代中期的初步发展,70年代初,日本成为东盟最大的贸易伙伴,在整个东盟国家的出口比率中占24.2%,大大超过美国的17.4%和欧共体的15.3%。从直接投资来看,80年代初,日本对外直接投资累计365亿美元,其中46%投向北美、苏联、澳大利亚和新西兰,其余的54%投向了发展中国家。如果从对发展中国家投资的细目来看,亚洲为26.9,拉丁美洲为16.9%,中近东为6.2%,非洲为4%,大洋洲为0.7%,亚洲所占比例最大。东盟五国占日本对亚洲国家和地区投资的71%,如果加上韩国、中国台湾和中国香港则占亚洲投资的98%。这些投资对亚洲国家和地区的经济发展无疑是重要的。

日本对亚太地区包括东盟各国投资与贸易的增长,说明了它们在这一地区经济实力与政治影响迅速提高,对亚太地区的形势有着越来越大的发言权。这种发言权表现在以经济大国的力量,调节着印度尼西亚、马来西亚和菲律宾三国间的冲突,反对越南入侵柬埔寨和泰国,谴责苏联势力南下与侵略阿富汗等。例如:1978年越南侵柬事件发生后,日本对越南的侵柬行为予以谴责,东盟五国在联合国提出要求越南立即停止侵略与撤军的议案,日本采取了支持东盟的立场,并冻结了1979年以后每年给越南140亿日元的援助。1978年,越南加入以苏联为首的"经互会"。1979年12月,苏联入侵阿富汗。1980年6月23日,发生越军入侵泰国边境事件。这些事件对日本和东盟威胁甚大,使日本支持东盟的态度更为强硬。1980年8月,伊东正义外相访问泰国,表明日本对东盟的政策,主张召开解决柬埔寨问题的国际会议,愿意在资金、技术及其他合作领域对东南亚的和平发挥更大的作用。日本以自身成长起来的经济力量在复杂的东南亚国际形势中发挥了一定的积极作用,尽管有在美苏冷战阵营中追随美国的一面,但其积极作用是应该肯定的。

20世纪70年代中期以后,苏联在印支的势力扩大,目的在于称霸太平洋和印度洋地区。苏联对南千岛群岛(日本称"北方四岛")的长期占领,在印度洋的扩张以及使马六甲海峡"国际化"的企图已经引起亚洲人民的反对与不安,苏联一旦控制马六甲海峡,就意味着从资源、贸易、投资市场以及海上交通运输方面扼住了日本的咽喉,在西面造成对日本的包抄之势,形成对美国西太平洋战略的压力,最终使美国退出西太平洋和印度洋地区。苏联以"公海航行自由"和建立"亚洲集体安全"为幌子进行的政治、军事行动具有更大的隐蔽性和欺骗性,其真正目的在同美国争夺太平洋和印度洋地区的霸权。

苏联的霸权行为遭到亚洲各国包括日本与东南亚国家的强烈反对。日本同欧洲、中近东、非洲和西南亚地区的海上物资运输,几乎全部是由马六甲海峡进行的。1974年,日本输入物资的40%是通过马六甲和新加坡海峡运输的,特别是输入的石油有78%是从上面海峡通过。[①] 国外学者指出:"保持该地区的和平、融洽、平衡,促进繁荣,提高该地区的生活水平,维护作为国际水道的马六甲海峡的畅通,是日本的利益所在。"[②] 20世纪80年代初,铃木善幸首相访问东盟五国,承诺向东盟各国提供借款与合作的资金达15亿美元,声称用以提高东盟国家的"坚韧性"。所谓"坚韧性",其实质就是提高东盟国家的综合力量,以合作的力量来维持亚太地区的国际秩序,以防止苏联势力南下、越南地区霸权主义出现后的地区性非均势。

总之,日本与东南亚国家的关系,在战后日本对外关系史中占有重要位置,可以说是对外政策的重要支柱之一。日本与东南亚国家修复关系的根本目的,在于试图建立以日本

---

① 冈部达味编《围绕ASEAN的国际关系》,日本国际问题研究所,1984。
② 尼古拉斯·塔林主编《剑桥东南亚史》第2卷,贺圣达等译,云南人民出版社,2003,第497页。

为中心的亚太经济体系，以完成由经济大国走向政治大国的道路。这个目标并不是一蹴而就的，它有长期的基础性的工作要做。说得更远一点，日本始终是把东南亚作为本国的补给圈来考虑的，处于第一补给圈的是越南、柬埔寨、老挝和泰国，第二补给圈是菲律宾、马来西亚和印尼，第三补给圈是澳大利亚、缅甸、印度、南北美洲和非洲。[①] 从吉田茂内阁的"亚洲开发"构想、岸信介的"亚洲的一员"，到池田、佐藤内阁的亚洲援助政策，再到"福田主义""亚洲太平洋协作"和"亚洲共同体"构想，都说明东南亚和亚太地区对日本的极端重要性，日本的发展是与亚洲分不开的。重归亚洲，以亚洲一员的平等立场处理与各国的关系，才是其向未来发展的正路。

附记：

本文是我硕士毕业论文的一部分，论文是在业师梁志明先生的指导下完成的。从论文选题、框架设计、发展主线确立到最后成稿，梁先生付出了大量的心血，特别是先生对论文逐字逐行的悉心批阅与指点，对我影响很大，惠我良多。在梁先生85华诞之时，谨以此文作为献给先生的贺寿之礼。

---

① 日本东南亚研究会：《东南亚——历史与文化》，平凡社，1981，第52页。

东帝汶独立建国的过程与主要影响因素[*]

张 洁[**]

1999 年 8 月 30 日,东帝汶全民公决拉开帷幕。9 月 3 日,联合国秘书长安南宣布投票结果,78% 以上的公民赞成独立。然而就在人们翘首以待和平到来之际,9 月 7 日,印尼政府鉴于东帝汶地区局势的迅速恶化,宣布实行戒严。关于东帝汶问题的产生、发展以及前景再次为世人瞩目。本文将在历史回顾的基础上,重点分析东帝汶从地方自治方案提出到实现公决独立的主要经过及其原因,以及此后当地政治与社会发展的未来趋势。

---

[*] 原文标题为《荆棘与鲜血之路通向何方?》发表于《东南亚研究》1999 年第 6 期,略有删改。

[**] 张洁,1999—2002 年就读于北京大学历史学系,师从梁志明教授攻读世界史专业东南亚历史文化与现代化方向博士研究生,现就职于中国社会科学研究院亚太与全球战略研究院,研究员,长期从事中国—东南亚关系、南海问题、中国周边安全研究。

学术展示篇

一、历史回顾

东帝汶位于东南亚努沙登加拉群岛最东端,包括帝汶岛东部和西部北海岸的欧库西地区,以及附近的阿陶罗岛等。东帝汶人口约74.8万(1990年统计)。主要是巴布亚人和马来人后裔,通用德顿语,居民中的91.4%信奉罗马天主教。

16世纪葡萄牙殖民者入侵帝汶岛。1613年荷兰殖民者将葡萄牙势力排挤到该岛东部地区。1859年,葡萄牙和荷兰签订了条约,重新瓜分了帝汶岛,帝汶岛东部以及欧库西地区归葡萄牙所有,岛屿西部地区并入荷属东印度,也就是现在的印度尼西亚。二战之后,1960年,第15届联大通过了第1542号决议,宣布东帝汶岛及附属地为葡萄牙管理的领土。1974年,葡萄牙国内发生政变,1975年,新政府宣布允许东帝汶举行公民投票,实行民族自决。

在此前后,东帝汶各派政治势力先后成立了三个主要政党。第一是要求立即独立的东帝汶独立革命阵线(Frente Revolutionaria De Timor LesteIndependente),它的支持者主要是低级文职人员、教员、城市工人和学生。第二是要求"逐渐自治,但永远在葡萄牙旗帜下"的帝汶民主联盟(Uniao Democratica Timorense),它主要由中、高级文职人员,一些地方头目、地主和企业家等组成。第三是帝汶人民民主协会

（Associacao Popular Democratica Timorense），以种族和历史联系为基础，要求"根据国际法与印尼共和国实行自治的合并"。此外还有一些小的政党，如：帝汶人民君主政体协会、阿地特拉党、科塔党、工党等。

1975年1月，帝汶民主联盟和东帝汶独立革命阵线结为联盟，两党赞成首先建立一个包括葡萄牙和两党代表在内的过渡性政府，几年之后再实现完全独立。1975年5月，东帝汶独立革命阵线—帝汶民主联盟、帝汶人民民主协会和非殖民地化委员会召开会议，建议在1976年10月选举帝汶人民议会，并于1978年结束葡萄牙的统治。同期，葡萄牙政府也建议所有相关帝汶政党在澳门举行会议。1975年6月26日至28日澳门会议召开，会议力图勾画出东帝汶过渡政府结构的轮廓，但由于到5月29日帝汶民主联盟与东帝汶独立革命阵线的解体，以及东帝汶独立革命阵线拒绝参加会议，从而使会议的意义大为降低。

随着联盟的破裂，1975年8月，帝汶民主联盟突然发动政变，监禁了东帝汶独立革命阵线成员，但很快被后者打败。1975年11月28日，东帝汶独立革命阵线宣布成立东帝汶民主共和国。11月29日，帝汶民主联盟和帝汶人民民主协会等四个政党发表联合声明，反对独立，宣称东帝汶是印尼的一部分，并邀请印尼政府出兵。12月5日，印尼军队以"志愿军"的名义进入东帝汶，镇压新成立的政权。经过激烈的战斗，1976年7月，印尼宣布东帝汶被合并为第27个省。东帝汶独立革命阵线则转入山区坚持游击战争。需要指出的是，印尼对东帝汶觊觎已久，并在舆论和军事等方面做了大量的准备。在东帝汶内战爆发的翌日，印尼外长马利克就对记者说："如果他们希望加入印尼共和国，我们将保护他们。"① 8月底，当葡萄牙驻军撤出东帝汶后，印尼又提出要进入该地区恢复"秩序"，并开始在东帝汶首府帝力附近集结战舰。尽管印尼把并吞东帝汶称为"一次慷慨的行动，这个行动将把帝汶人从葡萄牙的殖民主义、外部大国的控制、共产主义者的渗透、军人的颠覆、东帝汶独立革命阵线的欺诈、政治不稳定、贫困和全面落后中挽救出来"，② 但它的这一行为还是遭到了许多国家反对。

1975年12月7日，葡萄牙政府宣布与印尼断交，其他多数国家也都未承认印尼对东帝汶的吞并。很快，联合国大会通过决议要求印尼从东帝汶撤军，并呼吁各国尊重东帝汶的领土完整和人民自决权利。此后联大每年均审议东帝汶问题。1982年，联大表决通过了支持东帝汶人民自决的决议。从1992年至1997年，葡萄牙与印尼两国外长在联合国秘书长的斡旋下就解决东帝汶问题进行了九轮谈判，但因双方分歧较大，谈判没有取得实质性的进展。

---

① 《印尼日报》1975年8月12日。
② 罗伯特·劳利斯：《印度尼西亚接管东帝汶》，《亚洲观察》1976年10月，第16页。

二、争取实现全民公决

1997年亚洲金融危机爆发，印尼经济遭受重创并引发了国内政治危机，1998年，苏哈托被迫辞职，结束了对印尼32年的统治。同年5月，哈比比就任总统。至此，印尼中央政府对于东帝汶问题的立场发生松动，同意东帝汶享有特殊地位，拥有广泛的自治权。进而，哈比比政府又表示，如果自治方案不被接受，也可以考虑让东帝汶通过全民公决方式决定东帝汶的独立问题。1999年8月30日，东帝汶举行了全民公决，9月3日，联合国秘书长安南宣布，78.5%的东帝汶公民赞成独立。总的来看，东帝汶问题的解决可以分为三个阶段。

第一阶段为讨论东帝汶自治问题阶段，从1998年6月至1999年1月。这一时期，印尼政府尚不愿意完全放弃东帝汶，将东帝汶问题的讨论控制在"自治"范围内，并采取了一系列的措施。首先，表示愿意使东帝汶享有特殊地位，拥有广泛的自治权，印尼政府将负责东帝汶的外交、防务和某些金融及财政政策，东帝汶的内部治安等社会事务交由该省自行掌管。8月，印尼和葡萄牙外长在联合国达成协议，同意深入讨论东帝汶的自治问题。10月，两国开始在纽约举行会议。同时，印尼政府在国内采取了相应措施。6月，印尼下令释放

13名东帝汶政治犯。7月24日,印尼宣布在随后的一周从它在东帝汶驻扎的1.2万名军队中撤出1300名士兵。

第二阶段为讨论东帝汶独立问题阶段,从1999年1月至5月。1999年1月27日,印尼外长对记者说,印尼政府在东帝汶问题上采取两种选择办法。第一,给予东帝汶广泛的自治。第二,如果第一种办法不能被东帝汶人民和国际社会接受,那么印尼政府准备向今年大选后产生的人民协商会议提出建议,允许东帝汶脱离印尼。① 这一声明发表后,立刻受到国际社会的欢迎。经过多轮谈判,印尼、葡萄牙与联合国三方于5月5日签署了协议,宣布东帝汶将举行全民公决,决定自治还是独立。

第三阶段是投票公决实现的阶段,从1999年5月至今。根据5月三方的协议,联合国于6月组成东帝汶特派团,以组织和实施关于东帝汶地位问题的直接投票,并陆续派出460名民事警察和300名军事联络人员。同时,印尼政府也派出约两万名武装警察和治安人员维持秩序。然而,由于东帝汶地区亲印尼派和独立派双方的武装冲突不断,公民投票日期不得不两度推迟。1999年8月30日,东帝汶全民公决最终顺利举行,投票率达98.5%。9月3日,联合国秘书长安南宣布,78%的投票支持独立。但是,这一结果引发了东帝汶暴力活动的迅速升级,社会治安迅速恶化。9月7日,印尼宣布在

---

① 新华社雅加达1999年1月28日电,《参考资料》1999年2月1日。

东帝汶实行军事戒严,国际社会更加密切关注东帝汶局势。在全民投票之后,东帝汶是否能够最终独立,是否能够避免一场内战,人们仍需拭目以待。

那么,印尼政府在坚持了20多年对东帝汶地区的统治后,政策为什么突然发生了改变呢?

第一,东帝汶人民始终未放弃争取独立的斗争。由于历史造成的民族仇恨、宗教差异等原因,印尼武力兼并东帝汶后,未能实现民族和解,也没有给东帝汶带来和平与发展。为了确保在东帝汶地区的统治,印尼曾派遣大量军队驻扎东帝汶,扶植印尼人或亲印尼的当地人担任东帝汶的省、市、县的各级官员,同时利用东帝汶历史遗留下来的部族分裂以及政治分歧,使帝汶人反对帝汶人,以维护印尼的统治。对于东帝汶的独立运动,印尼政府则多次派重兵前往镇压,致使该地区流血冲突不断。据统计,在印尼统治的20多年中,东帝汶有20多万人死于战争和饥荒,占东帝汶人口的1/4。[①]面对印尼的统治,东帝汶各种政治力量一直坚持斗争。1976年后,东帝汶独立革命阵线转入山区,继续坚持游击战争。

在城市,主张独立的政治力量则以和平示威运动表达政治诉求。1991年11月,帝力的和平示威者遭到军方的镇压,被打死100多人,引起世界的震惊。此外,以若泽·拉莫斯·奥尔塔和罗马天主教主教卡洛斯·希内斯·贝洛为代表

---

① 吴迎春:《东帝汶不想再流血》,《环球时报》1999年9月3日。

的争取独立的人士，利用国际舞台宣传东帝汶人民的独立要求，争取国际社会的支持，二人还因此于1996年被授予诺贝尔和平奖。

第二，印尼国内政局变化。1997年亚洲金融危机爆发后苏哈托的下台，给印尼的政治、经济和社会带来多方面冲击。过去，苏哈托政权信奉"多样化统一"（Unity in diversity）的原则，认为"自治"会导致分裂。他坚持对外岛实行严格控制，由中央政府指派地方官员，对地方经济实行严格控制，要求地方政府大部分的税收上缴中央。[1] 在这种高压政策下，东帝汶、亚齐、伊里安查亚等地区的分离主义活动持续多年，民族矛盾日益尖锐。苏哈托下台后，印尼启动政治改革，中央政府的权威遭到极大削弱，各地分离主义活动迅速升温。哈比比总统上台后，面对这种情况，声称要在印尼人民之间建立相互信赖，这是21世纪的景象——它不是一种军事政策，而是一种经济政策。[2] 他计划给予地方政府更多的自主权。正是在这种大的国内环境下，哈比比政府于1998年6月首次提出让东帝汶享有广泛的自治权，可以说，这也是哈比比政府民主改革的一部分。

同时，从经济利益考虑，哈比比政府不愿意在背负东帝汶这一沉重的"包袱"。长期以来，东帝汶经济落后，财政支

---

[1] John McBeth and Marget Cohen, "Loosening the Bonds," *Far Eastern Economic*, January 21 (1999): 10.

[2] Ibid.

出大部分由印尼政府负担,加上军事开支,每年花费2000多万美元(另有报道称每年花费1亿美元以上),东帝汶成为印尼中央政府向地方投入最多的省份。[①] 而东帝汶资源贫困,对印尼经济基本无所补益。在处于金融危机的困境中,东帝汶已经成为印尼中央政府的一个"包袱"。

第三,国际社会的压力。印尼对东帝汶的吞并和高压政策,遭到国际社会的广泛谴责。1999年1月,澳大利亚作为曾经承认印尼吞并东帝汶的国家,于突然改变立场,宣称支持东帝汶实现独立,这使印尼在国际社会中处于更加孤立和被动的境地。在这种情况下,印尼政府终于决定以争取国际经济援助、克服国内经济危机为主要目标,卸下东帝汶这个包袱。按照哈比比所言,当我们国内存在这么多问题的时候,我们为什么还要去面对这么多国际问题呢?为什么要遭受这么多的折磨呢?我们为什么需要东帝汶,我们为什么不能让它脱离?

三、独立之路并不平坦

自从哈比比总统提出给予东帝汶自治的建议后,伴随着以全民公决方式决定东帝汶命运的是当地局势的动荡不安,

[①] Jose Manuel Tesoro, "Alegacy of Bitter," *Asiaweek*, August 7, 1998.

这主要是由当地独立派与亲印尼派的冲突所导致。经过印尼20多年的统治,东帝汶的政治精英和民众的立场分为两派。一派主张独立,代表人物有东帝汶独立革命阵线领导人萨纳纳·古斯芒[①]、争取东帝汶独立的国际特使若泽·拉莫斯·奥尔塔和帝力的罗马天主教主卡洛斯·希内斯·贝洛,他们的主张脱离印尼、争取民族独立,经过联合国的临时管辖后建立自己的国家。[①] 另一派是印尼中央政府培养的亲印尼势力,其代表人物有武装派别司令达铁雷斯等,他们坚持东帝汶必须留在印尼。达铁雷斯甚至提出将东帝汶一分为二,独立派和反对派各据一方。[②] 自从哈比比总统提出给予东帝汶广泛自治后,两派就剑拔弩张,冲突不断,尤其对于哈比比总统声称考虑允许东帝汶独立后,亲印尼派表示坚决反对,并不惜以武力相向。他们袭击支持独立的群众,甚至包括联合国派往东帝汶组织公决的官员。同时,据称争取独立的游击队也对亲印尼的人士展开绑架袭击活动。在印尼政府和国际社会的压力下,亲印尼派和独立派在4月和6月先后两次签署和平协议以确保投票顺利进行,但双方在最关键的解除武装的问题上却没有达成协议,从而给东帝汶独立的和平进程埋下了隐患。9月3日,全民投票的结果刚刚公布,东帝汶的局势便迅速恶化,在短短的几天内,就已有400多名独立人士被杀。摆在世人面前的是,独立尚未知可否,内战却已迫在眉睫。

---

① Ron Moreau, "Independence or Death," *Newsweek*, March 15, (1998).
② 辛萍:《东帝汶:和平咋这么难》,载《环球时报》,1999年9月13日。

未来，真正决定东帝汶命运的仍是印尼政府。就印尼国内而言，各种政治力量对东帝汶问题存在着不同看法，其中军队是关键因素之一。20多年来，印尼军方是东帝汶真正的统治者，东帝汶问题与他们的利益密切相关。一方面，印尼政府军在对镇压东帝汶的独立运动中，已有1000多名官兵丧生，而且东帝汶独立革命阵线长期同印尼军队周旋，冲突不断，令驻扎在那里的1.2万名印尼军人难以应付。如果不设法解决这场永久的军事镇压行动，就会使更多的官兵丧生。所以时任印尼国防部长兼武装部队司令维兰托表示，如果东帝汶独立的方案有一天成为现实的话，"这将是一个很好的选择"，"全国人民将接受这个选择，武装部队将保护该方案的实施"。[①] 但另一方面，在付出血的代价、占领并统治东帝汶后，军方并不情愿轻易放弃既得利益。而且，他们担心东帝汶一旦独立会使伊里安查亚、亚齐等地的分离活动进一步高涨。据多方报道，印尼军方一直在训练亲印尼的东帝汶民兵，并向他们提供武器装备。对于亲印尼分子暴力活动的不断加剧，印尼军队多数采取视而不见的态度。尤其是公决过后东帝汶局势的迅速恶化，国际社会认为凭印尼的军力，印尼政府是完全有能力控制局势的。美国白宫的一位官员称，印尼陆军特种部队参与了东帝汶的暴力事件。[②] 需要关注的是，印尼军方极有可能利用东帝汶独立问题扩大自己的政治影响力。

---

① 《国际内参》1999年8月11日。
② 宝灵：《印尼会放弃东帝汶吗?》，《南方周末》1999年9月10日。

9月7日,在哈比比政府拒绝维和部队进入印尼后仅几个小时,军方就宣布对东帝汶实行军事管制。尽管维兰托将军否认政府和军队之间有任何分歧,但印尼国内外的分析家们认为,维兰托正在利用宪法的掩护,加强军方的影响力。如果事实果真如此,那意味着东帝汶问题将直接影响到印尼国内政治权力的斗争,其独立问题会更加难以预料。

印尼国内另一支不可忽视的政治力量是一些有号召力的政治领袖如梅加瓦蒂、瓦希德等,他们同样不愿放弃东帝汶。在1999年8月对帝力的访问中,梅加瓦蒂呼吁东帝汶人投票时不要遗弃印尼,她说:"你们就像我的孩子们,不要遗弃你们的母亲。"①

国际社会作为外部力量在多大程度上对东帝汶的独立产生影响,这是一个值得考虑的问题。联合国、葡萄牙、澳大利亚对东帝汶问题的关注较为突出。联合国作为最大的全球性政治组织,斡旋于印尼和葡萄牙双方,为签署关于解决东帝汶问题的协议做了大量的工作,是东帝汶全民公决的主要组织者。葡萄牙是东帝汶的前宗主国,1975年印尼吞并东帝汶后,葡萄牙立刻与印尼断绝外交关系。20多年来,葡萄牙以东帝汶在国际上的代言人的姿态,多次与印尼谈判。然而正如印尼《罗盘报》所言:"有时,历史是很令人啼笑皆非的。对东帝汶实行殖民统治和掠夺达几个世纪的葡萄牙,现

---

① 《联合早报》1999年8月11日。

在却显得好像是英雄。"① 澳大利亚曾经是唯一支持印尼吞并东帝汶的国家,1999年初,澳大利亚政府改变了立场,据说这是促使哈比比总统于1月底宣布考虑给予东帝汶独立的重要因素。东帝汶问题真正引起国际社会密切关注是由于投票结果公布后该地区局势的急剧恶化。目前,澳大利亚、新西兰、英国、加拿大、葡萄牙和一些东盟国家已表示愿意参加联合国维和部队,美国继中止与印尼的军事联系后,也进一步表示美国未来是否提供经援将取决于雅加达如何处理东帝汶问题。② 然而,即使一支5000—7000人的联合国维和部队到达东帝汶,它发挥作用的程度事实上仍需要得到驻扎在那里的1.2万名印尼军队的支持。1999年10月,印尼人民协商会议批准了关于东帝汶独立的全民公决结果,然而,存在于东帝汶的各种矛盾并不因这一批准而获得解决,东帝汶的民族和解、社会重建的前景仍有诸多不确定因素。

纵观东帝汶走向独立的历史进程可以看出,正是由于殖民统治和外来干涉造成的历史怨恨、民族敌视和政治对立,导致了现今东帝汶内部的分裂与冲突。东帝汶社会重建工作的顺利与否,取决于东帝汶内部力量的较量、国际社会的努力,尤其是印尼国内政治势力的斗争与妥协,这将是漫长而曲折的,沾满鲜血的独立会使一个国家或民族的历史包袱更

---

① 庄礼伟:《东帝汶棋局》,《南方周末》1999年9月10日.
② 路透社华盛顿1999年9月9日电。

加沉重，重新发展和前进的步伐更加缓慢。

附记：

　　这是本人在导师梁志明教授指导下完成并发表的第一篇论文。虽然现今重读，文章笔力和研究深度都有些稚嫩，但是鉴于此文对于本人研究生涯，尤其是导师授业之恩的特殊意义，特此选取。

二战前东南亚国家认同与分化的历史渊源[*]
——基于建构主义的分析视角

郑翠英[**]

在国际关系中,重视敌人的形象,很少探讨朋友的形象;重视持久的战争,很少探讨持久的友谊;重视战争的原因,很少探讨和平的原因。而国际关系的发展似乎证明,敌意导致的问题比友谊导致的问题严重得多,且很少有国家能够保持持久的友谊。国家间会因战略利益的考虑而结盟,并且表现得像朋友一样友好和互相帮助,但结盟仅是一种权宜安排,

---

[*] 文章节选自梁志明教授指导的北京大学博士研究生学位论文《走向安全共同体——兼论东盟地区秩序建构进程中的越南因素》导论和第二章"东南亚国家地区安全新观念的萌芽",2004年5月,略有删改。

[**] 郑翠英,2000—2004年在北京大学历史学系师从梁志明先生攻读世界史专业东南亚历史文化与现代化方向博士研究生,现为研究员。

且有时间限制，盟友最终成为敌人并诉诸战争的现象在国际关系发展史中并不鲜见。利益是国家制定对外政策和确定敌友的根本标准，"只有永恒的利益，没有永恒的朋友"，成为国家间关系的铁律。因此，探讨国家间可能存在友谊的观点会被认为是幼稚的，尤其是把这一讨论用于小国林立、曾被称为"巴尔干化"的东南亚地区，特别是长期相互怀疑、敌视和对抗的越南和东盟。

但是，不能否认国家间确实存在友谊，并且友谊会降低甚至消除国家间发生冲突的可能性。国际政治中的"友谊"不仅仅是政治家在"耍嘴皮子"，尽管这样的情况经常发生。国际社会中行为体之间的友谊并不表明行为体之间不存在矛盾，而是它们之间有一种真切的保证，即各方都确信相互间不会兵戎相见，并以和平方式解决他们之间的争端。这就是建构主义（constructivism）安全共同体（security community）理论所提出的实现安全的方式。在安全共同体中，"安全困境"得以消解，成员国形成了对和平变迁的可依赖预期。因此，安全共同体所创造的安全，不再是强权压制下的无奈选择，也不是收益成本比较下的理性取舍，而是建立在相互信任和集体认同的坚实基础之上，通过成员国的自觉、自愿和自律而实现的安全。

但是，真正、持久的安全不仅是没有战争威胁，还必须是一种发展与繁荣的存在。特别是对于东南亚中小国家来说，生存和免遭武力威胁仅仅是短期的安全目标，而长期的安全目标是经济的发展和社会的稳定与和谐。安全共同体理论还表明：东南亚国家可以在敏感的主体和加强一体化中寻找一条向安全共同体更高阶段迈进的道路，共同实现发展与繁荣。

"走向安全共同体"是二战后东盟对东南亚这一地区秩序的本土化建构进程，这是一个动态的、仍在不断进化和发展的历史进程。越南因素在东盟地区秩序建构进程中具有重要的地位和作用。二战后东南亚地区形成以越南为首的印支集团和东盟的两极分化与对峙的背景下，越南作为东盟的对立面，是东盟对东南亚地区秩序建构中的重要一环。它与东盟从对抗走向合作与融合，是二战后东南亚地区秩序建构的重要特征。同时，作为冷战时期大国在东南亚争夺的焦点，越南因素还有力地促进了东盟向安全共同体的转化。因此，"走向安全共同体"不仅是二战后东盟国家从敌人走向朋友的过程，也是东盟和越南为主导的两种地区秩序观念相互碰撞与融合、实现地区内两大集团化敌为友的过程。本文运用国际关系学的建构主义理论和历史学的分析方法，以观念、规范等文化因素为视角，研究了东南亚地区两种不同地区秩序观念的碰撞与融合，以及走向安全共同体的历史文化渊源。

认同概念是建构主义的逻辑起点和核心概念，是行为体之所以为"我"而非"他"的规定性。在形成认同的过程中，历史文化的同质性和相似性、共同的历史遭遇，以及由此产生的各行为体之间的共有观念等，都有助于认同的形成。亚历山大·温特认为，"客观同质性的增大可以使行为体重新认定其他行为体是自己的同类"。① 共同的历史文化奠定了东南亚国家具有灵活性、适应性的政治文化,殖民统治的共同历史遭遇形成了东南亚国家对民族与主权观念的追求。越南的历史文化在东南亚既有共性,也有特殊性,特别是二战前越南激进的民族主义倾向及马列主义意识形态,对二战后与其他东南亚国家的认同与分化产生了深刻的影响。

一、共同的历史文化特征:多样性中的统一性

地球上地形最为破碎的地带,就是今天被称为"东南亚"的地区。它横跨赤道两侧,由中南半岛和马来群岛两部分组成,群岛地区位于印度洋和太平洋之间,由1.2万多个珍珠般散落在广阔海域中的岛屿组成。半岛地区被南北走向的高山和河谷分割,大河流域下游的冲积平原和三角洲,成为东南亚早期王国的诞生和发育地。越南就是位于中南半岛东部,地形狭长,北南长达1650公里,东西最窄处仅有50公里,北部红河流域和南方湄公河流域居住着其大部分人口,也是越南的两个主要产粮区。因此,越南的地形被称为"一根扁担挑着两个谷筐"。

从地理上说,东南亚作为一个地区早就存在,是一个相

---

① 亚历山大·温特:《国际政治的社会理论》,秦亚青译,上海人民出版社,2000,第442页。

对独立的地理单位。但在第二次世界大战之前，人们并未将它作为一个"地区"来看待，该地区或是以中国为中心被称为"南洋""西洋"，或是以印度为中心被称为"远印度""外印度""东印度群岛"。1943年，盟军在东南亚成立"东南亚司令部"后，"东南亚"一词才开始被广泛使用。因此，在长期的历史发展中，东南亚仅仅处于世界政治的"边缘地带"，尚未作为一个地区单独存在。但前殖民时期东南亚的历史发展，从一定程度上奠定了东南亚作为一个地区以及越南作为东南亚地区一个国家的早期历史条件。公元前2世纪时，从中国经东南亚到印度的航线已经开辟，而且成为闻名的"海上丝绸之路"最早开辟和最为重要的一段航程，而越南是早期海上贸易的重要一环。"海上丝绸之路"从广州经越南中部、南部沿海而下，经过马来半岛和缅甸南部沿海，最后到达印度南部沿海港口。升龙（今河内）、马塔兰、亚齐、大城和马丹等东南亚大都市开始兴起，沿海国家走向兴盛。室利佛室、麻喏巴歇、马六甲先后成为海上贸易强国。从一定意义上，早期贸易不仅创造了国家，而且奠定了东南亚作为一个"地区"的地理范围。但东南亚作为一个地区不仅是地理空间概念，更是历史文化概念。东南亚国家历史文化的共同特征，成为当代东南亚国家认同的历史文化渊源。

（一）多样性构建了地区认同的松散性和灵活性

"多样性中的统一性"是国内外学者对东南亚历史文化特

征的普遍概括。东南亚地区处于印度、中国两大世界文明古国海上通道的必经之地,而东南亚地区破碎的地形,使这一地区一直未形成一个统一的政治和文化中心,早期东南亚的发展不断受到强大的中国文化、印度文化、伊斯兰文化和西方文化的影响和冲击,形成了东南亚纷繁复杂的宗教文化。

东南亚宗教文化的多样性首先表现为同一国家和地区在不同时期受到不同外部文化的影响。公元前后,东南亚当地的原始文化受到印度文化和中国文化,特别是印度文化的影响。从公元前后至11世纪之前,东南亚经历了一个"印度化"的时期。① 印度教和佛教成为东南亚占统治地位的宗教。12—13世纪是东南亚宗教转化的时期,位于中南半岛的缅甸、泰国、老挝、柬埔寨在13—15世纪完成了小乘佛教化的过程。在马来群岛地区,13世纪后伊斯兰教的影响逐渐扩大,成为印尼群岛和菲律宾南部占统治地位的宗教。西班牙入侵菲律宾后,天主教逐步成为菲律宾占统治地位的宗教。法国入侵越南后,天主教在越南成为仅次于佛教的第二大宗教。因此,东南亚宗教文化的多样性表现为信奉小乘佛教为主的半岛地区和信奉伊斯兰教的海岛地区,以及同一国家不同地区和民族之间宗教信仰的不同。就越南来说,北方地区主要受中国儒释道传统文化的影响,而南方则先后受到印度教、上座部佛教和天主教文化的冲击。

---

① 在这一时期的大部分时间里,越南作为中国南部交趾地区的一部分,处在中国封建王朝的直接统治之下,主要受到中国儒家文化的影响。

东南亚的多样性，还表现在其民族、种族和语言的多样性。东南亚地处民族和种族迁徙的"十字路口"，被称为人类广泛交往的"桥梁"，形成了极其复杂的人种和民族，东南亚因此被称为"人种和民族的博物馆"。东南亚各国毫无例外都是多民族国家，且各民族各操不同的语言。[①] 色彩斑斓的东南亚，可以说是当代亚洲多元性和复杂性的缩影。

传统的地区认同观认为，统一性是地区认同的基础，而多样性则是地区认同的障碍。但对东南亚国家来说，多样性和差异性才是其历史文化最为突出的特征。从这个角度来说，多样性正是东南亚区别于其他地区的最为显著的特征，多样性建构了当代东南亚国家在寻求认同方式上的松散性和灵活性。作为一个东南亚国家，越南的历史文化同样呈现出多样性与统一性共存的特征。

（二）统一性建构了对权威、家庭和亲友关系的珍重

东南亚历史文化在具有巨大多样性和差异性的同时，还具有相对的统一性和整体性。在印度文化和中国文化传入之前，东南亚并非文化的真空地带，而是有着自己的固有的本土文化。由于东南亚早期社会生产力水平低下，东南亚固有

---

① 印度尼西亚有100多个民族，菲律宾有90多个民族，越南有50多个民族，缅甸有30多个民族。越南、缅甸、柬埔寨、老挝、新加坡、文莱拥有占多数的主体民族；马来西亚则是少数民族人口较多，主体民族人口稍占优势；菲律宾、印度尼西亚各有几个大的民族，但没有一个民族的人口超过半数。参见梁英明、梁志明等：《近现代东南亚》，北京大学出版社，1994，绪论，第4-5页。

文化的特征，主要以村社文化的形式存在。由于村社文化所特有的封闭性、凝固性、稳定性，尽管东南亚文化在其历史发展过程中不断受到外来文化的冲击，但这些影响主要表现为对官方或上层文化的影响，而在多数居民中起主要作用的仍然是村社文化。印尼的主流文化——爪哇文化具有"忍耐宽让、协调平衡、接受融合、自我克制、互助合作、敬重权威"的特点[①]，突出反映了东南亚村社文化中人与人之间的相互关系。越南与同样受到儒家文化影响的新加坡都非常重视家庭和亲友的作用。越南人在称呼他人时，通常都要在对方名字的最后一个字前加上带有家庭或亲友关系的称谓，如"哥、姐、叔、伯"等。[②] 这种以村社文化为基础的本土文化，建构了二战后东南亚国家在国家政权的建立和制度建设方面采用重视权威的"本土化"体制威权主义，在处理国家关系时，也强调通过"家庭""亲友""兄弟"关系的方式，来促进相互间的认同与融合。

（三）对外来文化的本土化吸收建构了东南亚政治文化的"适应性"和"自主性"

东南亚历史文化在发展过程中不断遭到外来文化的冲击，但东南亚不是被动地接受外来文化，或是被外来文化改造，

[①] 唐慧：《论爪哇传统文化与印尼"潘查希拉"》，载《北大亚太研究》，香港社会科学出版社，2001，第224页。

[②] 越南人称呼胡志明（Ho Chi Minh）为"胡伯伯"（Bac Ho），这应是越南唯一一个姓氏前面加尊称的称谓。——笔者注

而是表现出相当大的自主性，即在本土文化基本上有选择地吸收外来文化。东南亚早期居民的泛灵信仰或是"万物有灵论"信仰对东南亚宗教文化的发展产生了深远的影响，其后传入东南亚的各种宗教文化，在其本土化过程中，无不打上了早期原始宗教的烙印。印度教、佛教和伊斯兰教在输入东南亚后，不再保留其原生的形态，而是经过了当地人"本土化""民族化"的选择性吸收，在东南亚国家扎下根来。越南在吸收中国文化的同时，也进行了一定的本土化改造，这种经过本土化改造的中国文化被称为"汉越文化"。"汉越文化"一方面与中国传统文化水乳交融，另一方面具有鲜明的越南民族特色。儒家学说在越南没有在中国那样丰厚深广，道家在越南多少失却了老庄哲学那种深沉的思辨色彩，佛学则在越南产生了自己的派别。越南科举制度中的儒、佛、道三教并试，是中国从未有过的。汉字和喃字所创造的文学作品，所反映的是越南特有的民族文化，特别是越南古代一些文学作品中所张扬的大越民族主义精神，更是其所独有的。

东南亚对外来文化的本土化，选择性吸收方式，使东南亚文化不是从属于外来文化的压力或被外来文化所征服，而是仍继续保持着独立性和自由性。因此，有学者认为应当把东南亚历史文化的发展过程看作东南亚"自主"发展的过程，即把"东南亚看作是持续不断地在'照管'其历史的过程"。① 早期东南亚吸收和融合外来文化的方式，塑造了二战后东南亚国家对外来事物的态度：在保持自主性的同时做出适应性变化。东南亚人"这种融合的适应性影响了其社会组织和权力、亲友、国家观念。这些早期历史影响在每个国家产生了不同层次的文化—宗教沉淀，证实了这一地区人民的灵活应变能力"。②

因此，东南亚地区历史文化多样性和统一性相结合的共同特征，以及东南亚对外来文化的吸收和融合态度在政治层面上的影响，就是建构了东南亚国家具有松散性、灵活性、适应性和本土化倾向的政治文化，成为东南亚地区区别于其他地区的独有特征。二战后东南亚国家威权主义政权的建立，采取本土化方式处理相互间关系，并在面临强大外来压力的情况下，在努力保持自主性的同时，对外部大国采取"为我所用"的灵活、实用态度，都与东南亚地区深远的历史文化渊源有着千丝万缕的联系。

二、共同的历史遭遇：殖民统治

二战前东南亚地区的历史不仅是一部文化发展史，更是

---

① 尼古拉斯·塔林:《剑桥东南亚史》第1卷，贺圣达等译，云南人民出版社，2003，第19页。

② Estrella D. Solidum, *Towards a Southeast Asia Community* (University of Philippines Press, 1974), pp. 12-13.

一部东南亚国家从没有生存权的"丛林时代",向萌发现代主权意识的洛克文化时代过渡的历史。在现代意义上的主权观念产生之前,国家间关系和国家行为的基本法则是赤裸裸的弱肉强食和吞并原则。① 在人类历史的大部分时间里,国家就生活在这种相互之间不承认生存权、人人为战的无政府状态中,征服和战争被认为是实现光荣与梦想的合法手段。越南近代史籍《越史镜》的论述充分表达了这一时期无政府文化的安全理念,"弱为强吞,劣为优并,在公理之所出必然,而非有悖乎人道也"。② 在这样的无政府文化下,早期东南亚国家之间的安全关系主要体现为敌视与对抗、征服与战争、保护与臣服的关系。这种弱肉强食、适者生存法则的结果,必然导致弱小国家的大量灭失。东南亚地区早期历史上曾出现过众多的城邦国家或海上贸易国,今天都已不复存在,一度强盛的跨岛海上贸易大国如麻喏巴歇、满者伯夷,也摆脱不了衰落了被灭亡的命运,只有强大的或是有能力自卫的国家如越南,才继续生存下来。早期越南与东南亚国家的安全关系,主要是与南部的占婆国、西部的老挝、西南部的柬埔寨的关系。占婆位于越南中部地区,在越南的不断南侵之下,于1693年灭亡。越南的版图扩展到了柬埔寨边界之时,正值柬埔寨吴哥王朝的衰落时期。在越南与暹罗(今泰国)对柬

---

① 参见黄仁伟、刘杰:《国家主权新论》,时事出版社,2004,第8页。
② 黄高启:《越史镜》,陈选平译,维新乙酉(1909)新镌本;《论我国征服占城及占腊》,转引自广西社会科学院印支研究所:《越南地区霸权主义问题》,1984年增刊,第355页。

埔寨的拉锯式争夺过程中，双方发生了数次战争。经过两个半世纪持续不断的南侵，到越南最后一个封建王朝阮朝，越南已经吞并了包括湄公河三角洲在内的下柬埔寨地区，即今天越南南部地区，把越南的疆域扩大到现代越南的范围，而且迫使柬埔寨俯首称臣，沦为越南的"保护国"。但在法国殖民者到来之后，它自己也沦为法国殖民者的"被保护国"。

真正意义上的国际关系始自拥有主权的民族国家的兴起。1648年威斯特伐利亚体系确立了现代民族国家的主权原则。主权原则最先是在欧洲建立的，但得到其他国家承认的外部主权和未得到其他国家承认的外部主权之间有着根本区别。威斯特伐利亚体系首先在欧洲确立了主权原则，欧洲国家认为自己拥有主权，但它们在对亚非拉国家进行殖民侵略和征服时，却并不认为这些国家拥有主权。但西方对亚洲国家的殖民统治所造成的一个客观效果，就是把主权观念从西方传播到东方，从而为殖民制度准备了掘墓人。

1511年葡萄牙人攻占马六甲，标志着东南亚国家殖民地化的开始。到19世纪末，东南亚国家除泰国保持形式上的独立外，其他国家分别沦为英国、法国、美国、荷兰等国的殖民地。[①]殖民者的到来激起了东南亚人民的反抗。在20世纪初东南亚民族与主权意识觉醒之前，东南亚反抗殖民统治的斗争主要由封建领主、贵族官吏和部落首领为领导，农民运动、

---

① 关于东南亚沦为殖民的历史，参见梁志明主编《殖民主义史：东南亚卷》，北京大学出版社，1999年。

勤王运动是其主要形式，斗争目的限于封建复国、恢复君主制。越南的勤王运动因规模大、时间长，成为这一时期东南亚反殖民斗争中的重要一页。民族国家和主权观念建构了东南亚新老民族主义者对生存的不同解释。面对法国的殖民侵略，越南阮氏王朝把国家的生存视为保全阮氏王朝的生存，不惜"引狼入室"，依靠法国打败西山起义军，从而为法国的殖民侵略打开了大门。而对于20世纪初包括胡志明在内的许多东南亚民族主义者来说，生存意味着摆脱殖民统治，建立在法理上与欧洲国家平等的民族独立国家。因此，正是主权意识的觉醒，赋予东南亚民族主义运动以新的观念和目标。而二战时期日本对东南亚的占领，暴露了西方殖民政权的脆弱性，打破了西方国家对东南亚地区的分割状态，使得该地区首次处于同一个殖民帝国的统治之下，客观上推动了东南亚各国民族主义者之间的相互了解，促进了东南亚民族主义的发展。① 因此，对战后东南亚的发展来说，"日本占领所带来的'防火墙'效应使得旧制度的恢复几乎成为泡影"。② 在民族与主权观念的影响下，推翻旧的殖民制度，建立独立的民族主权国家，成为二战后东南亚地区民族主义者的主要

---

① 日本在东南亚的军事法西斯统治给东南亚人民带来了深重的灾难，但它同时也发挥了殖民主义"双重使命"的作用。关于殖民主义"双重使命"的论述，参见林承节主编《殖民主义史：南亚卷》，北京大学出版社，1999，附录：《关于殖民主义"双重使命"的几点认识》。

② 尼古拉斯·塔林：《剑桥东南亚史》第2卷，贺圣达等译，云南人民出版社，2003，第465页。

任务。

三、越南历史文化与历史遭遇的特殊性

东南亚国家早期宗教文化的发展都不同程度地受到印度和中国文化的影响,而越南是东南亚地区受中国文化影响最深的国家,尽管这种影响在法国殖民者到来后有一定程度的减弱,但中国文化对越南上层官僚、士人、学者的长期而持续的影响,使越南上层形成了不断向中国学习及汲取经验的传统,从而使越南的反殖斗争、民族解放和发展道路与中国有着惊人的相似性。马列主义在中国的传播稍早于越南,所以也成为马列主义传入越南的途径之一。

越南不仅是东南亚国家最早萌发民族主义意识的国家,也是东南亚民族主义意识最为激进的国家。公元前111年,汉武帝灭南越国(包括今越南北部地区),在这一地区建立郡县。此后直至公元968年,是越南历史上的"北属时期"。中越两国特殊的历史关系一定程度上刺激了越南民族主义的发展,也决定了越南难于与中国形成真正意义上的认同。越南沦为法国的殖民地后,法国殖民统治者的僵化和毫不让步政策,促进了越南民族主义的"激进化"倾向。在法国的压制下,越南内部以封建士大夫为代表的勤王运动、以潘周桢和潘佩珠为代表的资产阶级领导的民族解放运动相继失败。法

国殖民者对温和派寸步不让,为革命团体的兴起开辟了道路。1930年,越南国民党发动的安沛起义失败后,领导越南民族解放运动的主导权转移到越南共产党手中。正如霍尔所指出的:"只有法属印度支那,共产主义分子控制了越南的民族主义运动,这是由于法国人不肯让步造成的。"[1] 越南民族解放运动领导者的马列主义意识形态,成为战后初期、特别是冷战时期影响越南与其他东南亚国家分化的一个主要因素。

作为东南亚国家,越南政治文化不仅具有东南亚地区"松散性""适应性""灵活性"等特点,还带有强烈的民族主义和意识形态色彩。这二者的结合,形成了越南特殊的民族性——"弹性与刚性相结合"(flexible rigidity)。这一方面体现为越南民族目标的坚定性,另一方面又体现为越南为实现民族目标所采取的具有高度灵活性和适应性的策略,善于利用外部力量达到自己的目标,即越南所说的"民族力量和时代力量相结合"。

传统的地区概念认为,地区是指由地理邻近和民族、语言、文化具有统一性的国家所构成的地域性单位或体系。东南亚国家所处的地理特征,多样性与统一性相结合的历史文化,以及遭受殖民统治的共同经历等,都有助于地区认同的形成。但是,传统的地区观过多强调了"地理、社会、历史文化"等静态因素(fixed factors)的同质性或相似性,这种

---

[1] 丹尼尔·G.E. 霍尔:《东南亚史》,中山大学东南亚历史研究所译,1982,第865页。

方法会导致静态的地区观。因此，新的地区观应超越这种既定的、自然的属性，建立在行为体互动过程中形成的观念、规范等动态因素（dynamic factors）之上。在这个意义上，地区不仅是具有共同的文化或共同的历史遭遇的必然结果，还必须是在观念指导下的有意识建构的过程。

二战后，大国在东南亚的冷战对峙升级，并在越南演变为"热战"。越战升级进一步强化了越南传统政治文化中"刚性"的一面，推动越南形成外向型、等级式、军事型安全观；而其他东南亚国家则在强大外部压力、复杂内部矛盾之下，开始基于传统的本土化政治文化，尝试构建地区规范，并于1967年成立东盟，逐步形成以"协商一致"为核心的"东盟方式"。越南在外向型、等级式、军事型安全观驱动下，谋求通过入侵柬埔寨，在印支地区建立霸权，以构建"安全屏障"。越南侵柬促使东盟内部在柬埔寨问题上强化交流与互动，并积极走上国际舞台，东南亚地区两种不同地区秩序观在柬埔寨问题上发生激烈对抗与交锋。同时，侵柬行动使越南付出巨大代价，也使其传统安全观陷入危机。1986年越共"六大"后，越南传统安全观逐步发生变化，为冷战结束后"两个东南亚"向"一个东南亚"转变构建了认同基础。1995年越南加入东盟，是东南亚地区"安全共同体"构建过程中的里程碑事件。可以说，东南亚正式成为一个"地区"，是一个长期的、动态的、在观念指导下的有意识的建构过程。

20世纪初期荷属东印度殖民政策改革探析*

郁川虎**

20世纪前40年里,荷兰殖民者打着"道义"旗号,在印尼群岛推行殖民改革,实施了一系列新政策举措。本文力图探究此一改革的历史背景和动因,阐述其主要措施和特征,剖析实质及影响,透视改革的局限性和客观历史作用。

一、殖民政策改革的背景和缘起

19世纪后期,资本主义逐渐进入垄断阶段,对投资场所

---

* 本文系笔者硕士论文摘要版,原文收入《殖民主义史·东南亚卷》,北京大学出版社,1999,第374-415页。

** 郁川虎,1991年9月至1994年7月,在北京大学历史学系师从梁志明先生攻读世界近现代史专业东南亚近现代史方向硕士研究生。现任中国和平统一促进会研究室主任。

和战略要地的争夺引起分割世界的斗争更加尖锐化。"甩掉套在脖子上的磨盘"①——放弃殖民地的鼓噪,再度被"前进运动"——扩展殖民地的步伐湮没。英国以印度为营盘兼并缅甸,并将触角伸向马来半岛,在海峡殖民地之外建立起"马来联邦"和"马来属邦"。法国19世纪60年代吞并南圻进而向中圻、北圻扩张,到19世纪80年代末90年代初不仅囊括整个越南而且将柬埔寨、老挝及中国广州湾"租借地"一并纳入法属印度支那联邦的势力范围。19世纪90年代中后期,日本侵占中国台湾,美国从西班牙手中夺走菲律宾,加紧向海岛和半岛地区渗透。

荷兰资本主义发展相对缓慢,海外殖民地成为其粮食和原料供给者、工业品销售市场、资本投放地及人口调节阀。在英法美的激烈争夺中,尤其是争夺北婆罗洲导致的危机,使荷兰放弃了东印度公司统治时期仅在香料群岛和贸易通道上建立据点的"蓝海水政策"及荷兰政府接管后近半个世纪里"开发爪哇,忽略外岛","尽量少干预爪哇以外领地酋长权力"②的策略,疾速扩展殖民统治。荷兰总督罗丘森率部三征巴厘,占领西伊里安,侵入苏拉威西和锡亚克。挑起亚齐战争,扫荡苏门答腊抵抗势力。吞并南巴达克,控制南苏拉威西、马鲁古及小巽他群岛的土邦和部落联盟。迫使土邦首领们签订《简明条约》,承认荷兰的宗主权。到19世纪末20

---

① 列宁:《帝国主义是资本主义最高阶段》,人民出版社,1953,第85-86页。
② 丹尼尔·G.E.霍尔:《东南亚史》(下册),商务印书馆,1982,第667页。

世纪初,荷兰殖民者已将整个印尼群岛置于有效控制之下。但是,由于资本主义发展的不平衡性和列强瓜分狂潮的威胁,荷兰被迫实行"门户开放"政策,英、法、美、日、德、比等国经济势力竞相涌入,在印尼群岛投资开发、分享殖民利益。如何在列强纷争和利益角逐中维持宗主地位并保障殖民利益,成为荷兰殖民统治的紧要问题。

更大威胁来自荷属东印度的贫困和动荡。自由主义殖民政策一度带来巨额经济利益,仅1867—1877年荷兰就从东印度殖民地攫取了1.87亿盾的"账尾剩余金"(batig slot)。① 但是,自由主义殖民政策弊端及带来的问题也日益暴露出来。荷兰殖民当局虽然不过多地干预经济事务,但必须为私人企业保障"安宁与秩序",提供灌溉、道路、学校、港口等基础设施,为农场主及矿业主的开发获得更大地盘。因而,扩大殖民征服、增设殖民机构、扩充行政人员、置办交通、通信事业等,使开支连年增加;私营企业主尤其种植园主和矿业主却千方百计逃税,加之农作物病害蔓延,出口作物价格跌落,农场主乘机压低租地金,使荷兰殖民当局财政收入锐减,不仅供给母国的"账尾剩余金"在1877年后枯竭了,而且财政赤字猛增,从1883年4500万盾到1898年增为5500万盾。② 为摆脱困境,荷兰殖民当局向农民加税。广大农民在自由主

---

① L. M. penders, *Indonesia: Selected Documents on Colonialism and Nationalism 1830–1942* (Queensland 1977), p. 61.

② J. S. Furnivall, *NetherlandsIndia: A Study of Plural Economy* (Cambridge 1939), p. 211.

义殖民政策下并没有分享到经济发展的红利,反而随着外籍种植园扩展越来越多地失去土地,在愈益繁重的赋税压榨下日益贫困化。从19世纪80年代起,农民反抗殖民者征税及种植园兼并土地的斗争不断发生,酿成萨敏运动、芝勒贡起义等大规模武装斗争。普遍贫困引发的动荡日益严重地威胁荷兰殖民统治利益。

荷兰国内关于殖民地改革的呼声逐渐高涨。东印度的恶劣状况直接威胁到荷兰制造商、销售商及金融资本家的利益,引起经济界的忧虑与不满。他们认为自由主义殖民政策已经搁浅,强烈要求对殖民地经济和财政状况采取有力的改善措施,使之成为原料供应、商品倾销和资本输出"良好而稳定"的场所。

殖民地的困境在政界反响更为强烈。在野党纷纷向自由主义殖民政策发难,他们鼓吹兼顾人道主义与正当商业法则的新殖民方针。垄断资产阶级政党新教权党领袖亚伯拉罕·库普(A. Kuyper)在起草的新党纲中主张"我们的殖民政策应由道义观念来主导,必须采取对当地人民福利负道义责任的政策"。[①]民主派自由党、社会党等也倡导"福利与分权",促进"当地居民物质与精神的进步",乃至给予一定的政治自由,逐步实现自治。

与此同时,舆论界出现了对自由主义殖民政策的猛烈抨

---

① 丹尼尔·G.E.霍尔:《东南亚史》(下册),商务印书馆,1982,第809、第849页。

击和改革殖民政策的强烈呼吁。布兰德（J. Van den Brand）出版了他对苏门答腊日里烟草种植园契约劳工状况的考察报告《出自日里的血汗钱》，引起舆论哗然。范·德文特（C. Th. Van Deventer）在《向导报》上发表题为《良心债务》的文章，称从东印度攫取高达 1.87 亿盾"账尾剩余金"是良心上的负债，必须偿还。布鲁舒弗特（P. Brooshooft）出版小册子《殖民政策中的道义》，对在东印度实行的自由主义殖民政策进行了最深刻揭露和最猛烈的抨击，高呼是该真心诚意给当地居民以物质和精神福利的时候了。荷兰国内许多杂志、报纸也为这种思潮和舆论推波助澜。

1901 年大选改变了荷兰国内政局，自由党下台，新卡尔文党与天主教党联盟执政。亚伯拉罕·库普就任内阁总理，宣称对东印度实行旨在"促进经济发展，增进土著福利"的殖民政策。[①] 9 月，威赫明娜女王（Queen Wilhelmina）在国会演讲中宣称，"作为一个基督教国家，荷兰有义务改善东印度基督徒的处境" "荷兰对东印度人的幸福负有道义责任"。[②] 1902 年，新任殖民大臣艾登伯格（A. W. F. Idenburg）提出殖民政纲，宣称"出于道义，出于正义，出于强者对弱者的高尚情感和先进民族对落后民族的道义使命"[③]，出台、施行新的殖民政策。

[①] J. D. Legge, *Indonesia* (Sedney 1977), pp. 96-97.
[②] Victor Purcell, *South and East Asia since 1800* (Cambrige 1965), p. 103
[③] Alisa G. Thomason Zairrudhin, *A History of Indonesia* (Australia 1980), p. 139.

综上可见，进入帝国主义阶段后，列强对殖民地争夺加剧，为巩固扩大殖民统治利益，应对东印度贫困与动荡的情势，在荷兰国内朝野及各界的推动下，20世纪初荷兰殖民者着手改革旧政策，推行新的殖民政策——"道义政策"。

二、殖民政策改革的主要举措

从20世纪初开始直到太平洋战争爆发后，荷兰在东印度的统治被日本占领打断，其间虽有第一次世界大战的影响，30年代经济大危机的冲击，保守势力的牵制，以及频繁更迭的殖民大臣和总督在政策策略上的各有侧重，概括起来，在"道义"名义下，围绕"效率、福利和自治"轴心，陆续推行了以下改革措施。

（一）以"分权"为旗号的行政改革

改革前，荷属东印度统治体制是由来已久的高度集权制。荷兰国会掌握殖民地财政、货币及其他重要事务的立法权，对国会负责的殖民大臣提名并由国王任命的总督是荷兰在东印度的全权代表。在东印度，总督是最高行政长官，各部长官由总督经国王同意后任命并对总督负责。对地方采取分而治之，分为政府直辖地和藩属土邦，行政机构分欧洲人系统和当地人系统，在这种二元主义结构中，采取间接统治和

"同类治理同类"的方式。统治体制改革趋向是从集权导向"分权",设想逐步将权力从海牙转到巴达维亚、从总督转到各部及各级政府,从欧洲人手里转到印尼籍官员手中。

行政改革包括增设职能部门,调整行政区划。为便于殖民当局在经济和社会建设中发挥积极作用,1904年设农业部,1907年设公共事业部,1911年将农业部扩展为农工商业部,后来又增设交通水利部及经济事务部。为提高行政效率,扩大地方权力,于1925年通过东印度政府组织法,废除原驻扎区,在爪哇设三省——西爪哇、东爪哇和中爪哇,省下置县。1932年通过了外岛行政改革法案,在外岛设苏门答腊、婆罗洲和大东三大区;在民族地区设盟,成立盟委会。1938年改大区为省,增设米南加保、班查尔、巨港等盟,赋予地方一定权力。

创设各级代议机关,部分下放权力。1903年,荷兰国会通过了殖民大臣艾登伯格提出的分权方案,后又颁布了分权法案的补充条款。规定设立由欧洲人、印尼人和东方外国人(华人及阿拉伯人等)组成的地方议会,负责制定地方财政预算,以及对当地公共事业的监管。市议会率先设立,仿效荷兰国内自治市议会,大都由市长任议会主席,所有议员通过有限选举方式产生。其后,驻扎区议会在爪哇也普遍设立。随着19世纪20年代驻扎区被取消,代之以新组建的省和代议机构省议会及其常务委员会。土邦州(县)也设立议会,欧洲人占1/5—1/3议席,皆为指定议员;印尼人议员占绝大多数，部分指定、部分选举产生，州（县）议会参与预算制定，监督公共事业，对乡村事务也有发言权。1918年5月，设立东印度"大议会"，由欧洲人、印尼人、华人及其他亚洲人三个方面的当选议员和指定议员组成，赋予咨议权。

扩大当地官员职权，减少外籍官员干涉。1912年迈出第一步，把荷兰籍督察官的一些职权包括调查乡村不满、指导乡村选举、决定税额、监督区域内财政等下放给本地籍区长。后又实施"反监护"法案①，使本地籍州（县）长不再受荷兰人指手画脚的"监护"，独立行使诸如建议、举荐、调查、监督等权力。

（二）以政府干预为特征的经济措施

东印度恶劣的经济状况引起宗主国的极大震惊，经专家特别委员会实地考察提出废止自由放任、实行政府积极干预经济的建议。赫兹、艾登伯格、斯蒂卢姆、福克等总督相继采取了一些扶助措施。

第一，争取提供贷款援助，终止对宗主国财政供纳。陷于窘困的荷属东印度此时最急需的就是资金，正如德文特所说"钱是东印度这架机器渡过死点必需的润滑油"②。但荷兰国会不愿意偿还"良心债务"，经过反复争取，同意从1905

---

① J. S. Furnivall, *Netherlands India*, op. cit, pp. 292-293.
② C. Th. Van Deventer, "A Welfare Policy for the Indies," cited from *Indonesia Economics: the Concept of Dualism in Theory and Policy* (Hague: 1961), p. 262.

年起分期提供给东印度共计4000万盾的贷款援助。殖民地财政与宗主国分离在1912年最终实现。

第二,开展农业科研,传播农用技术。1903年开办茂物农业学校,培训农技人员。1905年增设农业部加强农业督导监管。1911年成立农业咨询局,既向政府提建议,也对农户开展咨询和指导,介绍农业信息,普及农业知识,推广农作物优良品种和种植方法等。在许多地方设置改良品种、防治病害、革新农具、开展农业科研的试验场,后又设立农业中心试验站和自然科学总会,负责指导和协调包括农业科学在内的研究与实验。

第三,改革土地租赁制度,赎买回收私有地。做出若干明确规定,加强对土地租赁的管理和监督。颁布《最低租金法规》,保障出租者收取合理的租地金。为改变私有地不受政府约束的状况,殖民当局采取赎买方式将其转化为政府地产。自1910年该方案开始实施,殖民当局赎回第一批私有地,到1931年,50%的私有地又重归政府所有[1]。

第四,扩展灌溉,移民外岛。针对"爪哇因人口过剩陷于贫困,外岛则因人口缺乏而遭受贫困",殖民当局一面组织兴修水利、改善灌溉设施,以增加水稻等粮食产量;一面从爪哇向地广人稀的外岛移民。1905年在苏门答腊的楠榜建立第一批移居点,后来又在班古鲁、婆罗洲及苏拉威西岛建立

---

[1] Van der Kroef, *Dutch Colonial Policy in Indonesia* (New York 1953), p. 273.

了移民点。特别是20世纪30年代大危机之后，外岛种植园对劳工需求增加，殖民当局还设立专门委员会，负责协调移民工作。

第五，建立信贷系统，提供农贷。接管私营当铺，到1916年底，殖民当局控制了爪哇及马都拉的所有当铺行。在农贷需求主要的地方，建立包括米谷行、村银行、州（县）银行的三级公共信贷系统。1933年设立大众银行，既统辖州（县）银行又监督村银行，推动各地金融机构合作。

第六，扶助本地工业。殖民当局自1905年起设立促进工业发展的专门机构，但直到30年代才采取实际扶助措施。针对不同类型，或者帮助引进技术、寻求原料供应渠道，或更直接地提供贷款、调剂销售、促进当地人企业与华人企业等合作。1934年在经济事务部下设立工业局，加强工业政策制定、生产技术研究、产品宣传与消费引导等工作。1936年成立工业基金会，在政府担保下向小型工业企业提供长期贷款，以减轻对包买商的依附。对当地工业所需机器、工具、原料的进口也给予一定的进口税豁免权。为保护东印度工业，殖民当局还调整商品进口政策。20世纪30年代颁布《危机时期进口管制条例》限制某些产品的进口，特别是对廉价日货如水泥等予以严格限制，保护当地工业免受冲击。对东印度出口货物如椰干、棕油、蔗糖、大米等给予特惠。1937年实行进口许可证制度，防止垄断组织兴起损害当地小型工业。

(三) 以西化为取向的教改举措

荷兰殖民当局向来不重视当地人的教育。19世纪中叶以后，随着殖民统治扩张，西方人企业迅猛发展，政府和企业对低级职员、雇员需求增加，对当地人的教育才应运而生，但整体发展缓慢，到19世纪末仅开设了供贵族和富家子弟就读的小学。进入20世纪后，打着"道义"旗号的改革者们纷纷把目光投向对当地人子弟的教育。

阿本达伦（J. H. Abendanon）任教育局长时（1901—1905年），重视精英教育，将万隆、玛格琅和庞越的三家旧式士官学校改为本地官员培训学校（OSVIA），将爪哇医士学校改为本地医生培训学校（STOVIA），招收毕业于欧式小学的印尼人子弟。为扩大土著平民子弟上升为社会精英的机会，作为跳板的欧式小学也对印尼人开放，而且特别规定家长月收入低于50盾的印尼人子弟可免缴学费。[1]

范·赫兹（Van Heutz）担任总督期间（1904—1909年），大众教育得到扶持。在荷属东印度开办新型乡村小学，由殖民当局提供教材，并给予一定补贴；而由乡村承担大部分费用，包括兴建、维护校舍及支付教师工资等。这些学校学制三年，用当地方言教授读写、算术和实用知识。乡村小学普遍建立起来，到1912年已超过2500间。[2]

---

[1] M. C. Ricklefs, *A History of Modern Indonesia* (London 1981), p. 149.
[2] M. C. Ricklefs, op. cit. p. 151.

改革旧式两级制小学。供印尼上层子弟就学的本地一级小学改为荷巫学校（Dutch-Indonesia school），纳入荷属东印度欧式学校系统，可通向欧式中等教育。二级学校从1908年起改为"标准小学"，位居低级乡村小学和一级学校之间。1912年又开办五年制衔接学校，从而拓宽了本地学生尤其是乡村小学生进入欧式中等学校的途径。

创办中、高等学校。1914年开办初级中学，在各种小学毕业的印尼人子弟都有机会入学。1919年开办高级中学，以培训学生进入高等学校。一些专门高等学校也陆续开办起来。1920年万隆高等技术学校（工学院）创立，开荷属东印度高等教育之先河。其后，法律高等学校（法学院）于1924年在巴达维亚创立，本地医生培训学校1927年转为高等医科学校（医学院），后又开办文学院。1941年，大议会通过了设立门类齐全的农业学院的议案，并决议把所有高等学院合并成一所大学。

此外，职业教育与技术培训也受到重视。1909年泗水、三宝垄、巴达维亚建立起第一批公立职业学校，教授金属冶炼、器具制造、机械维修等技术。从1915年起又在乡村开办传授实用技术的职业培训。万隆开办了商业学校。其他如种痘人员、助产士、护士、化验师、药剂师助理、实验室助手、兽医、火车站站长、电报员等培训班在巴达维亚、苏甲巫眉等地广泛开办起来。农业教育尤为突出。在茂物设有高等农校，为农业咨询局、林务局及欧洲人的大农场培养技术人员。

在苏甲巫眉、玛格琅设有种植学校培训低级农技员,甚至村小也开设农业课。1927 年 20 所高级小学学制从 5 年延长到 6 年,最后一年用来讲授农业知识。为保障供给村小农业课师资,1929 年又在茂物开办了农科教员培训学校。

(四)以增进当地福祉为名义的社会改革

"道义政策"的倡导者们极力主张荷属东印度除物质方面的进步,还应包括精神生活、社会道德等方面的改进,如改良公众卫生、限制鸦片吸食、兴办慈善事业、倡导公共道德、改善劳工待遇等。

在人道主义和公众福利旗号下,荷兰殖民当局为改良公众卫生采取了相关措施:(1)为防治天花而组织种痘队,实行种痘队员分片负责制;(2)设置巴斯德研究所,加强狂犬病防治;(3)设立疟疾防治局,组织大规模消灭蚊蝇行动;(4)为减少鼠害,防止鼠疫暴发和蔓延,鼓励并拨款资助居民以瓦代草改造屋顶;(5)建立医疗实验室,指导协调民间医疗和防疫工作;(6)公共卫生局增设宣教处专司公众卫生宣传教育,普及防疫知识,改善卫生习惯。为杜绝委托经营产生流弊,设立鸦片管理局,直接经营鸦片生产与售卖,统辖各地公卖机构,防止走私和黑市交易。为缓解大萧条时期的严重失业问题,颁布特别法令限制国外劳工输入,保护当地劳动力市场。对孤幼的扶助也纳入福利计划,甚至在勿里达和万隆设有工读学校,负责对少年犯的教化。此外,还提倡移风易俗，颁布婚姻法，保护妇女，废止童婚，禁止卖淫和贩卖人口，限制淫秽书刊电影等。

荷兰殖民当局逐步修改劳工法案，废除刑罚条款。（1）1931年颁布法规要求已有企业在五年内将雇工中的契约劳工减少到50%；限制刑罚条款的适用范围；重新雇用的合同不再附加刑罚条款。（2）1936年再颁布法令，规定自1940年1月1日起，1921年及此前开办的企业不得再有附加刑罚条款的契约劳工；1922年至1927年开办的种植园在1941—1946年废除刑罚条款。（3）1939年10月，又颁布一项法令，规定在农场和工矿企业中禁止使用附加刑罚条款的契约劳工。（4）1940年11月，荷印总督宣布附有刑罚条款的契约劳工制度于1942年1月1日彻底废除。①

同时，加强对劳工招募的监督与管理。1936年劳工法案对契约签订有特别规定：（1）契约必须在爪哇签订；（2）契约劳工必须持有村长出具的外出务工许可证；（3）已婚妇女若不是与丈夫同行必须持有当局的特别许可证；（4）在出发口岸，被招募劳工必须在官员监护下当面在契约上签字，而该官员在24小时前必须向其宣读和解释契约条款，拒绝签字的劳工则由雇主或募工机构负担费用加以遣返；（5）经司法部门批准的雇主联合会掌管所有募工机构，募工代理人不得在家乡以外开展招募。

---

① Virginia Thompson：《印度尼西亚劳工问题》，译文载《南洋问题资料译丛》1963年第2期，第70-73页。

三、殖民政策改革的实质及其影响

荷兰殖民者打着"道义"旗号在印尼群岛推行政治、经济、教育、社会方面改革,是否真像改革倡导者和新殖民政策制定者所标榜及一些西方学者所附和的"出于道义,出于正义,出于强者对弱者的高尚情感、先进民族对落后民族的道义使命","是对东印度的帮助与赐福"[①];或像另一些学者所认为的"只是荷兰工业家为了在东印度获得更大市场、金融家为了更良好投资场所发出的呼吁"[②]"它徒有其表,并无实效"呢?[③] 本文认为,对这个问题要历史地看,发展地看;既要认清其本质,也要看到客观历史作用与深远历史影响。

诚然,殖民改革没有给殖民地民众带来福利。改革者声称"为了东印度的利益和当地居民的福利",然而"道义政策"推行了几十年,巴达维亚一直未摆脱来自海牙的操纵与控制,荷属东印度"仍然是一个被统治而非自治的领地"[④]。各级议会逐步建立起来,但权力非常有限。大议会究竟没能

---

① Neijetzell de Wilde, "Dutch Policy in the East Indies," *Asiatic Review* 30 (1934): 223.
② 萨努西·巴尼:《印度尼西亚史》,吴世璜译,商务印书馆,1959,第620页。
③ 约翰·F. 卡迪:《东南亚历史发展》(下册),姚楠、马宁译,上海译文出版社,1988,第448页。
④ C.E. 布莱克、E.C. 赫尔姆赖克:《二十世纪欧洲史》,山东大学外文系英语翻译组译,人民出版社,1982,第432页。

成为真正的国会，尤其在立法与决策方面有名无实。分权原则没有得到切实贯彻，殖民地统治体制依然如故。以总督为首的荷兰殖民当局及欧洲人行政系统不愿真正放权，当地行政机构和本地官员在"分权""解放"名义下并没有获得独立管理地方事务的权力，也没有摆脱过分干预和严格监督，依然是"统治下的统治"。

至于广大平民，参政、议政不可能，言论、集会、结社无自由，连公民资格也没有，法律上对他们另设公堂，区别对待，等而下之，社会上受歧视、遭排挤。即使受过欧式教育、有文化的印尼人也不见容于欧洲人居支配地位的权力体制，被压迫在政界、商界、企业界底层难有出头之日。从经济方面看，一系列改革措施确乎促进了荷属东印度经济增长，土地政策、外来投资、外岛开发使农矿产品猛增，出口攀升，但当地人并未从中受益；移民外岛、扩展水利、组织农贷、发展工业等也未能真正改变当地人的困境。外国资本趁"门户开放"之便蜂拥而入，租赁兼并土地，开辟种植园，使村社公有土地越来越少，农民分地越来越小。为谋生计不少人从乡村走进欧洲人开设的工厂，或去种植园和矿山做苦工，为农场主、矿场主创造巨额财富却分享不到应有的福利份额。绝大多数农场工人和贫民不能维持基本生活，危机年头更是挣扎于"一天只有半分钱"①的窘境。乃至殖民当局的调查也

---

① Van der Kroef, op cit., p.336.

表明20世纪30年代农民状况比20世纪初始并无明显好转，有些地方甚至更加恶化。随着各地各级各种学校陆续开设，印尼人子弟受教育的数量和程度有较大增长，但总体上仍不敷所需，荷属东印度许多地方仍然教育落后、文育缺失。广大民众营养不足，缺医少药，死亡率高达20‰—30‰，几无福利可言。

从根本上看，"道义政策"若干措施是以维护宗主国和殖民当局利益为目的。改革统治体制是因为既有体制不适应空前广阔地盘上日益庞大的机构和愈益繁多的事务。分权与其说要扩大地方政府的权力，毋宁说主要为了提高统治效率、减轻政府负担、降低财政开支和安抚民众的不满情绪及参政要求。自治从来就不是荷兰殖民统治的目标取向。为维护殖民统治、确保"安宁与秩序"而监视公众政治活动，动辄取缔民族主义政党，驱散集会，查封报刊，逮捕、流放民族运动领袖，"像突然发现自己床上有条蛇一样"① 疯狂打击、镇压激进民族主义运动和武装起义。

以改革确保母国利益，在经济方面更为突出。殖民当局一面叫嚣发展当地经济，导向东印度经济自立；一面极力维护以荷资为主体的西方企业利益不受影响。殖民经济的两根支柱——维持劳动力低工资与荷兰资本支配地位不可动摇。任何措施如援助、农贷、农业咨询、工业扶助都不得改变殖

---

① Amry, Van den bosch, *The Dutch East Indies, Its Government, Problems and Politics* (Los Angeles 1942), p. 333.

民经济性质，也不得触及宗主国和殖民者的根本利益。一些名为扶助当地民众摆脱困境的措施实际上让殖民者大获其利。兴修水利使欧洲人种植园饱受灌溉之利；移民外岛为种植园和矿场提供了充足而廉价的劳动力；农业科技、新品种、新方法大多首先用于种植园；改善医疗卫生有助于劳工的可持续，防疫也减少了传染病对欧洲人的威胁；官营当铺和鸦片烟馆使殖民当局从中获得高额垄断利润。修订劳工法案，逐步取消刑罚条款，却并不勒令农场主严格执行。置校办学是为了给政府机关和西方企业提供足量而廉价的低级别职员，核心目的则是通过西化教育培植亲荷势力维护殖民关系。正如荷兰政府印尼事务顾问斯洛克·胡格伦治（Snouch Hurgronje）谋划的那样，为了"建立一个地理上遥遥相隔、精神上紧紧相连，一个在西北欧、一个在东南亚，这样两部分构成的荷兰帝国，我们就必须在领土兼并之后，进行精神上的兼并"。[1]

可见，新殖民政策并非像当时荷兰国内改革者所宣称的"出于道义、出于正义、出于良知、出于强者对弱者的高尚情感"，也非一些西方学者附和、辩护的"赐福""使命"。从根本上看，"道义政策"是为了维护宗主国的政治统治与经济利益。归根结底，所谓"道义政策"无非是进入帝国主义阶段后，荷兰垄断资产阶级为适应殖民剥削与统治需要，在冠冕堂皇的"道义"幌子下对殖民政策所做的非本质性调整。

---

[1] L. M. Penders, op. cit. p. 91.

它没有给印尼人民带来福利,也不可能为印尼人民谋福利。

不可否认,此一时期的殖民政策及改革措施在客观上对印尼社会历史发展产生了某些推动作用。这表现在以下两方面。

一方面,加速传统社会解体,促进了印尼社会现代因素的增长。

土地关系发生变化,衍生出新的社会纽带。由于土地法的修订,方便了农场主承租,加之地主、富农、高利贷者及乡村官吏趁机夺占,印尼村社土地占有制逐渐转化为私人土地占有制。以爪哇为例,自1882年至1932年,私人占有地所占比例从38%上升到82%,固定分配的公有地却从24%下降到9%,定期分配的公有地也从24.8%下降到4.4%。[①]村社制度的一个主要特征——土地公有已消失殆尽。与之相应则是种植园土地迅速增加,到二战爆发前夕外国种植园在印尼占当时全部耕地面积的22.3%。[②]日益庞大的外国种植园大量侵蚀村社土地,把村社农民变成农场工人,以血缘亲族为基础的互助合作关系变成以金钱为基础的契约关系(如契约劳工与农场主的关系),旧的村社组织纽带代之以新的集体约束(如伊斯兰联盟在爪哇农村的扩展,工会组织在种植园的兴起)。资本的力量冲破印尼传统社会的藩篱,使它大块大块地

[①] 饭岛正:《印度尼西亚土地改革与村社》,《南洋问题资料译丛》1974年第2期,第72-73页。

[②] 科托夫斯基等:《东方国家的土地关系》,贝金译,世界知识出版社,1959,第235页。

坍塌。

商品经济渗入农村，改变传统生产生活方式。农民需要货币来支付地租，购买生活用品，尤其在大量西方工业品取代当地传统手工业品之后，农民对货币需求进一步增加。为取得货币，农民被迫向高利贷者借债，或者低租金出租土地，主要通过扩大商品作物种植换取货币。据统计，1937年，爪哇农户商品作物种植面积近100万公顷，占全部耕地面积的10%，加上商品粮种植则占40%；外岛不包括商品粮在内的商品作物种植面积占农地的30%。[1] 1898年，印尼农民农产品输出占总出口额的11%，到1937年增加到45%。[2] 农民被大量卷入资本主义商品经济旋涡，他们中许多人再也不能像往昔那样在家族式手纺业、手织业和手力畜力农业相结合、自给自足的村社中过闭关自守的生活。

随着村社制度解体，传统社会结构逐渐崩溃。旧式贵族的权力日益被削弱、被剥夺。近代教育和文官制度"像炸药一样摧毁封建等级制度的堡垒"[3]，为新的权力阶层的出现开辟了道路。以出身划分等级的传统价值观念逐渐被倚重个人成就的价值取向所取代。"道义政策"时期扩展交通、铺设铁路、置办电报电话、营建港口码头、发展航运事业、引进机

---

[1] 尤·阿·索尼科夫：《印度尼西亚的土地关系》，《南洋问题资料译丛》1958年第4期，第37页。

[2] J. S. Furnivall, *Colonial Policy and Practice* (New York 1984), p. 252.

[3] W. F. Wertheim SiauwGiap, "Social Change in Java 1900–1930," *Pacific Affairs* 135 (1962): 231.

器设备、兴办近代工业则意味着与世界联系加强，生产力进步和新生产方式出现。这些直接或间接地促进了传统印尼社会中现代因素的增长。

另一方面，为印尼民族主义运动兴起和发展准备了客观条件。

殖民扩张与体制改革下统一要素潜滋暗长。整个印尼群岛纳入荷印殖民当局有效控制之下，加之统治体制改革如重新划分行政区、建立健全统治机构，并用现代交通通信等日益紧密地把各级各地联结起来，出现了前所未有的历史上显赫一时的室利佛逝和麻诺巴歇时期也无可比拟的统一局面。殖民当局本来作为民族压迫和种族歧视的语言政策——不允许当地人使用荷兰语仅可用马来语交流，意外催生了当地人共同语言逐渐形成。而领土的空前统一、共同语言的形成客观上有利于印尼群岛各地区各民族各部族之间的联系、交往和相互了解，为统一民族意识的产生、印尼民族主义运动的兴起和民族国家的诞生准备了前提和条件。

近代企业扩展使无产阶级队伍壮大。"资本输出总要影响到输入资本国家的资本主义发展，大大加速那里的资本主义发展。"[1] 商品农业、工矿业和资本主义生产方式在印尼迅速扩展，近代无产者队伍迅速壮大，到1930年印尼群岛上运输、修理、锡矿、银矿、糖厂、种植园工人及散工已达600

---

[1] 《列宁选集》第二卷，人民出版社，1972，第783页。

万。① 无产者的苦难及社会主义思潮的影响,催生了印尼工人运动的兴起和工会组织的出现。这就为印尼民族主义运动提供了成规模的新型群众基础。

殖民地教育客观上激发了民族意识的觉醒。殖民教育原本是为政府机构和西方企业培养有文化的低级别职员,从根本上服务于对印尼人的"精神兼并"。随着一系列措施的实施如增加教育经费、增设学校、扩大生源(对平民子弟开放)、欧式教育体系逐步建立,受教育者规模大增。到20世纪30年代,印尼群岛6600多万人口中受过中等以上教育的知识分子人数约80万,受过初等教育的半知识分子人数约300万。② 这些人绝大多数受雇于殖民机构或外资企业,受歧视被奴役的现实遭遇与书本上资产阶级自由、平等、博爱宣传论调的巨大反差刺激,加之在本民族中最先了解被压迫民族的革命斗争,受到先进思想的启迪,逐渐激发萌生了追求自主、平等、解放的民族意识。

近代教育造就的新型知识分子构成了印尼民族主义运动的先锋和中坚,造就了一批反抗殖民统治的"领头羊"。他们创办报刊、集会演讲、传播进步思想、宣传发动群众、组织进步团体,领导反殖斗争,而且身先士卒、冲锋陷阵。如印尼第一个民族主义组织至善社的发起人W.S.乌萨达是爪哇医

---

① 印尼总工会编《印尼工人运动史》,载《东方研究论文集》,北京大学出版社,1983,第118页。

② 据 L. M. penders op. cit. p.170, Amry, Van den Bosch, op. cit. p.215 所载受教育者比例计算。

校毕业生；第一个激进民族主义政党东印度党的创立者 J. M. 库苏马和 M. S. 苏里安宁格拉特曾求学于巴达维亚医校；印尼民族主义组织伊斯兰联盟的"灵魂人物"佐克罗·阿米诺多毕业于本地仕官学校；印尼现代民族运动的著名领袖苏加诺毕业于万隆工学院；印尼共产党的早期领导人中，D. S. 马卡拉毕业于中等师范，达尔梭诺毕业于农技学校。一批受过高等教育的知识分子如苏曼特里·沙多诺、哈达、苏基曼等成为印尼政治舞台上的重要人物。

总之，统一领土和共同语言的形成、新型群众基础的壮大、知识分子的觉醒，客观上为印尼民族主义运动提供了有利条件。诚然，对民族主义运动的催化，正像对印尼传统社会变革的促进一样，都只是出乎殖民者制定和推行所谓合乎道义和伦理的殖民政策的主观意愿之外的客观结果。殖民者本意乃是使东印度永远成为宗主国服服帖帖、有利可图的附庸。但是，从长远来看，荷兰殖民者推行的殖民改革毕竟客观地充当了推动 20 世纪印尼社会发展，特别是印尼民族解放运动兴起和发展的历史杠杆。

越南现代知识分子阶层的形成与维新运动的发展[*]

张　婧[**]

自 19 世纪 70 年代中期开始,欧洲列强展开对殖民地和势力范围的争夺,到 20 世纪初,亚洲国家除日本外全部沦为西方列强的殖民地或半殖民地。在这一时期,欧洲列强加紧了对这些国家的资本输出和文化输出,使亚洲各国的经济、政治、文化和社会状况均出现了重大改变。资本主义文明在东方开始日趋广泛的传播。位于亚洲中南半岛上的越南,也毫无例外地被卷入这一历史过程。随着法国从 19 世纪 60 年代开始对越南侵略的步步加深和殖民统治的最后确立,越南社会发生了巨大变化。由于资本主义经济因素的移植,出现了新

---

[*] 本文为笔者硕士毕业论文摘录部分。
[**] 张婧,1997 年入北京大学历史系世界近现代史专业越南史方向攻读硕士学位,供职于北京大学数学科学学院。

兴的资产阶级、城市小资产阶级和工人阶级。同时，其思想文化领域也受到强烈的冲击，原来接受儒家思想文化的越南士大夫知识分子阶层的思想发生转变。他们中的许多人开始接受西方新思潮的影响，以资产阶级"新学"作为自己的思想和政治基础，并由此引发了一系列维新变革的行动和运动。

　　本文试图对19世纪中叶法国侵入越南以来，特别是19世纪末20世纪初之后，越南现代知识分子阶层的形成，以及他们在国家遭受政治、经济、军事和文化侵略的巨大打击下，由固守传统的儒家思想观念向现代资产阶级思想观念转变的轨迹和知识分子对维新运动的兴起、发展的作用进行历史的考察，以期从思想史的角度探讨越南现代民族主义运动的发生、发展及其政治活动的动因。

一、法国殖民统治与越南现代知识分子阶层的形成

　　1858—1884年，法国通过武装侵略和暴力镇压完成了对越南的军事征服。1862年和1874年签订的两次《西贡条约》使南圻六省陷入法国殖民者之手，而1883年及翌年的两次《顺化条约》的签订，则使越南完全沦为法国的殖民地、保护国。从此，法国在对外关系方面全权代表越南，越南则丧失了民族独立和国家主权。之后，法国对越南进行大规模的殖

民经济开发,法属越南社会发生了深刻变化,出现了新的经济因素和新的阶级,现代知识分子阶层开始形成。在此基础上,西方新思潮通过法国以及日本,尤其是通过中国传入越南,在越南思想界产生了振聋发聩的巨大作用。

(一)第一次殖民经济的开发与法属越南经济和社会的变化

越南地处热带,资源丰富,人口稠密,海岸线长,是一个能够为法国提供原料和廉价劳动力并倾销产品的极佳场所,但由于它远离法国本土,因此,法国殖民者不把它作为"移民殖民地",而是作为一个"开发殖民地"。在征服越南和整个印度支那之后,法国对越南开始了第一次殖民开发。这次殖民经济的开发主要投资于采矿和运输部门。这一时期越南的原料生产得到发展,同时开始形成以殖民地银行为中枢的金融信贷体系;服务于殖民政治统治和经济掠夺的交通运输网络也初步建立,越南工商业有了一定程度的发展。

在第一次殖民经济开发时期,法国首先注重发展采矿业。20世纪,越南的煤矿开采量逐年递增,1913年达到50万吨。[1] 其次是金属矿,从1904年起,开采锡、铜、铁、锌、金、银等金属的工作日益展开,其产量也不断增加。其中最多的是锌和锡。

---

[1] 阮庆全主编《越南历史》第二集,越南社会科学出版社,1989,第100页。

在越南农村，法国殖民当局一面维持封建的土地关系，继续通过地租和劳役形式剥削越南农民；一面以开展"无主土地"和"荒地"为名，大量掠夺土地，兴办种植园和垦殖场。一般农业和热带作物的种植园面积约为200公顷，大的达到数千公顷。在耕作面积扩大的基础上，大米的产量和出口量直线上升。1907年，越南出口大米达1427553吨，[1] 成为世界重要的大米出口产地。

法国殖民当局凭借其掌握的统治权，采用高关税政策，垄断越南的对外贸易。1892年对1887年的关税条例做了补充，规定法国货可以不纳税，其他国家输入印度支那的商品则须缴纳25%至120%的关税，[2] 特别是在当地畅销的中国和印度商品要课以重税。此外，法国殖民当局的捐税多如牛毛，除人头税和土地税外，还有各种名目的间接税。

这一时期，越南银行金融体系也建立起来。法国是"高利贷帝国主义"，在其对越南的殖民经济掠夺中，借贷资本起着重要的作用。1875年成立的东方汇理银行，代表法国国家银行，在印度支那享有发行纸币和管理货币的权力。它通过控制下的金融机构向印度支那投资和建立工商企业，逐渐控制了越南的经济命脉。同时，东方汇理银行还通过地主、高利贷者广泛贷款给农民。

---

[1] 阮庆全主编《越南历史》第二集，越南社会科学出版社，1989，第103页。
[2] 梁英明、梁志明等：《近现代东南亚，1511—1992》，北京大学出版社，1994，第263页。

为了输送货物和原料并用于军事目的,法国在越南和整个印支地区修建公路,兴建铁路,开辟内河航运,挖掘了数条运河。到1912年,越南建成2059公里的铁路,[①]但其经营和管理权操纵在法国资本家手中。

第一次开发期间,法国虽然竭力压制越南工业的发展,但为了满足殖民者的需要,也不得不发展一些轻工业,尤其是加工工业和运输业。到1913年,纺纱、酿酒、造纸、碾米、火柴、卷烟、肥皂、锯木、榨油等工厂陆续建立。西贡和海防兴建了造船厂和修船厂。

工商业活动的频繁使原来的城市面貌焕然一新,街道增多,人口增加,还出现了一些新兴城市。20世纪初,西贡—堤岸开办了集市,修建了码头和修船厂,发展为工商业都市。海防由一个小渔村一跃成为印度支那第二大港口,电灯、楼房、官署、仓库和商店成为新的城市景观。河内也办起了工厂、商行、交易所和销售外国货的商店,过去36个手工街坊的旧样子早已荡然无存。西贡、海防、岘港、鸿基等港口往来的船只日益增多。由于交通比过去大为便利,各个地区的市镇也逐渐繁荣起来。

伴随着法国第一次殖民经济的开发,与资本主义性质工商业的发展和城市兴起的同时,越南资产阶级应运而生。因经营商业或承包法国公共工程,如修路、架桥、建军营据点,

---

① 阮庆全主编《越南历史》第二集,越南社会科学出版社,1989年,第97页。

或是投资法国企业，越南首先出现了买办资本家。他们不断积累资金，扩充实力，一部分人开始独立经营，发展越南的民族工商业。同时，一些出身地主家庭受西方资产阶级思想影响的儒生也创办新型工商企业。河内有同利济、鸿新兴、广兴隆、东成兴等商店、公司，乂安有朝阳商馆，清化有凤楼公司，广南有协商公司，藩切有联成公司，西贡和芹苴有古同香商行和明新工艺社，等等。他们经营国货和土特产，制造鱼露，织布，制漆器和其他手工业品，资本从几千元到几万元不等。有的公司在国内设立多处分行，有的还与中国香港进行贸易。

19世纪末20世纪初，在殖民地社会诞生的越南工商业阶层，还没有正式形成一个阶级。他们资金不足，力量薄弱，受到法国资本家的排斥和限制，地位低下，发展缓慢。其中大部分经营商业，只有很少部分人经营企业，且多为纺织、制瓷、丝绸、碾米、榨油、制糖、印刷等轻工业企业。这些企业规模都不大，雇用的工人一般从三五人到十几人不等，很少达到五六十人，[①] 且技术落后，普遍使用手工劳动进行生产。因此，他们的产品在市场上所占份额甚微，进口商品和法国资本家与华侨的产品垄断着国内市场。第一次世界大战以前，越南资产阶级还没有创建重要的工业企业。

越南的工商业阶层由于受到外国资本家的限制和压抑，

---

① 参见阮公平：《法属时期的越南资产阶级》，越南文史地出版社，1959，第60页。

有独立发展民族资本主义的强烈愿望,具有鲜明的民族性;但又在一定程度上依附法帝国主义经济。其发展既受到本国封建经济的阻碍,又与封建地主经济有着千丝万缕的联系。因为他们多数脱胎于富裕的中小封建主、官僚,带有浓厚的封建色彩,有人在经营工商业积累一定资金后反过来继续用封建方式进行剥削。同时,他们与本国劳动人民又有着阶级矛盾,这决定了其政治上的软弱性。不过,新兴工商业阶层的出现为西方资产阶级民主思潮的传播提供了社会基础。在当时的越南社会,受进步思想影响的爱国儒生是这个阶层的代言人。

在殖民经济开发和民族工商业发展的过程中,越南的雇佣劳动阶层也产生了。大批农民和手工业者因殖民者的土地掠夺和商品倾销而破产,许多人流入城市,或进入矿山,出卖劳动力,成为雇佣劳动者。1895年,仅鸿基煤矿,就有矿工4000多人。[①] 在法国殖民者举办的一些企业、各项工程建设和种植园中,也聚集了不少工人。1909年,在200个法资企业中劳动的工人已有55000人。[②] 此外,在越南工商业阶层创办的工商企业中,也拥有一些工人。越南近代工人阶级开始产生,他们是越南工业工人阶级的第一批骨干,主要集中于鸿基、海防、南定、荣市、西贡、堤岸等工商业发展、交

[①] 陈文饶、丁春林、阮文事:《越南历史,1897—1914》,河内建设出版社,1957,第59页。

[②] 陈文饶:《越南工人阶级》,河内真理出版社,1958,第87页。

通便利的城市或港口。但在第一次世界大战前，越南工人阶级尚处于形成的过程中。

与此同时，越南的城市小资产阶级，包括小手工商业者和知识分子的队伍也迅速扩大。其中人数最多的是小手工商业者，其次是自由职业者、公司职员、教师、学生。他们在经济开发过程中，人数与日俱增。越南的小资产阶级具有爱国精神和对殖民主义的强烈反抗性，比资产阶级更具革命性。

（二）法国在越南的文化教育政策与越南现代知识分子队伍的形成

法国殖民者开始侵略越南，便遇到当地人民的强烈反抗。殖民者逐渐意识到，要征服一个民族，仅仅使用暴力是不行的，"只占领其领土还不够，还要征服他们的灵魂"。[①] 而在征服灵魂的斗争中，教育是最强有力且最为牢固的武器。因此，当法国殖民者确立了在越南的统治地位后，在强化其军事和政治统治的同时，文化教育方面则推行了一整套的殖民同化政策。

语言文字不通是推行法国殖民事业的首要障碍。为了培养为殖民统治服务的翻译人员，殖民者在一些较大的中心地区开设了法语兼本地语学校。它们将对越南的侵略鼓吹成"传播文明"，宣传法国文化远远优于越南文化。1861年，第

---

① 阮重凤：《法殖民主义者在越南的教育政策》，越南《历史研究》1967年3月。

一所法越学校"百多禄主教学校"在西贡开办。它以教授法文为主、越南国语①和汉字为辅,学习内容单调,只上翻译课。绝大部分越南人,包括许多爱国知识分子都不愿意让自己的子女进这种学校学习。

1864年,法国殖民者决定在南圻各省陆续建立一些小学,采取措施如给学生发放助学金,向教员发奖金,对能读会写法语的学生颁发奖金以及展览学生的优秀作品并给予物质奖励,等等,吸引学生和教员来校。这些措施的实行取得了一定效果。到1866年,殖民者先后在越南共开办了47所学校,学生人数1238人。为限制乡村私塾的教学活动,1874年,殖民当局规定,私塾未经批准不得擅自办学;学校须在法国人的监督下教学,并规定私塾教师若能教授国语,当局每年发给教师二百法郎的报酬。同年,殖民当局在南圻实行了一套三三制中小学教育制度。小学学制三年,学习内容包括能读会写越语、汉字、法文和数学。中学学制也是三年,课程包括法语、越语、数学、地理、历史(但不允许上越南历史课)。到1886年,共有343所学校,18231名学生,相当于当时南圻人口总数的1%,②同时,乡村的汉文私塾继续存在。

第二次《顺化条约》签订后,越南北圻的殖民教育迅速

---

① 16世纪,西方传教士前来越南传教,当时越南使用汉字和喃字。为了传教方便,他们在西方拉丁文字的基础上创立了越南语拼音文字,又称国语,即今天越南人所使用的现代越语。——笔者注

② 《印支三国的历史与文化》,河内东南亚研究院,1983,第229页。转引自徐绍丽:《法国殖民主义者在越南推行的教育制度》,《中国东南亚研究会通讯》1992年第1期。

展开。1885年，法国殖民者已在河内和谅山组织了两所学校。1886年，殖民官员奔悲（1886年1月至11月任中、北圻总督）到北圻不足一年时间就按南圻小学的学校章程组织了9所小学男校和7所小学女校。从1887年开始，殖民当局在红河上游西山、富寿等地建立学校，甚至在中越边境地区也成立了学校，还招收泰族、傣族和高棉人等少数民族学生。仅河内一地，到20世纪初，教授法语和国语的学校就有15所小学，380名学生。在奔悲的支持下，成立了监察和发展教育的专门机构，旨在传播普及法语和法国人的风俗及西方科学。为了争取越南上层官吏和士大夫与殖民政府"合作"，1886年5月，奔悲在顺化建立了一所学校，主要教顺化朝廷的高级官吏和皇族子弟学习法语。他还决定成立北圻翰林院，计划在河内建立国家图书馆，创办各种科学杂志，但未能全部实施。

20世纪初，法属"印度支那联邦"总督保罗·博对越南教育问题做出新规定。按照保罗·博的改革，法语将大量渗透到法越教育和当时尚存的封建教育两种体制中。法越式教育分小学和中学两部分，小学法语课占绝大部分时间，中学所有课程均用法语讲授，越南语却被视为一种外语。过去，封建教育用汉语授课，这次改用越、汉、法三种语言授课，用越语授课的时间最多。1918年，艾伯特·沙罗总督进一步废除了封建教育体制以及与之并存的科举制。

除了大力兴办法越学校，推行法化教育外，殖民者还在越南陆续创办了一些专科学校和研究机构，如西贡市政学校（1868年）、西贡师范学校（1871年）、见习官员学校（1874年）、河内医士学校（1901年），西贡、芽庄、河内的细菌学院（分别创办于1891年、1896年、1900年），法国远东学院（1898年）、西贡农业技术研究院（1898年）、河内化学与农业研究院（1899年）以及地理所、地质所、兽医所、气象局等。其中有些发展为高等学校或大学。

1865年，殖民当局开始挑选越伪官员的子弟到法国留学，以期培养完全法国化的越南青年。1870年，在法国各学校就读的越南青年约有90人，以后留学人数不断增加，以致殖民当局规定："任何本地人如要前往宗主国留学，须取得总督的批准。"[1]

总起来看，法国殖民者在越南推行的教育改革收效甚微，他们原本希望通过开办法语学校向越南人，特别是青年一代灌输法国文化，企图从精神上征服被统治者，培植更多的政治与文化仆从。然而适得其反，"民族主义觉醒意识的最有效的因素是教育"。[2] 越南的民族主义似乎正是这种法语兼本地语学校的特殊产物。"同化政策所产生的效果与这种原先谋求的目的殊为不同。据说反对法国最激烈的正是那些最擅长法语的人。"[3] 他们通过阅读法国启蒙思想家的著作，了解西方

---

[1] 《胡志明选集》第一卷，第162页，人民出版社，1962，中文版。
[2] D. R. SarDesai, *Southeast Asia past and present, second edition* (Westview Press, 1989), p. 139.
[3] 丹尼尔·G. E. 霍尔：《东南亚史》下册，商务印书馆，1982，第863页。

民主、自由、平等的进步思想，从而提出了民族独立和自由的强烈要求。例如，当保罗·博于1907年创办河内大学时，学生当中爆发出民族主义的要求，使该校在第二天宣告关闭，直到沙罗任下一任总督时才重新开学。殖民当局曾选拔越南青年赴法留学，这为他们提供了接触世界的机会，使他们更为直接地接受法国进步思想的熏陶和影响，许多人回国投身于民族革命运动当中。拉丁化越南国语的推广使用被殖民者视为以西方文化同化越南人的有效手段，但事实上它有助于越南民族主义的培养。20世纪初，爱国儒生领导的维新运动就曾大力提倡使用国语。专科学校和科研机构的建立，则使一部分越南人接触到西方近代先进科学技术，从而产生希望自己国家走资本主义工业化道路的强烈愿望。

这样，19世纪末20世纪初，由于法国殖民同化政策的大力推行，越南传统的封建教育体制开始改变，现代知识分子阶层逐步形成。法国殖民主义者在培养为殖民统治服务人员的同时也造就了自己的掘墓人。

二、知识分子阶层与新思潮在越南的传播

正当越南社会发生巨大变化的时候，欧洲先进思想和文化的传播在亚洲掀起了巨浪，也有力地冲击着越南。有必要说明的是，20世纪初叶，世界资本主义发展到帝国主义阶段，

资产阶级的思想体系在欧洲各个先进资本主义国家已经过时，而对于封建意识正支配着整个社会的亚洲各国来说，却还是一种先进的东西。亚洲各国的进步知识分子热情接受了来自西方的新思想和新文化，举起民族主义和民主主义两面旗帜，领导本国人民掀起了一系列蓬勃高涨的革命运动。首先迎接这个新思潮的是日本资本主义化了的封建阶级与中国一部分民族资产阶级和激进的士大夫。19世纪末20世纪初，西方的先进思想文化通过日本，尤其是中国输入了越南。据学者研究，中国维新派的书刊在1897年就已传入越南。戊戌变法前后，《中东战纪》《普法战纪》《瀛寰志略》《戊戌政变记》《中国魂》《饮冰室文集》《新民丛报》《进化论》《民约论》《法意》等书刊传到越南，使原来接受旧式教育的越南知识分子"专读汉译洋书。得卢梭民约孟德法意等编。嗜之至忘寝食"① 者比比皆是。尤其是康有为、梁启超的著作和学说，因为适合越南当时的国情，在越南爱国知识分子中间产生了共鸣，大受欢迎。"1907—1908年在越南掀起阅读康梁著作的运动。"② 维新派的报刊通过越南的华侨社区迅速传播，"这些著作被不断传抄翻印，从一个省份到另一个省份，在一两年时间内，整个越南的知识界都受到了最新的中国思想"。③ 一时

---

① 邓博鹏：《越南义烈史》，上海振亚社，成泰戊午年，第9页。
② 阮平明：《东京义塾和东游运动的性质及领导阶级》，载越南《文史地》第33期，1957年10月。
③ David G. Marr, *Vietnamese Anticolonialism*, 1885 – 1925 (University of California Press, 1971), p. 100.

间,"欧风亚雨"席卷全越。

西方新思潮何以大多通过日本,尤其是通过中国输入越南,而宗主国法国作为启蒙思想的主要发源地,从那里传入的却比较少呢?笔者认为这在很大程度上与法国在越南的殖民统治政策及特点有关。前文提到法国在越南的文化教育政策,虽然一再宣称要开发殖民地文化,但他们从一开始就用各种手段禁止进步书报、杂志流入越南,甚至一些18世纪法国资产阶级思想家的一些作品也遭到封锁。阅读和传播这些书籍被扣上"反政府"的帽子,许多在法国广泛流行的报纸杂志在越南却变成了禁物,如发现阅读者即立即送进监狱。因此,从法国直接传入的新思潮是很有限的,大多数以日本,尤其是中国的"新书"为媒介传播。另外,越南的进步知识分子大多出身封建儒学家庭,自幼受儒学教育,汉字是他们的官方文字,因此,中国的书籍阅读起来也比较容易。中国、日本与越南同为亚洲国家,联系亦十分密切。

不同于千年以来传统观念的西方新思潮,使除了经史子集,八股以外而不知有学的越南士大夫阶层耳目一新。爱国儒生潘佩珠曾作诗表达过这种豁然开朗的心情:"风而顺澜我其塞裳而渡兮海湖宽,为法为日为俄兮何截流而横滩。我其向津而渡兮海湖宽。大风泱泱兮大海茫茫,且歌且笑且渡兮海湖宽。大海汤汤兮大河潺潺,同心同力而渡兮海湖宽。"①

---

① 章收编《潘佩珠汉字诗赋对联》,越南文学出版社,1975,第219页。

在当时社会剧烈变动的时代背景下,越南进步知识分子从苦闷、彷徨到纵目远眺,对未来新社会充满憧憬和希望。这一过程大致可分为两个时期,首先是面对外敌入侵,民族生存受到威胁的情况下,越南封建阶级内部上层士大夫中的一些人开始酝酿和主张变革维新;第二个时期是19世纪末20世纪初,代表新兴工商阶层利益的爱国知识分子受到西方新思潮的影响,并以此为武器和指导方针,进一步提出社会改革主张,掀起一场轰轰烈烈的维新救亡运动。

(一) 19世纪中叶封建上层阶级内部儒家士大夫的思想变化

在法国殖民者入侵前,越南是一个农业经济为主、崇尚儒家孔孟之道的封建国家。不过,17世纪封建的越南同西方已有接触。18世纪越南西山农民大起义时,天主教徒与拥护阮映的法国资本主义分子一起对付西山起义军,对于阮氏战胜西山起了一定作用。阮朝初年嘉隆(1802—1819年)时期,对外实行向法国开放的政策,如允许传教,开放港口与西方贸易,与之建立外交关系并聘请西方专家作顾问。但在阮朝统治稳固以后,则转向采取闭关锁国的政策。明命(1820—1840年)继位后,西方的影响仅剩朝廷中保留几个蓝眼睛高鼻子,身穿朝服,手持笏板的法籍大臣,以及省城与京都的几个法国庞大城堡。这反映了代表守旧封建势力的阮朝统治者的主导思想仍是承袭"先王之法"与"内核外夷"的封建传统观念。

然而19世纪中期以后，面临着日益严重的亡国危机，越南封建上层阶级内部的一些有识之士开始认识到，要保证国家的独立和主权，必须走"富国强兵"之路，唯有变革、维新才是求生之路，守旧只能导致亡国。从失掉南圻东三省到法军第一次占领北圻的十余年时间（1862—1873年）里，顺化朝廷连续收到群臣要求变革的许多奏章。其中以阮长祚的条陈最多，阐述的改革思想也最全面，尽管不是很系统化，但涉及文化、财政、经济、政治、军事和外交等诸多方面。这反映了越南士大夫知识分子要求变革思想的启蒙。

阮长祚（1828—1871年）生于乂安省一个信奉天主教的乡村儒学教师家庭，自幼聪明好学，但在嗣德（1847—1883年）朝时，天主教徒被称为"莠民"，不能参加科举考试。三十岁以后他两度赴法留学，开阔视野，增长见识，既研究法国的科学技术，又关注当时的社会活动。正如他本人所说，"上至天文，下至地理，中间繁杂人事，乃至律历、兵书、工艺、格致、术数等，无所不学"，① 还进过工厂实地考察。面对国家日渐衰弱，人民日益困苦，他不断思索救国良策。1861年至1871年的十年里，他多次上书朝廷，提出变革建议。

阮长祚阐述改革思想的作品主要有四部：《天下分合大体

---

① 文新：《阮长祚及其改革建议》，载越南《历史研究》1961年2月。

论》《积极引才论》《教门论》和《急救论》。在学术上,他倡导由传统学究式治学向实用主义治学方法的转变,认为传统儒家文化对自然界研究极少,而大自然才是人们首先应该探索的对象,主张学习传统儒家经书之外,还要学西学,西学文明"学之精而巧,巧之极而勇";[1] 倡导学习实用性的东西,研究现在,将做学问与国家的实际情况联系起来,要求人们既学习本国的历史、地理、律法、风俗以激发民族自豪感和爱国心,又研究兵法、礼仪、财政、建筑、农耕、纺织等实用性学问以促使国家富强。他还提出创办国语报纸,改革文字,提倡写书、译书。

经济方面,他重视农业,提出设立农政司,教授农业科学知识,组织农业生产,提高农业耕作技术,提倡科学用田,实现地尽其力。工业上,提出建立工厂,派人到国外学习先进技术,尤其是开采和冶炼技术,建议与法国公司合作以解决资金和技术问题。他预言:"不出十年,我国人民的技艺不会比他们差。由此,国家无须花一盾钱人们就学到了技术。"[2] 商业上,他认为应发展交通运输,组织对外贸易,对外国货不限制输入量,但征收高于本国商品一倍的税款。财政上,整理田税、丁税,征收其他税目,穷人减税,富人加税。他首次提出向外国银行借款,作为发展工商业的资金。从上述

---

[1] 陈文饶:《十九世纪到八月革命越南的思想发展》第一集,越南社会科学出版社,1973,第387页。

[2] 文新:《阮长祚及其改革建议》,载越南《历史研究》1961年2月。

建议可以看出，他具有向西方学习，发展资本主义的倾向。

政治上，他高度赞扬资产阶级法律的严明和立法之严密，但又鼓吹君主制。不过，他认为君主也要受法律的约束，君主权力只是工具，服务人民才是目的。还建议设立法官独立审理案件，重整官僚机器，增加官员俸禄。军事方面，他抨击儒家重文轻武，提出整顿武备，提高官兵待遇，建立步兵、骑兵、水军和民兵队伍，购买新式武器，聘请外国军官训练军队，建立军械厂，加强国防等建议。对外关系方面，他主张与外国积极接触，派留学生到英法学习，并提出利用英法、西法之间的矛盾反对法国人，维护越南民族的独立。显然，这只是一个幻想，因为英国、西班牙、法国乃一丘之貉，利用英、西反而会引狼入室。

与其同时代的邓辉著（1825—1874年）和稍后的裴援（1839—1878年）、阮露泽（1853—1895年）也都曾提出革新主张。阮露泽，曾任刑部尚书，撰写《时务策》上下两册，提出振兴武备，革新祖国。他清楚地指出："现在的形势不像从前，以前是能做（指革新）而未做，现在是想做而没时间做了"。① 在外交上他提出"权宜"之说，以忍为进，是含有自强计划的"和"，避免国家遭受更大损失。②

显然，19世纪中叶，在国家和民族生存受到外部威胁之

---

① 阮露泽：《时务策》（上），转引自丁春林：《越南近现代历史上一些问题的探讨》，河内：世界出版社，1998，第50页。

② 参见丁春林、阮文洪：《越南历史上的革新趋势》，河内：文化通讯出版社，1998，第158页。

际，越南封建上层知识分子中的一部分人思想发生了某些改变，发出革新的呼声。他们已预见到国家应该走资本主义发展道路，所提出的建议从根本上来看，是要求在越南发展资本主义，带有明显的模仿性，而在当时的越南是缺乏物质基础的。阮氏朝廷虽然也实行了一些革新措施，如派人学习造船和机械制造技术，翻译西方科技图书等，但措施很不得力，守旧、观望、犹豫的情绪在阮朝君臣的思想中仍占据主导地位。阮长祚幻想通过保守的封建朝廷进行改革，而不知道必须从根本上推翻封建制度。其改革建议，必然归于失败。

（二）19世纪末20世纪初越南儒家知识分子的思想分化与转向

19世纪末20世纪初，欧洲资本主义列强把世界瓜分完毕；在亚洲，它们破坏了封建中国闭关自守的政策，使中国完全沦为一个半殖民地。1885年《中法会订越南条约》，标志着中国对越南宗主权的终结，越南不再是中国的藩属国，清朝不得不承认法国在越南的统治权。越南儒家士大夫对封建中国的信赖思想，到此逐渐消失。"受西方现代文明的猛烈冲击，特别是法国教育、法国政治制度和商贸活动，传统的汉越文明再不能持续很久了。"[1] 越南的儒家士大夫发现封建主义文化已不适应时代发展潮流，纷纷转而接受西方思想家

---

[1] William J. Duiker, *the Rise of Nationalism in Vietnam 1900 - 1941* (Cornell University Press, London, 1976), p. 29.

的社会、政治学说。他们对于世界形势和祖国的命运有了更加清醒的认识,并意识到自己肩上的责任,懂得依靠广大爱国群众,努力与时代齐头并进,积极地探索救国救民之路。这样,新一代的爱国者开始成熟,他们代表着越南知识阶层的观念由传统向现代的转变。正是爱国儒生的这种转变趋势,不仅使越南反抗外侵的爱国传统保存下来,而且使民族主义运动具有了新的内容和特点,这就奠定了越南现代民族主义运动的思想基础。

此时,越南封建阶级再度发生分化。法国入侵初期,越南封建上层先是分化为抵抗派和投降派。"勤王运动"(1885—1896年)[①]的火焰逐渐熄灭以后,抵抗派又进一步分化。一派代表没落的封建阶级的顽固派,他们排外独尊,反对一切新鲜事物和新思想;另一派代表封建阶级中刚刚产生的工商业阶层,他们接受新的资产阶级思想潮流的影响,主张维新、变革。旧派与新派之间的思想斗争异常激烈。为了揭示当时士大夫们的思想认识和思想分歧,了解这两派所体现的封建阶级顽固思想和刚兴起的资产阶级意识之间的思想冲突,我们不妨摘录几段当时流传的维新派的《悼腐儒》诗:

为何不使劲敲,不长呼,让酣睡者都苏醒过来?
为何不撑维新船,让沉溺者慢慢得救?

[①] "勤王运动"是以尊室说为首的阮朝大臣拥戴国王,争取国家独立的封建复国运动。——笔者注

学术展示篇

死守陋习多痛心,与人身旁的蛀蠹有何不同?
抱残守缺多痛恨,只有使人们虚度一生。
出得村来未看远方,就要责骂康、梁两家。
在家未跨出大门,就要走江湖闯四方。
问你修了什么?你说儒学多修了。
问你爱慕的是什么?你说爱以古人为师。
天意原无好坏,你说好坏在天。
…………
地球是圆的转动的,你却说是方的不动的。
…………
眼看学无成就,嗤笑别人"霸",自家却称"王"。
有人在学洋文呐,笑说叛道而离五经。[①]

从上述诗句,可以看出维新派吸收了一些科学常识,猛烈抨击儒教,他们不再以古人为师,摆脱了封建的"王""霸"观念。他们还向那些迂腐的守旧派提出质难:

儒呀家喻户晓,死死守儒如何成人?
古呀弥漫各地,苦苦守古到何时?[②]

他们放眼世界,对照本国情况,提出社会改革主张,要

---

① 陈辉燎:《越南人民抗法八十年史》第一卷,三联书店,1973,第178-179页。
② 同上,第180页。

求开通民智，培养人才，振兴工商业，摒弃陈规陋俗，实现国家富强和民族独立，从而开启了越南近代历史上一个新人、新思想的时代。

在20世纪最初的20年里，越南思想界最有影响的两位爱国儒生是潘佩珠与潘周桢，他们被称为"20世纪初越南思想界的双子星座"。① "二潘"的思想发展，很大程度上代表了越南相当一部分进步知识分子在20世纪初的思想经历。

潘佩珠（1867—1940年），生于越南中部北面的义静省南坛县南沙村一个乡塾家庭。其父潘文谱"为时通儒，砚田笔耕"，② 同时亦是一位爱国者，母阮氏娴略通汉学。潘周桢（1872—1928年），比潘佩珠小五岁，生于越南中圻南区广南省三岐府先福县一个下级武官家庭。其父潘文平任广南山防管奇③，母黎氏中，出身官吏门第，亦受过儒学教育。

生于祖国危难，人民困苦的时代，二潘很小心中就播下了爱国主义的思想火种。在资产阶级民族民主思想的引导下，分别走上了探索救国救民的道路。总体来看，二人在文化教育，社会风俗方面的意见一致，对开启民智，振奋民气，都非常重视对国人特别是青年人的教育和培养。二人曾先后赴日，写下不少爱国诗文，以唤醒民众，弘扬民族精神，号召人民起来拯救祖国。潘周桢充满激情地写道："累累枷锁出都

---

① 贺圣达：《东南亚文化发展史》，云南人民出版社，1996，第361页。
② 《潘佩珠年表》中文版，越南堤岸《远东日报》，1962年8—9月连载。
③ 阮朝明命年间在各省设"奇兵"，每奇500人。潘周桢之父为广南省山区一个奇兵队的指挥官，称"管奇"。——笔者注

门,慷慨悲歌舌尚存。国土沉沦民族悴,男儿何事怕昆仑。"[1]又写了《醒国魂歌》。潘佩珠的爱国宣传著作就更多了,主要有《琉球血泪新书》《越南亡国史》《海外血书》《提醒国民歌》《越亡惨状》《哀越吊滇》等。他无情揭露了法帝国主义的殖民目的:"其一曰,法人之处心积虑,必欲灭我人种乃止。其二曰,我人若以因循观望,必至我族类尽绝乃止。"[2]他尖锐批判了作为法国殖民者思想统治工具的天主教和佛教关于生死轮回,因果报应之说,劝告人们不要相信鬼神,不求神拜佛,不要把希望寄予来生,应该注重现世。多年接受正统儒学教育的他相信孟子"人性本善"的说法,认为"性善"即有"天良","天良"就是爱国、爱种、爱自由之心,号召越南人民起来抗法挽救民族和国家。

潘佩珠与潘周桢均受资产阶级维新思想的影响,但"潘佩珠与封建阶级的粘连多于资产阶级,潘周桢与资产阶级的粘连多于封建阶级"[3]。因此,他们在政治思想上又存在尖锐的分歧,主要集中在对待君主的态度、革命斗争策略和对外关系三个方面上。

在对待君主的态度上,潘佩珠起初主张"拥君反法",他找到阮朝开国皇帝嘉隆帝的后裔,皇子景的嫡孙畿外侯彊柢,

---

[1] 黄理:《潘周桢诗文》,越南文学出版社,1983,第65页。
[2] Vinh Sinh edited, *Phan Bôi Chau and the Dông-du Movement* (Yale Southeast Asia Studies), p. 60.
[3] 孙光阀:《潘佩珠与潘周桢》,越南文史地出版社,1956,第133页。

拥立彊柢为维新会会长,维新会宗旨"专在恢复越南,建立君主立宪国"。① 不过,潘佩珠"拥君"并不膜拜君主,反对向彊柢行三拜九叩之礼。后来,他的思想发生变化,在《新越南》一书中,他谈到人民有选举权、议院弹劾权和惩罚贪官昏君的权利;在《越南国史考》一书中,则进一步肯定人民有权起来推翻专制君主。中国辛亥革命胜利后,潘佩珠由君主立宪主义者转变为民主共和主义者。

潘周桢反对潘佩珠的"拥君反法",大力宣传"导民排君",并希望法国帮助越南改革。他曾上书印度支那联邦总督保罗·博,说"阮朝官吏之所以如此贪残,是由于保护政府纵容所致"②,请求当局改变政策,任用良才,兴利除弊,赏罚分明,言论自由,创办报纸,废科举,设学校、书局,振兴工商业,为民生谋出路。潘周桢以儒家"民为贵""民为邦本"的民本主义为依据,吸收西方启蒙思想的民主自由学说,成为越南士大夫中"最早具有民主思想的人"。③

对待君主的不同态度和要不要排法的争论,实际是对越南社会状况和革命性质的认识差异。在殖民地半封建的越南,反帝反封建是不可分割的两大任务。潘佩珠把反法放在首位,忽视了反封建的民主革命,主张先"驱法复国",后实行民主政治,把二者割裂为前后两个阶段。潘周桢主张"导民排君"

---

① 《潘佩珠年表》中文版,越南堤岸《远东日报》,1962年8—9月连载。
② 邓泰梅:《二十世纪初越南革命诗文》有关潘周桢写给保罗·博的信部分,越南文化出版社,1961。
③ 陈辉燎:《越南人民抗法八十年史》,第一卷,三联书店,1973,第212页。

"倚法求进步"①的方针,则对当时法国殖民主义与越南人民之间的民族矛盾认识不足。

在革命手段和斗争策略问题上,潘佩珠受意大利革命志士马志尼"教育与暴力同时并行"的影响,主张暴力反法。同时开展爱国宣传教育,进行政治斗争。他将维新会成员分为两部分:"一为和平派,专注于学堂演说宣传等事;一为激烈派,专注于运动军事,筹备武装实行之举动。"② 他发动东游运动,主要是为派遣青年赴日学军事,培养军事人才,他本人东渡日本的初衷是从日本获得武器,得到军事援助。他还积极支持黄花探的武装抗法斗争。1912年他建立越南光复会时,即着手组建光复军,计划起义。在光复会时期,越南风起云涌的暴动和起义,都是直接或间接受潘佩珠暴力反法主张的影响而发生的。后来,潘佩珠暴力革命的主张有所和缓,转而倡导"文明革命"。

潘周桢反对暴力排法,甚至说,"不暴动,暴动则死"。③他主张渐进主义的和平改革。一方面反映出他自勤王运动失败后对暴力反法失去信心;另一方面说明他只看到阮氏朝廷的腐败,对法国殖民主义存在不切实际的幻想。

在对外关系方面,排法与倚法之争前已论及,而在要不

---

① 《潘佩珠年表》中文版,越南堤岸《远东日报》,1962年8—9月连载。
② 同上。
③ 孙光阀:《潘佩珠与越南人民反法历史的一个阶段》,越南文化出版社,1958,第66页。

要外国援助问题上，二人分歧同样很严重。潘佩珠先是对日本"黄种老大哥"寄予厚望，企望日本帮助越南从法国白种人的压迫下拯救出来。"往以利害劝之，彼必乐以我助。"① 越南维新会成立后，就确定争取外援的方针，潘佩珠亲自赴日。求援受挫后，他转而"倾向于中华革命党及世界各民族之我同病者"。② 他的这一转变受到孙中山关于"联合一切平等待我之民族"的思想的影响，又通过孙中山结识了同情亚洲弱小民族的日本人宫崎滔天。宫崎向潘佩珠建议说："一贵国之力，必不能以倒法人，其求援于友邦，未必不是。然日本何能厚援君？日本政治家大抵富于野心而贫于狭义，君宜劝请青年多学英语或俄语、德语，多与世界结交，鸣法国之罪恶，使世人闻之。重人道，薄强权，世界不乏此等人，始能为公等援耳。"③ 潘佩珠听取了孙中山和宫崎的劝告，参与组建了"东亚同盟会"和"滇桂越联谊会"，同东亚各国革命者携起手来，"益骋联络世界之思想"。④

与潘佩珠相反，潘周桢从根本上反对求助外援，他说："不望外，望外者愚。"⑤ 尤其反对向日本求援。"自身不能自主，谁能成为救星，朝鲜就是例子。日本人何处比法国人强。国民若无独立的素质，即使仰仗外力，亦不过是玩弄一场

---

① 《潘佩珠年表》中文版，越南堤岸《远东日报》，1962年8—9月连载。
② 同上。
③ 同上。
④ 同上。
⑤ 孙光阀：《潘佩珠与潘周桢》，越南文史地出版社，1956年，第76页。

'换换主人又当奴仆'的把戏,毫无益处。"① 潘周桢较早认识到日本的援助不可取,而主张提高国民素质,这很有道理,但他将希望寄托于宗主国的改革和帮助,又陷入一个比潘佩珠更为严重的误区。

二潘的思想代表了当时越南爱国知识分子最大高度、最进步的认识水平,但也有其局限性。潘佩珠主张暴力反法复越,但崇尚军事冒险和个人恐怖,未认识到充分发动群众才能成功,他倡导越南人起来自救自强,但他所谓的人民大部分仍属于封建阶级,而真正作为人民绝大多数的农民未曾提到。潘周桢虽是越南近代"第一次提倡民权学说的人",② 但没有提出建立政权的问题,其"民主思想还处在萌芽状态,还没有基础",③ "倚法求进步"更是与虎谋皮。

不过随着时代的发展,二潘的政治思想不断进步和深化。潘周桢领导维新运动时,还不是一位真正的民主主义者。旅法期间,他与阮爱国(即胡志明)等爱国人士过从甚密,思想得到进一步发展。1925年回国后,他继续宣传民主思想并与进步华侨保持联系,了解中国民主革命情况,民权思想日益进步。但比较而言,潘佩珠的进步更为瞩目。旅日期间,他与孙中山两度晤谈,初步接受民主革命思想,后又与黄兴、章炳麟等中国革命民主派人士交往,担任了云南留日学生创

---

① 黄理:《潘周桢诗文》,越南文学出版社,1983,第18-19页。
② 陈辉燎:《越南人民抗法八十年史》,第一卷,三联书店,1973,第196页。
③ 同上,第213页。

办的《云南杂志》编委,负责社论专栏,民主思想与日俱增。辛亥革命爆发后,他将维新会改组为"越南光复会",取消原来的君主立宪主张,确立"驱逐法贼,恢复越南,建立民主共和国"①的新政纲,表明他已由君主立宪主义者转变为民主共和主义者。

俄国十月革命和中国五四运动发生后,潘周桢通过蔡元培接触了苏俄两位使馆人员,希望送越南青年赴苏学习。他还"好奇心动,欲研究共产党之理论",②把日本人所著的《俄罗斯真相调查记》译成汉文,开始关注和研究"社会主义"。1924年初,他决定解散光复会,按三民主义和中国国民党的章程改组为越南国民党,还提出"联俄、联共、扶助农工"。当年夏天,在广州沙面发生越南革命志士范鸿泰袭击法驻越总督马兰事件,潘周桢认识到要想革命成功,"非从多数低阶级着手不为功,多数低阶级则工人与农民是也"。③ 年底,他接受时在中国活动的阮爱国建议,准备翌年修改国民党章程和纲领,但不幸于1925年5月11日在上海火车站被法国特务绑架回国。软禁于顺化期间,他与共产党人和进步人士联系,按照自己的理解写了《社会主义》一书,表现了对社会主义的无限向往。

潘佩珠与潘周桢是越南20世纪初爱国知识分子最杰出的

---

① 《潘佩珠年表》中文版,越南堤岸《远东日报》,1962年8—9月连载。
② 同上。
③ 潘佩珠:《范鸿泰传》,转引自于在照:《试论潘佩珠的哲学思想》,载《中国东南亚研究会通讯》,1990年第2—3期合订本。

代表,在越南近代史上占有突出地位,他们在对越南人民进行思想启蒙,唤醒民族觉醒和民主意识,推动越南维新运动发展等方面都发挥了不容忽视的作用,为越南的民族解放和社会进步做出了巨大贡献。关于二潘的评价,史学界有不同的看法和观点。笔者认同梁志明教授的观点,二人相较,"潘佩珠的政治思想与活动更为激进,其贡献也更大一些"。[①] 这是由当时法国在越南寸步不让的"合一主义"集权殖民统治所决定的。在这种极端严酷的统治下,只有进行暴力革命才有出路,才有可能成功,因此,潘佩珠提出的主张和政治思想比较切合实际,而潘周桢提倡依靠法国的帮助进行改革显然不切实际。后来的历史证明,胡志明也是领导无产阶级进行武装斗争取得最后胜利的。

三、知识分子在越南维新运动中的地位和作用

新思潮的输入使越南爱国知识分子思想得到启蒙,了解了世界大势,更加关心国家前途和命运。他们从爱国主义角度出发,认为越南要实现独立、富强,首当其冲的是进行社会改革,发展民族经济和现代文化教育。于是,在新历史时期,有的组织革命团体,进行反法斗争;有的办新学,培养

---

① 梁志明:《潘佩珠与潘周桢比较研究》,载《周一良先生八十生日纪念论文集》,中国社会科学出版社,1993,第333页。

新式人才；有的成立公司、商会，发展民族工商业，掀起越南历史上著名的东游运动，东京义塾和中圻维新运动。在这三大运动中，爱国知识分子发挥了巨大的作用。

首先，从运动的发起来看，尽管各人的主张不尽相同，存在着以潘佩珠为代表的主张暴动的激进派和以潘周桢为代表的主张改良的温和派，但三大运动的发动和策划者均为爱国知识分子。东游运动（1904—1909年）主要是由潘佩珠、阮诚、阮尚贤、邓蔡珅等人发起和组织的越南青年赴日留学，以培养年青革命人才的爱国运动。东京义塾运动（1907年3月至11月）是以梁文玕、阮权等爱国知识分子在河内创办东京义塾而开始的，它是一场侧重思想文化教育改革和爱国思想启蒙的运动。而中圻维新运动（1906—1908年）的发起者亦是潘周桢、黄叔抗、吴德继、范德言、黎文勋、邓元瑾等一些有名的进步知识分子，他们注重社会改革和民族经济的发展。三大运动所发生的地区不同，东游运动是维新会组织国内各地青年赴日留学，运动的地点主要在国外的日本东京，东京义塾运动主要是在以河内为中心的北圻地区，维新运动发生在中圻，但它们几乎同时进行，互相影响，互为呼应，构成20世纪初越南革命运动的新高潮。

日本在19世纪末20世纪初的迅速崛起，以及1905年日俄战争中的胜利使其成为东方国家包括越南在内的各弱小民族竞相仿效的榜样。在当时的历史条件下，越南的爱国知识分子还未能认清日本帝国主义的实质和侵略本性。因而，他们的爱国思想、抗法亲日思想以及希望越南走资本主义道路的思想，混淆在一起，通过诗歌的形式传播到群众当中。帝国主义日本成为越南爱国知识分子理想的国度，到日本求学蔚然成风。

1905年初，东游运动以潘佩珠和曾拔虎首次赴日开始。接着其他一些志士陆续出国，有皇族成员维新会会长彊柢，有朝廷官吏阮尚贤。从1905年到1908年，留日学生增至200多人，大部分是越南南部人。他们进入日本军事或文化学校，如振武学堂和东亚同文会所设立的同文书院。除了接受新式教育，学习资本主义先进科学技术和文化知识外，军事科学与军事训练也是重要科目。

正当潘佩珠等大力组织、发动越南青年东游之际，1907年3月，阮权、梁文玗在河内行桃街成立了东京义塾。这是一所合法的免费的新式学校，梁文玗是创办人，阮权任校长。它遵循文化革命的方针和接受日本福泽谕吉所创办的庆应义塾的影响去教育人民。学校分为教育、财政、鼓动、著作四组，聘任具有新思想的教员，其中还有两位女教师。学生上千人，最多时达到14000人。学校开8个班级，分日班和夜班，学生中成年人、儿童、男女都有，普通课程有地理、历史、自然、卫生等，还特别为一些儒生开设法文、越文[①]，或为懂得法文、越文的人开设汉文班。除正课外，学校还组织

[①] 这里指越语拼音文字，即越南人所称的"国语字"。——笔者注

演说、评文活动，宣传越南历史人物的事迹和中国的戊戌维新，借以激励爱国心和团结精神，反对科举式学习方法，注重实业，按照新的方式生活，如穿短衣、剪短发、不染牙齿、服用国货，废除乡饮，摒弃陋俗等。东京义塾举办的"演说会，人多如庙会；评文会，来客似云集"。[①] 其教育内容新颖，形式多样，受到广大群众欢迎。

受东京义塾影响，1906年至1908年，中圻进步知识分子潘周桢、黄叔抗、吴德继等人发起了群众性维新改革运动，有的地方称"同胞运动"，因为参加游行的人以"同胞"相称，这表明越南人民的民族意识的增强。这个运动与东京义塾运动性质相似，也是要求按照资本主义的方式进行改革，提倡剪短发、穿短衣，使用国货，废除陋俗，注重实业等，最初从广南开始，很快扩展到整个中圻，"商会、学会林立于南义"。[②] 在发起和领导维新运动的爱国知识分子中分成两派，范德言、黎文勋主张暴动，而潘周桢和黄叔抗则提出改良设想。当改良派建立商会、开设商店，呼吁振兴实业时，暴动派向士兵和群众宣传反法爱国，并秘密与安世起义军取得联系。

其次，从运动的发展过程来看，爱国知识分子在三大运动中积极进行宣传和鼓动工作，团结广大群众，努力与群众

---

① 陈辉燎、阮公平等编《越南近代革命史参考资料》第三册，越南文史地出版社，1955，第43页。

② 《潘佩珠年表》中文版，越南堤岸《远东日报》，1962年8—9月连载。

运动相结合，直接推动运动向纵深方向发展，起了重要的先锋与桥梁作用。

潘佩珠东渡日本的初衷是寻求军事援助，以便在国内进行暴动。抵日后，他有机会与中国的赴日革命家梁启超、孙中山以及日本政界的几位重要人物犬养毅、大隈重信、宫崎滔天等人接触。梁启超曾建议潘佩珠："多以剧烈悲痛之文字，摹写贵国沦亡之病状，与法人灭人国种之毒谋，宣布于世界，或能唤起世界之舆论，为君策外交之媒介，此一策也。君若能回国，或以文字寄回国内，鼓动多数青年出洋游学，藉为振民气，开民智之基础，又一策也。"[①] 潘佩珠完全接受梁启超的意见，他一方面写了许多充满民族性的宣传资料，寄回国内，另一方面派送越南青年出国留学。

这些宣传资料大大影响了一些爱国人士，他们响应东游运动，在国内各大城市里组织机构，在河内有"同利济"，西贡有"南同香"，芹苴有"明新工艺社"，或捐钱，或作向导。派出赴日留学的大部分是地主和资本家的子弟，人数越来越多，东游运动持续发展。

同样，东京义塾运动在爱国知识分子的推动下发展也很迅速。为扩大宣传新思想，进行爱国主义教育，东京义塾不定期出版校报《登鼓丛报》[②]，该报使用汉字、喃字和国语三

---

① 《潘佩珠年表》中文版，越南堤岸《远东日报》，1962年8—9月连载。
② 又称《大南同文日报》，报面上的汉字中点缀着龙狸龟凤："业唯勤，志唯坚，合力相助，同舟共济"，表明其办报宗旨是：同心一致，互相帮助，专心业务。具体情况参见阮成：《东京义塾与〈大南〉》，越南《历史研究》1997年第4期。

种文字,主要刊载激发爱国热情,主张改革,批判陋俗、强豪和假文明的文章。东京义塾的组织者们还开办了图书馆,购进大量中文新书及维新派的著作,校内外均可借阅。他们还自己编写教材,如《国民读本》《文明新学策》《新订伦理教科》《国文教科书》《南国舆地》《越南国史略》《南国伟人传》《南国往事》等,供学生学习和向外传播。其中《文明新学策》仿效中国光绪皇帝"除旧布新"法令内容,列出开通民智的六项措施。

第一,使用国语,使国人在几个月内能读会写,这是开通民智的第一步;

第二,修订书籍,以越南史为主,对旧书要择其有用部分,用越语编写作教材;

第三,改革考试制度,废除八股文,提倡独立思考,自由发挥;

第四,鼓励人才,批判脱离实际的教育,旧学培养出来的人要补新学的课,而后考核录用;

第五,振兴工业,鼓励向外国学习,奖励本国能工巧匠;

第六,创办报纸,刊登时事稿件,报道创造发明消息,降低报价,使之能深入农村。①

---

① 邓泰梅:《二十世纪初越南革命诗文》有关《文明新学策》部分,第169-179页。

《国民读本》详细阐述了文明与发展,独立与国家不能独立之惨,科举之害以及阻遏越南发展的政治、法律、教育和赋税等问题,提出变革旧习,发展民族工商业,还论及产业、货币、资本、贸易、银行、赊借、票据和公司等资本主义经济现象。在政治上,《新订伦理教科》第二章"对国"指出:"国也者,定土众民主权三者缺一不可者也。三者之中,尤以主权为国之枢机","今处竞争剧烈之世界,必思联合团体公定宪法而恪守义务以保守其祖国"。①

从以上资料我们看到,在日本明治维新和中国戊戌变法的影响下,越南爱国知识分子逐渐觉醒,表现出强烈的民族意识。他们站在越南民族的立场上,培养本民族人才,发扬民族文化,振兴民族经济,以实现民富国强。这点,通过东京义塾的校长阮权的《此番剪发去修行》一诗,便看得更加清楚。诗中写道:

> 此番剪发去修行,
> 诵独立经,住维新寺。
> …………
> 为开通民智而去修行,
> 为我国富强而去修行。
> …………②

---

① 武明香等编《东京义塾诗文》,河内文化出版社,1997。
② 《越南诗文合选》第四册,河内文化出版社,1963,第597页。

值得注意的是，在东京义塾领导人中已出现两种不同倾向，有人主张按欧美方式进行改革，有人认为救国必须消灭法国强盗，除流血外，别无他路。

东京义塾的使命不仅是改革教育，而旨在社会改革。因此，它的活动不局限在校内的日常教学。它也不仅是河内的一家私立学校，而成为北圻许多省份关于社会、文化改革宣传运动的中心，其影响迅速扩大，从河内周围到河东、北宁、山西、富安、长安、海阳、南定等北圻诸省份，乃至中圻义安、河静、广南、平顺等省，都效法东京义塾办起分校，采用东京义塾的教学计划和教科书，或按其形式开设乡学，如梅林义塾，玉川义塾等。[①] 甚至家塾也增加了文史地、国语、算术、自然、体育等课程。办新学一时蔚然成风。

在中圻维新运动中，爱国知识分子更是率先投身其中，他们成立了商会、福利会、互济会、友爱会等。阮权、黄增贡成立的广南协商公司资本约20万元，在农村设立了分支收购土特产，运至西贡、河内、中国香港出售，然后再办货回来。吴德继、邓元瑾在义安开办了朝阳商馆。藩切有联成公司。一些知识分子成为手工业主或小商业主，开设洗衣店、制帽厂、缝衣店、织宽幅布等，大力发展生产。有的地方组织了"农会"，共同耕作或开垦土丘，种植出口土产肉桂。在

---

① 有关各地义塾开办情况，参见章收：《东京义塾与各地的义塾运动》，载越南《历史研究》1997年第4期。

广南省,这样的"农会"有三四个。中圻的大小公司、商馆与北圻河内的同利济、鸿新兴、广兴隆、东成兴等商店、公司以及西贡的南同香和芹苴的明新工艺社等,互为呼应,独立发展民族经济,对越南民族资产阶级的形成,起了重要促进作用。

爱国知识分子的宣传鼓动工作比较深入,群众纷纷响应号召。有的地方发生了剪掉行人长衣摆,撕毁蓝衫,折断官吏牙牌的事情。① 一些村子废除了旧乡约,公布新乡约,并将其刻写在石碑上立于乡亭旁,至今犹在。

维新运动从城市到农村,步步深入。爱国知识分子提倡改革、鼓吹民权,号召团结的宣传和鼓动激化了群众,尤其是农民群众原本存在的对苛捐杂税的愤恨情绪。从1908年2月底起,"不向法国殖民者纳税"的口号已在中圻人民群众中秘密传开。3月初,广南首先爆发反拉佚、反课税的游行示威,以后迅疾蔓延到广义、平定、富安、承天、河静、乂安等省,运动声势浩大。参加斗争的农民越来越多,在广南、平定超过一万多。群众包围府县衙门和省城法国公使的官邸,要求减少徭役日期,减轻赋税。运动从1908年3月初持续到5月底,由要求减税的游行进一步上升为带有夺取政权性质的起义暴动。

再次,从运动的结局来看,三大运动先后归于失败,这

---

① "蓝衫"是当时越南举人所穿的蓝色衣服;"牙牌"是旧时越南官吏所佩带的象牙牌子,上面刻有职爵品位。——笔者注

与越南知识分子手中无权不无关系。

越南是法属殖民地，法国殖民者主观上当然不会为越南的进步实行丝毫的改革。在法国"合一主义"的集权统治下，连越南的国王成泰王、维新王都受着殖民者的严密控制，对于任何改革都无能为力，爱国知识分子就更是手无寸权。三大运动虽然都是试图在社会经济、文化教育领域进行改革，根本没有涉及军事和政治方面，但当运动威胁到法国殖民统治时，均遭到殖民者的残酷镇压而告失败。

1905年初到1908年初，东游运动进一步开展。南圻留日学生最多，筹款给海外留学生组织的也是南圻数目较多，后来南圻父老还公开捐钱汇至日本，被法国密探破获而遭逮捕。之后，法国统治者开始放手镇压运动。派遣留学生的一些机关被勒令关闭，内外交通线被截断，许多人横遭逮捕，国内负责工作的几位领导人阮诚、邓蔡珅先后落入敌网。同时，法日勾结，日本内务部于1908年9月下令解散越南留学生团体，驱逐在日越南人。1909年初，潘佩珠与彊柢被迫离开日本，到中国和暹罗寻找革命活动的地方。在日留学生组织很快瓦解。

事实上，自从越南革命人士在日本进行活动以来，尽管与一些日本政客有所接触，但都是以个人的名义，并未与日本政府正式会谈，甚至越南留学生也用中国国籍以避免外交上的纠纷。而明治维新后的日本实为殖民主义列强中一个急于抢占殖民地和势力范围的新暴发户，绝不是亚洲被压迫民族的朋友，更不是越南人的"黄种人的老大哥"，日本帝国主义绝不会站在越南革命派这边而反对其同盟者——法国。日本外务大臣小村寿太郎曾向法国保证："敝国与贵国，交情孔厚，信义深笃，绝无助安南以反对佛国之行动……至若阴助军资，密输兵器，或有袒臂犯人为何等排佛之事件。此等种种，殊乖文明。又悖国际，敝国万不屑为。"① 此话清楚地暴露了日本帝国主义的真实面目。

1907年11月，正当东京义塾运动日益波澜壮阔之际，法国殖民者查封了存在仅九个月的东京义塾，接着封闭了《登鼓丛报》，逮捕了阮权、梁文玕等人，下令禁止演说，评文，禁止流传和收藏东京义塾的出版物。

中圻爱国知识分子发起的维新运动，原来的意图是进行社会改革、发展民族经济、兴办新学，后来由于充分发动群众，转变为矛头直指统治者的抗税运动。殖民者因此动用了大量军队经过近三个月时间才将其平定下去。参加运动的人包括许多爱国知识分子被判刑。潘周桢、黄叔抗等人被捕而遭流放。

最后，从运动的影响来看，由爱国知识分子策划、发动、组织、指导的三大运动互相影响，互为呼应，形成一个整体，是20世纪初越南反法民族运动的新高潮，推动了越南民族民主革命运动向纵深发展。

---

① Vinh Sinh edited, "Phan Bôi Chau and the Dông-du Movement," *Yale Southeast Asia Studies*, p. 61.

以潘佩珠为首的爱国知识分子领导的东游运动，虽然吸引了爱国士大夫、工商、青年、社会人士和职员等阶层的一部分人，但由于缺乏更广泛的群众基础，在殖民当局的残酷镇压下，迅速遭到瓦解。但它为越南培养出一批优秀的革命青年，是20世纪初越南爱国启蒙、维新救亡运动新高潮的开端，在越南近代史上占有重要的位置。

东京义塾的领导人虽然不是第一个提出"思维变革"的"开放"以求发展的人，尽管他们从自身出发，将欧洲各国的发展模式视为最理想的模式，具有明显的局限性，但他们却使越南通过新书、新文化迈出了与世界接触的第一步。"东京义塾运动是最早开启的使越南融入整个世界发展中去的一扇门。"① 它是越南近代教育改革的先锋，在传播西方进步文化，倡导民族精神方面，起了重要的思想启蒙作用。尽管这种传播和启蒙还是初步的，而且是资产阶级的，但在当时的历史条件下，的确具有进步意义，在全国产生了积极影响。

中圻爱国知识分子发起的维新运动，一方面大力发展民族工商业；另一方面又注重兴办新学，重视文化教育和社会风俗的改革，后来又发展为抗税斗争，在越南革命史上写下了光辉的一页。虽然运动遭到镇压，但它对于越南民族资产阶级的形成，民族经济的发展，社会文化的革新都起到重要的促进作用。

---

① 阮文俭：《关于东京义塾的评价的补充意见》，越南《历史研究》1997年第4期。

由于当时越南虽然出现了资产阶级，但工商业阶层本身力量薄弱，而工人阶级尚处于自发阶段，还未登上政治舞台开始自觉的革命斗争，大多出生于封建地主、官僚家庭的越南爱国知识分子阶层成为民族意识觉醒的先进部分。因此，东游运动，东京义塾和中圻维新运动虽然所发生的地区不同，运动的侧重点和活动方式也不同，但都是由他们组织倡导的，他们在运动中努力发动群众，起到了旗帜和先锋骨干作用。虽各人的主张亦有差异，存在以潘佩珠为代表的革命派和以潘周桢为代表的改良派，但均以反帝反封建为目标，具有资产阶级民族民主革命性质。潘佩珠等人领导的维新会和东游运动以推翻法国殖民统治为宗旨，东京义塾和中圻维新运动着重进行反对封建制度的社会文化教育改革，其最终目标也是推翻法国统治。中圻维新运动最后发展成抗税斗争，更具有反帝、谋独立的民族革命性质。大致说来，东游运动主要使越南青年接受世界先进思想文化的影响，培养具有进步思想的革命人才；东京义塾运动则在国内更广泛更深入地开展文化教育改革，致力于爱国启蒙，传播新思想新文化；中圻维新运动在东京义塾思想启蒙的基础上，进一步付诸实际行动，进行社会改革，废除旧思想、旧习俗并积极发展民族经济。三大运动可谓层层深入，将越南人民的革命斗争推向新阶段。

20世纪初越南维新变革运动是"亚洲觉醒"的标志之一，它与1905—1911年的伊朗资产阶级革命，1905—1908年的印度民族解放运动高潮，1908—1909年的土耳其资产阶级革命和1911年的中国辛亥革命等事件，共同构成了亚洲人民近代第三次民族解放运动高潮。它也是东南亚民族解放运动的重要组成部分，同菲律宾的独立战争、印尼的人民运动等革命运动一起，在东南亚民族解放斗争史上写下了光辉的一页。维新运动也标志着越南抗法独立斗争进入了一个新阶段，从爱国文绅领导的封建复国运动转向资产阶级民族民主革命运动。它积累了丰富的革命经验，促进了民族民主思想的传播，扩大了国际联系，培养了一大批优秀革命人才，推动了越南社会的进步。虽然遭到镇压，但为后来越南工人阶级及其政党领导的民族民主革命开辟了道路，奠定了基础。

附录

梁志明教授科研成果目录

（1960—2019 年）

一、著作与教材

《亚非现代史参考资料》（合编）第一分册、第二分册（上、下），北京大学历史学系亚非教研室编，1960 年。

《简明世界史·现代部分》（合编），人民出版社，1974 年。

《越南情况简介》（合编），署名第一，战士出版社（今解放军出版社），1980 年。

《世界现代史（1917—1945）》（合编），署名第二，人民出版社，1985 年。

《当代世界史（1945—1987）》（合编），署名第二，人民出版社，1989 年。（获北京大学优秀教材奖）

《当代世界史（1945—1992）》（合著），署名第二，人民

出版社，1993年。(获国家教委优秀教材奖)

《近现代东南亚（1511—1992）》（合著），署名第二，北京大学出版社，1994年。(获北京大学优秀教材奖)

《世界现代史和当代史》（合著），署名第二，中央广播电视大学出版社，1994年。

《当代越南经济革新与发展》（合著），鹭江出版社，1996年。

《东方文化大观》（合著），编委，安徽人民出版社，1997年。

《世界史·现代史卷》（合著），人民出版社，1997年。

《世界史·当代史卷》（主编之一），署名第二，人民出版社，1997年。

《殖民主义史·东南亚卷》（主编），署名第一，北京大学出版社，1999年。

《面向新世纪的中国东南亚学研究：回顾与展望》（主编），香港社会科学出版社有限公司，2002年。

《东南亚历史文化与现代化》（学术论文集），独著，香港社会科学出版社有限公司，2003年。

《东南亚近现代史》（上、下）（合著），昆仑出版社，2005年。

《古代东南亚历史与文化研究》（合著），昆仑出版社，2006年。

《中外文化交流史》上卷（合著），国际文化出版公司，2008年。

《东盟发展进程研究——东盟四十年回顾与展望》（合著），香港社会科学出版社有限公司，2008年。

《多元交汇共生——东南亚文明之路》（合著），署名第一，人民出版社，2011年。

《东南亚古代史》（主编之一），署名第一，北京大学出版社，2013年。

《源远流长，多元复合——东南亚历史发展纵横》，中国出版社集团，世界图书出版公司，2014年。

《中国与越南、老挝、柬埔寨的文化交流》（独著），国际文化出版公司，2020年。

《东南亚古代史史料汇编》（上、下册）（负责越南古代史部分），线装书局，2021年。

二、论文

《十一世纪宋朝反击越南李朝侵略战争中的富良江位置考——兼评越南所谓"如月江大捷"》，载暨南大学《东南亚研究资料》1980年第2期。

《略述越南关于古代铜鼓的研究》，载云南省博物馆《云南文物》1980年第9期。

《越南史学界关于奴隶制和封建制问题的讨论》，载《印支研究》1982年第3期。

《试论法属印支联邦的建立及其瓦解》，载《〈越南地区霸权问题〉论文集》，广西社科院印支研究所出版发行，1984年。

《刘永福的黑旗军与中越人民的战斗友谊》，载《中国与亚非国家关系史论丛》，江西人民出版社，1984年。

《关于中国与亚洲国家关系史研究的几个问题》，载北京大学历史学系《世界史研究》1984年第2期。

《战后初期亚洲民族解放运动的勃兴》，载《外国史知识》1984年第3期。

《略论越南佛教的源流和李陈时期越南佛教的发展》，载《东南亚史论文集》，河南人民出版社，1987年。

《10—14世纪越南封建土地制度初探》，载《北京大学学报（哲学社会科学版）》1987年第2期。

《亚非会议及其国际意义——纪念亚非会议三十周年》，载《人类历史的进程》，人民教育出版社，1988年。

《孙中山与越南革命先驱潘佩珠》，载《东方世界》1988年第6期。

《试论东南亚国家政治体制的形成与特点》，载中国社会科学院亚太研究所《东南亚学刊》1989年试刊号。

《古代东南亚印度化问题刍议》，载《南亚东南亚评论》（第4辑），北京大学出版社，1990年。

《胡志明的政治思想》，载《北大亚太研究》（第1辑），北京大学出版社，1991年。

《潘佩珠与潘周桢比较研究》，载《周一良先生八十生日纪念论文集》，中国社会科学出版社，1993年。越南《历史研究》，1994年第1—2期翻译转载。

《越南经济改革及其与亚太国家经贸关系的关系》,载《北大亚太研究》(第2辑),北京大学出版社,1993年。

《〈近现代东南亚(1511—1992)〉绪论》,载《东南亚探索》1993年第2期。

《东南亚近现代史的发展阶段与进程》,载《东南亚纵横》1993年第3期。

《论日本对东南亚的占领及其影响(1941—1945)》,载《世界历史》1995年第4期。

《论越南儒教的源流、特征和影响》,载《北京大学学报(哲学社会科学版)》1995年第1期。

《越南革新与中国改革的比较》,载河内《中国学研究》(越文版),1995年2月。

《越南农业改革的历史进程》,载《国际政治研究》1996年第2期。

《越南革新的理论思维与发展观念综述》,载《东南亚》1996年第2期。

《试论当代越南的工业改革与工业发展》,载《北大亚太研究》(第3辑),北京大学出版社,1996年。

《试论越南经济革新的历史背景》,载《史学月刊》,1996年第6期。

《马克思关于双重使命的论述具有普遍的指导意义》,载《北大史学》(第3辑),北京大学出版社,1996年。

《韩国经济的腾飞及其启示》,载《韩国学论文集》(第6

辑），新华出版社，1997年。

《越南改革的理论思维与发展模式》，载《东亚现代化：新模式与新经验》，北京大学出版社，1997年。

《越南经济革新与中国经济改革的比较刍议》，载《北大史学》（第4辑），北京大学出版社，1997年。

《东亚金融危机纵谈》，载《当代亚太》1998年第1期。

《1997年东南亚金融危机综论》，载《北大亚太研究》（第4辑），中国物价出版社，1998年4月。

《东亚金融危机的影响与警示》，载《市场经济与企业改革论文集》，经济管理出版社，1999年。

《论近代殖民主义对东南亚扩张的动因》，载《东南亚》1999年第2期。

《越南的经济革新与对外开放》，载《中国周边国家和地区经济》，首都经贸大学出版社，1999年。

《东南亚殖民主义史的分期与发展进程》，载《东南亚研究》1999年第4期。

《论法国在印度支那殖民统治体制的基本特征及其影响》，载《世界历史》1999年第6期。

《略论东南亚殖民化和边缘化及其对现代化发展的影响》，载香港《亚洲评论》1999年秋冬号，总第10期。

《暹罗免于沦为殖民地的原因试析》，载《魏维贤七十华诞论文集》，北京大学出版社，2000年。台湾《历史月刊》2002年第12期转载。

《金融危机与东南亚发展的基本经验教训》，载《面向21世纪的东南亚：改革与发展》，暨南大学出版社，2000年。

《论战后东南亚的发展问题》，载《20世纪的历史巨变》，人民出版社，2000年。

《论越南儒教》，载《越南学国际研讨会纪要》（第一集）越文版，河内：世界出版社，2000年。

《论东南亚区域主义的兴起与东盟意识的增强》，载《当代亚太》2001年第3期。

《论东南亚古代铜鼓文化及其在东南亚文化发展史上的意义》（合撰），载《东南亚研究》2001年第5期。

《世纪之交中国大陆学术界关于华侨华人的研究》，载《华侨华人历史研究》2002年第1期。

《华侨华人与东亚现代化发展》，载《海外华人研究论集》，中国社会科学出版社，2002年。

《面向新世纪的中国东南亚学研究：回顾与展望》（合撰），载《南洋问题研究》2002年第1期。

《荷兰东印度公司在印度尼西亚的兴衰》，载台湾《历史月刊》2003年第1期。

《现代化的启动与发展：中国与越南》，载《21世纪中越关系展望——中越学者学术研讨会论文集》，香港社会科学出版社有限公司，2003年。

《全球化与面向21世纪的越南》，载《东南亚纵横》2003年第2期。

《中国—东盟自由贸易区：缘起、意义与前景》，载《和平与发展》2003年第2期。

《试论华侨华人学科的形成与定位》，载《华侨华人历史研究》，2003年第4期。收录于《中国华侨华人学——学科定位与研究展望》，北京大学出版社，2006年。

《当代东南亚国家政治民主化的进程与发展趋势考察》，载《亚太研究论丛》（第1辑），北京大学出版社，2004年。

《当代海外越南人的分布与发展状况研究》（合撰），载《南洋问题研究》2004年第2期。

《论占城在郑和下西洋中的历史地位与作用》，载《南洋问题研究》2004年第4期。

《第一次印支战争的国际背景与美国因素》，载《国际政治研究》2004年第3期。

《从越南的侨务政策谈起——关于境外华人国境问题之刍见》，载《境外华人国境问题讨论辑》，香港社会科学出版社有限公司，2005年。

《越南战争：历史评述与启示——越南抗美战争30周年胜利纪念》，载《东南亚研究》2005年第6期。

《缅甸敏东改革再评析》，载《陈炎先生九十华诞庆贺文集》，香港社会科学出版社有限公司，2006年。

《越共十大：成就与启迪》，载《南洋问题研究》2006年第4期。

《东亚文化的基本特征与传播过程中的双向互动性》，载

《东南亚研究》2006年第6期。

《19世纪末20世纪初：东南亚的重要历史转折点》，载《北大亚太研究》（第7辑），香港社会科学出版社有限公司，2006年8月。

《东南亚古史研讨：视角、分期与发展进程》，载《亚太研究论丛》（第三辑），北京大学出版社，2006年。

《古代中国向东南亚的移民与早期华侨社会》，载《古代东南亚历史与文化研究》，昆仑出版社，2006年。

《东盟的发展进程与展望》，载复旦大学亚洲学研究中心《亚洲研究集刊》第三辑《迎接亚洲发展的新时代》，复旦大学出版社，2007年。

《关于中国东南亚学研究的几个问题》，载《东南亚研究》2007年第2期。

《中国东南亚史学研究的回顾和评析》，载《东南亚学研究：动态与发展趋势》，香港社会科学出版社有限公司，2007年。

《东南亚的青铜时代文化与古代铜鼓综述》，载《南洋问题研究》2007年第4期。

《多元中求统一：东盟四十年发展的基本道路》，载《北大亚太研究》（第8辑），香港社会科学出版社有限公司，2008年3月。

《东盟发展历程、历史经验与未来走向》，载《亚太研究论丛》（第5辑），北京大学出版社，2008年。

《悠久绵长，交相辉映——中国与越南、老挝、柬埔寨的文化交流》，载何芳川主编《中外文化交流史》（上卷），国际文化出版公司，2008年。

《关于缅甸发展问题的几点思考》，载《外国问题研究》2008年第3期。

《阮朝初年的经济恢复与中越经贸关系的发展（1802—1858）》，载《16—19世纪越南历史上的阮主和阮氏王朝》（越文版），越南世界出版社，2008年。河内越南史学会刊物《古与今》2008年10月总317期转载。

《略论东南亚文明的发展的几个问题》，载《北大亚太研究》（第8辑），香港社会科学出版社有限公司，2009年3月。

《当代中国与东南亚国家关系发展的考察与评估》，载《北大东南亚研究2010》，香港社会科学出版社有限公司，2010年。

《中国与东南亚国家文化交流的基本特征与发展趋势》，载《中国东南亚研究会会刊》2010年第2期。

《试论战后越南由分裂走向统一的道路》，载《亚非研究》（第4辑），时事出版社，2010年。

《关于东南亚古代史的撰写》，载《〈剑桥东南亚史〉评述和中国东南亚史研究》，世界图书出版广东有限公司，2010年。

《中国东南亚史学研究的进展与评估》（合撰），载《世界历史》2011年第2期。

《试论古代东南亚历史发展的基本特征与历史地位》，载《东南亚研究》2011年第2期。

《当代留学大潮的兴起与中外文化交流》，载《中国与东南亚国家公共外交》，新华出版社，2011年。

《中国与东南亚文化交流的基本特征与发展趋势》，载《炎黄文化研究》第13辑，大象出版社，2011年11月。

《辛亥革命与东南亚》，载《东南亚南亚研究》2011年第4期。《辛亥革命与世界：纪念辛亥革命一百周年国际学术研讨会论文集》，北京大学出版社，2013年4月。

《爱国侨领的代表，实业救国的先驱——张榕轩、张耀轩对中国早期现代化的历史贡献》，载《华侨之光——张榕轩张耀轩张步青学术研讨会文集》，中国华侨出版社，2011年。

《丰富多样的宗教文化是东南亚多元文化的突出特征》，载《亚太研究论丛》（第9辑），北京大学出版社，2013年。

《论中国与东亚文化交流的双向互动性与相互影响——为纪念魏维贤博士而作》，载新加坡《南洋学报》，第六十七卷，南洋学会，2013年12月。

《奠边府战役的胜利与中越人民的战斗友谊》，载《东南亚纵横》2014年第4期。

《中越关系的历史渊源与发展前瞻》，载《人民论坛·学术前沿》2014年5月上。

《关于越南历史发展轨迹与特征的几点思考》，载《东南亚研究》2016年第5期，第一作者。

《古代东南亚地区史写作的一次探索与尝试——〈东南亚古代史〉的分期、概要与写作特点》，载《亚太研究论丛》

（第 10 辑），北京大学出版社，2013 年。

《中越文化交流史论》序，载《中越文化史论》，商务印书馆，2013 年。

三、一般文章

《陈富》，载《外国历史名人传》（现代部分）上册，中国社会科学出版社、重庆出版社，1984 年。

《胡志明》，载《外国历史名人传》（现代部分）下册，中国社会科学出版社、重庆出版社，1984 年。

《越南西山农民起义》，载《外国历史大事集》（近代部分）第一分册，重庆出版社，1985 年。

《亚非拉民族解放运动的发展》，载《自修大学》，光明日报出版社，1986 年。

《甘地和甘地主义》，载《自修大学》，光明日报出版社，1986 年。

《越南义安河静的苏维埃运动》，载《外国历史大事集》（现代部分）第一分册，重庆出版社，1987 年。

《越南人民抗美救国战争》，载《外国历史大事集》（现代部分）第三分册，重庆出版社，1988 年。

《日本军部的兴衰》，载《外国史知识》1983 年第 3 期。

《吴哥文化：柬埔寨的旗帜》，载《世界知识》2003 年第

5 期。

《东盟 40 年：基本的历史经验与发展趋势》，载《北京大学校报》2007 年总第 1139 期。

《众志成城，开拓进取——北京大学东南亚学研究中心成立十一周年（2002—2013）》，载《亚太研究论丛》（第 10 辑），北京大学出版社，2013 年。

四、译著和译文

《越南历史》第一集，越南社会科学委员会编著，1971 年版，中译本（合译，负责第八章），人民出版社，1977 年。

《越南史学界关于中越关系史的论述辑译（1950—1978 年）》（合译），北大东语系越南语教研室、历史学系亚非拉史教研室，1978 年 10 月。

《越南的古铜鼓研究情况》，［越］郑明轩著，《考古学参考资料》（第 2 集），1979 年。

《越南和东南亚东山鼓分布状况》，［越］武胜著，《考古学参考资料》（第 2 集），1979 年。

《越南发现的东山铜鼓》，［越］阮文煊、黄荣著，广西壮族自治区博物馆编《铜鼓研究资料选译之二》，1979 年 12 月。

《雄王时代》，［越］文新等著、梁红奋译、梁志明校，云南省历史研究所，1980年12月。

《越南青铜时代的第一批遗迹》，［越］黎文兰等著，中国古代铜鼓研究会，1982年出版。

《关于玉缕铜鼓上船形纹的一点看法》［越］杜太平著，载《中国古代铜鼓研究通讯》，中国古代铜鼓研究会秘书处出版，1982年10月。

《铜鼓与越南奴隶占有制》，［越］陈文甲著，载《中国东南亚研究会通讯》1982年第1期。

《李常杰——李朝邦交史》，黄春翰著，利国译，梁志明校，连载《南亚与东南亚资料》，中国社会科学院亚太研究所内部刊物，1992年。

《俄罗斯的越南学》，黄云静译，梁志明校，载广西社科院东南亚研究所《东南亚纵横》2000年第1期。

五、工具书

《中学历史手册》（合编），世界史部分，北京师范大学出版社，1984年。

《外国历史常识》（合编），现代部分，中国青年出版社，1987年。

《365天中外名人大事辞典》（合编），中国旅游出版社，1992年。

《世界华侨华人词典》（合编），北京大学出版社，1993年。（获北京大学优秀科研成果奖）

《东南亚历史词典》（编委），上海辞书出版社，1995年。

《中国军事百科全书》世界战争史分册（参编），军事科学出版社，1995年。

《华侨华人百科全书》（编委），历史、人物等卷条目撰写，中国华侨华人出版社，2001—2002年。

《中国大百科全书·哲学卷》"黎贵敦""潘佩珠"等词条撰写。

《中国大百科全书·宗教卷》"越南佛教"等词条撰写。

《世界外交大词典》（东南亚外交史条目撰写），世界知识出版社，2005年。

《中国大百科全书·世界历史卷》第二版，东南亚史词条的修订与撰写，大百科全书出版社，2009年。

六、获奖情况

（一）科研奖

《当代越南经济革新与发展》（合著），鹭江出版社，1996年。该书先后荣获北京大学第六届人文社科优秀成果一等奖，北京市第五届哲学社会科学优秀成果二等奖。

《东亚的历史巨变与重新崛起——东亚现代化进程研究》（主编），香港社会科学出版社有限公司，2004年。获北京大学第十届人文社会科学优秀成果一等奖、北京市第九届哲学社会科学优秀成果二等奖。

《中外文化交流史》（合著），国际文化出版公司，2008年。获教育部第六届高等学校科学研究优秀成果（人文社会科学）著作一等奖（2012）。

《东南亚古代史》（主编之一），第一作者，北京大学出版社，2013年。入选"2012年国家哲学社会科学成果文库"，获教育部第七届高等学校科学研究优秀成果（人文社会科学）著作三等奖（2015）。

首届北京大学离退休教职工学术贡献奖特别贡献奖，2019年12月。

（二）教学奖

1986年获北京大学1985—1986年度教学优秀奖。

1991年被评为北京大学1990—1991年度优秀班主任。

1997年因世界通史课程改革与创新获北京市教学二等奖。

（三）教材奖

《当代世界史（1945—1987）》（合编），人民出版社，1989年。获北京大学优秀教材奖。

《当代世界史（1945—1992）》（合著），人民出版社，

1993年。获国家教委优秀教材奖。

《近现代东南亚（1511—1992）》（合著），北京大学出版社，1994年。获北京大学优秀教材奖。

（四）译著奖

《越南青铜时代的第一批遗迹》，[越]黎文兰等著，载《中国古代铜鼓研究会》，1982年。获2019年姚楠优秀译作二等奖。

（五）个人事迹入选

湖南地方文献研究所湖南方志馆编：《当代湖南人——杰出人物篇》，湖南书画社，2009年，第489页。

长沙市人民政府办公厅长沙市档案局主编：《长沙先进模范荣誉档案》，湖南人民出版社，2014年，第991—992页。

学术会议与社会活动

（2000年9月至今）

2000年9月13日，应邀出席在河内召开的"越南学国际学术研讨会"，主持历史分会讨论，提交《论越南儒教》学术论文。

2001年5月上旬，应邀赴新加坡进行学术访问，会见新加坡华人学者魏维贤等人，并在新加坡国立大学作"世纪之交中国大陆华侨华人研究"的学术报告。

2001年9月13日，召开北大东南亚学研究中心成立大会，并举行中国东南亚研究会在京理事扩大会议，成立了"北京地区东南亚学术论坛"，决定在北大等单位轮流召开学术会议，开展学术交流，以加强北京地区东南亚研究同行专家的联系。此后共召开了五次会议。在这些活动中，东南亚学研究中心成员积极参加并协助组织。

2002年11月7日，应邀出席中国社会科学院亚太研究所举行的东南亚研究中心成立大会暨学术研讨会。上午由印尼和菲律宾驻华大使作报告,下午讨论反恐斗争和非传统安全问题。

2002年8月31日至9月1日,应邀出席郑州大学越南研究所和厦门大学东南亚研究中心联合主办的"21世纪中越关系展望中越学者国际学术研讨会",并在大会发言。

2002年10月18日,应邀出席中国社会科学院地区安全研究中心成立暨学术研讨会,外交部副部长王毅、解放军总参某部副总参谋长熊光楷参会,并作了安全战略问题的重要讲话。

2002年11月21—22日,应邀出席广西壮族自治区人民政府和区社科院在南宁主办的"中国(广西)东南亚经济合作论坛"国际学术研讨会,并就中国—东盟经济贸易区的建立问题作大会发言。

2003年1月8日,出席中国国际友联会在保利大厦举办的东南亚问题研讨学术论坛会议。

2003年1月8日,参加东南亚论坛会议。论坛由北京大学东南亚研究中心和北京大学亚太研究中心联合举办,中心议题为"东南亚经济发展与区域合作"。在京各有关研究部门、国家机关、部队与高校的专家、学者参加,新华社、世界知识出版社和中国改革杂志社的编辑、记者以及北大攻读东南亚方向的硕士研究生与博士研究生,共50余人出席会议。北大校务委员会副主任何芳川教授、郝斌教授出席了研讨会。

2003年5月，北大东南亚学研究中心与郑州大学越南研究所共同倡议和筹办《东南亚研究论丛》。这是适应东南亚研究发展需求的一项举措，这套丛书获得香港社会科学出版社的全力支持。现已先后出版了梁志明的《东南亚历史文化与现代化》学术论文集和戴可来主编的《"21世纪中越关系展望"国际研讨会论文集》等11部专著和博士学位论文集。《论丛》组织了一个包括校内外众多同行专家参加的编委会。

2003年7月1日，与杨保筠教授接受《深圳特区报》驻京记者的采访，就深圳城市发展与东南亚问题发表了谈话，访谈发表在2003年7月7日《深圳特区报》头版。

2003年9月13日，出席华侨华人研究学科建设座谈会，作"中国华侨华人学科的形成与定位"的学术报告。

2003年9月13日，应邀出席人民日报《时代潮》周刊创刊十周年纪念大会和学术研讨会，在大会发言。北大东南亚学研究中心应《时代潮》周刊理事会秘书长之请，成为该周刊的学术支持机构。

2003年9月24—28日，应邀参加厦门大学东南亚研究中心与中国世界民族学会联合主办的"东南亚民族关系"学术研讨会，就"海外越南人的分布与发展状况研究"问题作大会发言。

2003年9月29日，参加接待柬埔寨皇家社会科学院来访的专家学者团，双方交流了信息，互赠书籍和礼品，并陪同参观了北大校园。

附录

2003年10月16日，代表北大东南亚学研究中心接待越南人文社会研究中心中国学研究所所长杜进森博士一行，并安排杜进森博士作越南形势和越中关系的学术报告。

2003年10月17日，出席北大东南亚学研究中心、北大非洲研究中心与国务院亚非发展研究所联合举办的"全球化与发展中国家"学术研讨会。

2003年11月16日，适逢联合国教科文组织在全球范围内举办的第二届"世界哲学日"的机会，"东亚青年间的对话"项目组与联合国教科文组织北京代表处合作，在北大交流中心举办了主题为"东亚文化与青年的价值观"的"哲学日"活动，共有中国学生40人，日本和韩国学生各20人参加，并邀请从事东亚研究的教师和研究人员参与指导和交流。"哲学日"活动以中日韩三国学生代表的大会发言和小组讨论为主，采取大会和小会相结合的方式进行，这为青年之间的交流提供了充分机会。北京大学副校长吴志攀教授、教科文组织北京代表处官员以及"东亚青年间的对话"项目组全体成员参加了这次"哲学日"的活动。

2003年12月19日，应邀参加国务院侨办政研司举行的"华侨华人专家座谈会"，就侨务政策提出意见和建议。

2003年12月，在北大历史学系世界史专业成立40周年纪念国际学术研讨会上作关于《东亚现代化历史进程刍论》的学术报告。

2004年1月14日，在北京大学英杰交流中心举行了"联合国教科文组织'东亚青年间的对话'项目国际研讨会",北京大学有关领导、教科文组织北京代表处官员、项目组全体成员,以及来自日本、韩国以及北京大学、天津相关高校的学者参加了这次国际研讨会。当晚,还在北京大学正大会议中心多功能厅举行了"东亚青年间的对话"项目音乐晚会,教科文组织项目组成员及中日韩青年学生80余人参加了这场气氛热烈的音乐晚会。从2003年7月1日起至2004年1月,历时半年多,该项目顺利完成,获得联合国教科文组织驻北京办事处的肯定。

2004年4月19—20日,在北大交流中心召开"奠边府战役暨日内瓦会议50周年国际学术研讨会",这次会议是一次中越法三国共38名学者参加的国际会议。在会上作关于《第一次印支战争的国际背景和美国因素》的报告。

2004年4月21日,参加郝平副校长接待越南河内人文社会科学大学校长范春恒教授、副校长阮文庆教授及该校资深教授潘辉黎。双方就两校关于加强中国学和越南学的研究合作交换意见。与杨保筠教授和韦民博士一起与越南河内人文社会科学大学校长范春恒教授一行就越南和东南亚学的研究合作事宜进行了商谈,并初步达成了几项意向性合作协议。北京大学向河内人文社会科学大学赠送了《二十四史》等图书。

2005年3月29日,出席北京大学东南亚研究中心在北大英杰交流中心举办的"东南亚现状问题"学术研讨会。

2005年4月19—23日，应越南河内人文社会科学大学范春恒教授邀请，赴河内参加越南南方解放、国家统一30周年纪念学术会议，在大会作越南抗美救国战争的学术讲话。

2006年5月11日，出席在北大英杰交流中心召开的"东亚共同体：理想与现实"学术研讨会，会议讨论的内容涉及东亚共同体建设的可行性、面临的主要问题、地区内国家对东亚共同体的态度以及中国在东亚共同体建设进程中的作用等问题。主持开幕式并参加讨论。

2006年12月7—8日，出席在北大英杰交流中心举办"中国东南亚学研究状况与发展趋势学术研讨会"，研讨会就有关东南亚学各个研究领域的进展、成绩、经验与发展趋势等问题进行交流与研讨。作主题发言。

2006年9月22—23日，代表北大东南亚学研究中心出席厦门大学南洋研究院建院30周年庆祝暨学术研讨会，并提交论文。

2006年12月18—21日，赴南宁出席"第二届中国—东南亚经济合作论坛暨中国东南亚研究会第七届年会"，并提交论文。

2007年5月10日，北大东南亚学研究中心和国务院发展研究中心亚非发展研究所联合主办"东盟40年与东盟国家发展"学术研讨会。研讨会在北大英杰交流中心举行。主持会议并作会议小结。

2007年5月27—28日，应邀出席"2007复旦—北大亚洲学论坛",并在大会上作有关东盟发展展望的演讲。

2007年6月9—10日,世界华商—韩商发展论坛暨创东亚繁荣国际大会在北大百年大讲堂举行。出席并担任论文点评人。

2007年9月21—23日,世界海外华人研究学会第六届国际会议在北大英杰交流中心举行,出席会议并主持分组研讨会。

2007年11月15—16日,北大亚太研究院主办,东南亚学研究中心承办"东盟40年:回顾与展望"国际学术研讨会。研讨会在英杰交流中心举行,60多位国内外专家学者参加,提供了30多篇论文。会议就东盟发展历程、成就、经验,与中国关系和东盟未来走向等问题开展了研讨。筹备并主持了本次会议。

2007年12月5日,出席香港《中国评论》杂志社召开的东盟发展的"思想者论坛"座谈会,作"一体化加速是生存发展需要,多元中求统一是东盟发展基本道路"的发言。

2008年6月24日,北大亚太研究院与东南亚学研究中心主办"东南亚现状"学术研讨会。研讨会在北大英杰交流中心举行。会议讨论了马来西亚、泰国、缅甸的政治局势的发展与动向,以及越南的经济动荡问题,作会议总结讲话。

2008年11月5日,应邀出席中央财经大学学生会举办的"中越论坛"学术报告会,报告在该校学术报告厅进行,有该校越南留学生代表、北京高校中国大学生代表50余人参加,就中越建交和中越人民友好关系的发展问题作报告。

2008年11月9—10日，应邀出席《北大—复旦亚洲论坛（2008）：亚洲的价值观》学术会议，有北大和复旦教授学者近30人参加，会议研讨了世界金融危机、亚洲发展与价值观问题。担任评议人，在会上作"东南亚的多样性与一致性"的讲话。

2008年11月13—14日，北大亚太研究院主办、东南亚学研究中心承办"中日韩与东南亚：交流、合作与互动"学术研讨会。研讨会在英杰交流中心举行，40多位国内专家学者参加，提供近30篇论文，会议研讨了中国与东亚国家关系等问题。参与筹备和主持本次会议，在会上作"试论中国与东亚国家文化交流的特点与趋势"的发言。

2008年11月28日，出席中国社科院亚太研究所主办的"东盟一体化发展"学术研讨会，来自社科院亚太院、北京大学、现代国际关系研究院、外交部亚洲司、中国国际问题研究院、外交学院等单位的20名专家学者参会。作"关于东盟宪章与东南亚一体化前景"的发言。

2009年3月18日，出席北京大学亚太研究中心和东南亚学研究中心在北大陈守仁国际研究中心馆主办的"全球金融危机与东亚"学术研讨会，北京地区有50多位学者参加。

2009年7月17—18日，应邀出席中国东南亚研究会和云南大学国际关系研究院东南亚研究所在昆明联合举办"《剑桥东南亚史》评述与中国东南亚史研究"学术研讨会，国内各相关大学研究机构与新加坡的学者与会。代表北京大学东南亚学研究中心出席并提交学术论文。

2009年9月12日,应邀出席北京大学亚太研究院与日本樱美林大学合作举办的第九届学术会议在北大英杰交流中心举行。主持小组讨论并担任论文评议人。

2009年11月20—21日,北京大学东南亚学研究中心在北大英杰交流中心主办"东亚发展:历史与现实"学术研讨会,有国内研究东南亚的学者和研究生共80多人参加。

2010年4月8日,主持北京大学亚太研究院和东南亚学研究中心在北大英杰交流中心主办的"中国与越南、印尼、缅甸建交60周年学术研讨会",北京有50多位学者专家出席。

2010年8月22日,出席北京大学华侨华人研究中心与商务印书馆联合召开的"《东南亚贸易时代:1450—1680》中文版发布会",会议在北大英杰交流中心举行。在会上作评介讲话。

2010年9月17日,主持北京大学亚太研究院和东南亚学研究中心举办的讲座:"占婆历史与文化研究——以法国学者研究成果为主",法国远东学院教授蒲达姆主讲,有20多位学者专家出席。

2010年11月7—8日,应邀出席北京大学亚太研究院和复旦大学亚洲研究院联合主办的"亚洲论坛(2010)"在北京九华山山庄举办"东亚共同体:经济、社会与文化"学术研讨会。

2010年12月6—10日，新加坡召开的"21世纪中华文化世界论坛"第六届（海外首届）国际研讨会，出席并作大会发言。

2011年10月，应邀出席北京大学历史学系召开的"纪念辛亥革命一百周年"国际学术研讨会，提交论文：《辛亥革命与东南亚》。论文收入北京大学出版社于2013年8月出版的《辛亥革命与世界：纪会辛亥革命一百周年国际学术研讨会论文集》。

2013年4月6日，出席中国东南亚研究会和北大东南亚学研究中心联合召开的"《东南亚古代史》出版暨东南亚历史与文化"学术研讨会，在会上作发言。

2018年11月29日，应邀出席中山大学东南亚研究所建所40周年庆典兼学术研讨会，在开幕式上致贺词。

2018年12月，应邀出席广东省历史与孙中山研究所成立60周年庆祝会，在大会上致贺词。

2018年12月，应邀访问广东外语外贸大学东南亚研究中心，为中心教师和学生作学术讲座。

2020年1月6日，应邀出席广东省历史与孙中山研究所与科学出版社历史分社联合召开的庆祝海洋研究中心成立10周年座谈会，在会上发表讲话。

后记

通过大家的共同努力，这部凝聚着作者热切期望与衷心祝福的《梁志明执教治学60周年文集》即将付梓出版了。看到这部就要出版的文集，我们终于完成了一个心愿，心头多少有了一点轻松之感。2020年初，在京的同学聚会时，吴敬全、包茂红、韦德星、郁川虎、张洁、郑翠英、张婧、陈奉林等几位同学商议，给先生出版一本文集，主要约请先生的弟子和同事好友撰稿，文章可长可短，形式体裁不限，主要表达与先生的师友之情，也兼收与梁先生有直接关系的学术文章。从最初的文集酝酿、材料准备、出版事宜联系到今天送交出版社，前后用时一年。看到这部设计精美考究、内容丰富的文集交由世界知识出版社出版，我们感到由衷的高兴。

作为编辑者，我们衷心感谢所有提交贺文和学术论文的作者。正是有了这些文章，才有了这部文集的精彩、充实与亮丽。提交文章的作者都是梁先生的学生、同事、好友与亲人。各篇文章从不同侧面、不同时间段展现了与梁先生在一起生活、学习或工作的经历，文字真切，读来令人振奋，为之动容。在那个"青葱"时代，学子们有幸怀抱着梦想从四面八方会集燕园，遇上一位人生道路的引路人，不仅是茫茫人海、大千世界中的缘分，也是前世修来的福分。作为主编，我们在细读每篇文章之后，思想、心灵都受到一次熏陶，每一段文字都是作者们的真实感受，弟子们的共同心声，没有半点虚饰与夸张。

本文集是集体合作的结晶，从策划、组稿、编辑与出版一直得到大家的鼎力合作与支持，特别要提到的包茂红、柯银斌先生为文集顺利出版做出了贡献；韦德星、郁川虎、张洁、张婧为文集积极策划、联系与沟通，功不可没；外地或者海外的余定邦教授、庄国土教授、杨保筠教授或是撰文为记，或是把自己最新的研究成果贡献出来，为文集增色不少。世界知识出版社的刘豫徽、车胜春和张怿丹三位编辑为文集编辑出版做了大量的工作。我们要感谢的人太多，在这里我们一并表示衷心的感谢与敬意。

韩方明　陈奉林

图书在版编目（CIP）数据

梁志明执教治学60周年文集 / 韩方明主编. —北京：世界知识出版社，2021.12
ISBN 978-7-5012-6432-2

Ⅰ.①梁… Ⅱ.①韩… Ⅲ.①梁志明—纪念文集 Ⅳ.①K825.81-53

中国版本图书馆CIP数据核字（2021）第228915号

责任编辑	车胜春
责任出版	王勇刚
责任校对	陈可望

书　　名	梁志明执教治学60周年文集 Liang Zhiming Zhijiao Zhixue 60 zhounian Wenji
主　　编	韩方明　陈奉林
出版发行	世界知识出版社
地址邮编	北京市东城区干面胡同51号（100010）
网　　址	www.ishizhi.cn
投稿信箱	zqcsc@163.com
电　　话	010-65265923（发行）　010-85119023（邮购）
经　　销	新华书店
印　　刷	北京虎彩文化传播有限公司
开本印张	787毫米×1092毫米　1/16　26¾印张　8插页
字　　数	270千字
版次印次	2021年12月第一版　2021年12月第一次印刷
标准书号	ISBN 978-7-5012-6432-2
定　　价	108.00元

版权所有　侵权必究